अमृतकाल के आत्मविश्वासी किसान

डॉ. राम श्रीवास्तव

BlueRose ONE.com
Stories Matter
NewDelhi • London

BLUEROSE PUBLISHERS
India | U.K.

BlueRose ONE.com
Stories Matter
NewDelhi • London

For permissions requests or inquiries regarding this publication,
please contact:

BLUEROSE PUBLISHERS
www.BlueRoseONE.com
info@bluerosepublishers.com
+91 8882 898 898
+4407342408967

ISBN: 978-93-5819-150-9

Cover design: Tahira
Typesetting: Tanya Raj Upadhyay

First Edition: July 2023

लेखक का परिचय

डा० राम बाबू श्रीवास्तव, प्रोफेसर (रिटायर्ड) चौधरी चरण सिंह हरियाणा कृषि विश्वविद्यालय, हिसार एवं पूर्व सलाहकार, हरियाणा किसान आयोग, का जन्म सन् 1951 में उत्तर प्रदेश के दूरस्थ क्षेत्र में अरिंद नदी के किनारे बसे गांव कनेगी, तहसील जसराना, थाना घिरोर, जिला मैंनपुरी, उप्र में हुआ। विभिन्न गांवों में स्थित सरकारी पाठशालाओं से आठवीं तक की शिक्षा प्राप्त की। तदोपरांत हाईस्कूल व इंटरमीडिएट की शिक्षा प्राप्त करने के लिए इटावा गए। उच्च शिक्षा के लिए उत्तर प्रदेश इंस्टीट्यूट आफ एग्रीकल्चरल सांइसेज कानपुर (अब चन्द्र शेखर आजाद कृषि एवं प्रौद्योगिकी विश्वविद्यालय) में प्रवेश लिया और बीएससी एग्रीकल्चर आनर्स तथा एमएससी एग्रीकल्चर (जैनेटिक्स एन्ड प्लांट ब्रीडिंग) में डिग्री प्राप्त की। उच्च शिक्षा लेने के क्रम में चौधरी चरण सिंह हरियाणा कृषि विश्वविद्यालय से प्लांट ब्रीडिंग में पीएचडी की उपाधि प्राप्त की। इसी विश्वविद्यालय के प्लांट ब्रीडिंग विभाग के गेहूँ अनुसंधान प्रभाग में कार्यरत रह कर प्रोफेसर तक पदोन्नति मिली। लगभग 18 साल तक गेहूँ अनुसंधान के क्षेत्र में अपनी सेवाएं दीं और उत्कृष्ट उपलब्धियों के लिए भारतीय कृषि अनुसंधान परिषद ने टीम अवार्ड से सम्मानित किया। चौधरी चरण सिंह हरियाणा कृषि विश्वविद्यालय के 2006 में लिए गए एक

महत्वपूर्ण निर्णय के अंतर्गत "बौद्धिक संपदा अधिकार संरक्षण तथा व्यावसायीकरण" प्रभाग स्थापित करने, बौद्धिक संपदा अधिकार नीति बनाने, नीति को लागू करने के लिए नियम तैयार करने का उत्तरदायित्व दिया गया। उसी नीति को विश्वविद्यालय में स्वीकृति मिली और फिर विश्वविद्यालय की बौद्धिक संपदा को कानूनी संरक्षण दिलाने तथा उन संपदाओं का व्यावसायीकरण कराने में महत्वपूर्ण भूमिका का निर्वहन किया। इस संबंध में ज्ञान व कौशल अर्जित करने के लिए दो बार मिशीगन स्टेट यूनिवर्सिटी, यूएसए तथा वहां के संबंधित संस्थानों व विश्वविद्यालयों में जाकर बौद्धिक संपदा संरक्षण व व्यावसायीकरण कार्यप्रणाली का अध्ययन किया।

स्नातकोत्तर करने वाले विद्यार्थियों के लिए बौद्धिक संपदा संरक्षण व व्यावसायीकरण विषय से संबंधित अनिवार्य पाठ्यक्रम बनाया, इससे संबंधित एक परिचय पुस्तक लिखी व शिक्षण कार्य सफलतापूर्वक किया। भारतीय कृषि अनुसंधान परिषद के बिजनेस प्लानिंग एन्ड डेवलपमेंट जैसे महत्वपूर्ण प्रोजेक्ट के प्रिंसिपल इनवैस्टीगेटर बने। एग्रीकल्चर नालेज इनीशिएटिव योजना के अंतर्गत बौद्धिक संपदा संरक्षण विषय पर देशभर के कृषि विश्वविद्यालयों व आईसीएआर इंस्टीट्यूट्स में जागरूकता फैलाने के लिए भारतीय कृषि अनुसंधान परिषद, मिशीगन स्टेट यूनिवर्सिटी यूएसए तथा चौधरी चरण सिंह हरियाणा कृषि विश्वविद्यालय हिसार के संयुक्त प्रोग्राम के कोआर्डिनेटर के रूप में काम किया। इसी प्रोग्राम के अंतर्गत श्री लंका में भी दो विश्वविद्यालयों का दौरा किया। सेवा के दौरान 75 से अधिक शोध पत्र और लेख प्रकाशित किए

गए। हरियाणा किसान आयोग में सलाहकार के रूप में काम करते हुए किसानों के साथ बार-बार विचार-विमर्श करके उनकी समस्याओं का अध्ययन किया तथा महत्वपूर्ण रिपोर्ट्स तैयार की।

संपर्क सूत्र-

Email: rbsri52@gmail.com

Linkedin: dr-rb-srivastava

Mobile: 9416388650

अनुक्रमणिका

आभार

विश्वविद्यालय से सेवा निवृत्ति के बाद ईश्वर कृपा से मेरे अंदर एक प्रेरणा लगातार दस्तक देती रही कि विशेषज्ञों व वैज्ञानिकों के ज्ञान को तथा कृषि क्षेत्र में उभरती हुई चुनौतियों से संबंधित जानकारियों को सरलतम हिन्दी भाषा में किसानों के सामने रखूं। इस प्रेरणा को तब और बल मिला जब मुझे याद आई अपने पूज्य पिता स्व० श्री बृजकिशोर श्रीवास्तव के दूरदर्शितापूर्ण सुझाव की। वह अक्सर हम लोगों को कहते रहते थे कि अपने प्रबुद्ध विचारों को लिखना मत छोड़ना, चाहे एक पेज लिखो लेकिन लिखना। उनके स्वर्गवास के बाद मेरी माताश्री श्रीमती शांति देवी ने पिताजी के विचारों को आगे बढ़ाया। उन दोनों के आशीर्वाद ने ही मेरे लेखन को आगे बढ़ाने के लिए महत्वपूर्ण शक्ति संचार किया। उन महान आत्माओं को बारम्बार नमन्।

जब मेरे प्रयासों में गंभीरता दिखाई देने लगी तो मेरी पत्नी श्रीमती निशा श्रीवास्तव मेरा सहयोग करने के लिए अपनी पूरी क्षमताओं के साथ खड़ी हो गईं। उन्होंने लेखन को सरल बनाने व त्रुटिरहित करने के लिए पूरा प्रयास किया। फलस्वरूप **"अमृतकाल के आत्मविश्वासी किसान"** नामक प्रस्तुत प्रकाशन मूर्तिरूप ले सका। मैं उनका बहुत बहुत आभारी हूँ।

मैं अपने बहन, भाइयों, बेटों व परिवार के सभी सदस्यों का बहुत आभारी हूँ जिन्होंने किसी न किसी रूप में मेरे लेखन के उत्साह को पोषित किया। मेरा

आठ साल का पौत्र सात्विक जब पूछता बाबा आपकी किताब कब पूरी होगी तो लगता कि परिवार में सकारात्मक शक्ति का प्रवाह हो रहा है।

मैं अपने उन सभी वरिष्ठ व साथी वैज्ञानिकों, जिनके साथ मैंने नेशनल बोटनिकल रिसर्च इंस्टीट्यूट, हरियाणा कृषि विश्वविद्यालय व हरियाणा किसान आयोग में काम किया, का बहुत बहुत आभारी हूँ, उनके सहयोग व प्रेम के कारण ही मैं कुछ सफलताओं को प्राप्त कर सका।

मैं अपने सभी टीचर्स को बार बार नमन् करता हूँ जिन्होंने मुझे इस तरह तराशा कि मैं एक अतिपिछड़े गांव से निकलकर भारत के श्रेष्ठतम कृषि विश्वविद्यालयों में से एक चौधरी चरण सिंह हरियाणा कृषि विश्वविद्यालय में सफलतापूर्वक काम कर सका।

अंत में मैं अपने आराध्य व देवों के देव "भोले बाबा" को बार बार नमन् करते हुए यह प्रकाशन उन्हें समर्पित करता हूँ।

डा० राम श्रीवास्तव

दिनांक 22.6.2023

प्राक्कथन

हमने आजादी का अमृतमहोत्सव एक साल तक मनाया और 15 अगस्त 2022 को आजादी के 75 साल पूरे होने के साथ ही हम आजादी के अमृतकाल में प्रवेश कर गए। विशेषज्ञों का मत है कि इस अमृतकाल में हमें देश की अर्थव्यवस्था को ज्ञान व तकनीक आधारित (Knowledge & Technology Based Economy) व्यवस्था में परिवर्तित करने के लिए रणनीतिक प्रयास करना चाहिए। चूंकि कृषि क्षेत्र हमारी अर्थव्यवस्था का एक प्रमुख स्तंभ है अतः कृषि से जुड़े सभी हितधारकों विशेषकर किसानों व युवाओं को इस क्षेत्र में बढ़ती हुई विज्ञान व आधुनिक तकनीकों की भागीदारी तथा उभरते हुए अवसरों व समस्याओं के बारे में सामान्य ज्ञान होना आवश्यक हो गया है। यद्यपि भारतीय युवा अनेक क्षेत्रों में अपने कौशल व ज्ञान के द्वारा दुनिया में भारत की ज्ञान सशक्त (Empowered with knowledge) छवि बनाने में बड़ा योगदान दे रहे हैं लेकिन इस परिपेक्ष्य में कृषि क्षेत्र में अभी बहुत कुछ करना शेष है।

अब कच्चा माल पैदा करने वाली छवि से आगे निकल कर अच्छी गुणवत्ता के भिन्न- भिन्न प्रकार के उत्पादों को पैदा करने वाली हमारी कृषि की आभा बनना चाहिए। इस सकारात्मक बदलाव को लाए बिना भारतीय कृषि क्षेत्र को बड़ी अर्थव्यवस्थाओं से प्रतिस्पर्धा कर पाना संभव नहीं होगा। किसानों को अपनी उस परंपरागत छवि से भी बाहर निकलना होगा जिसमें किसान को बेचारा, गरीब, फटेहाल व कंधे पर हल और आगे-आगे चल रहे कमजोर बैलों

की जोड़ी के रूप में दर्शाया जाता है। यह 1970 से पहले के किसान की छवि एक सच्चाई थी लेकिन अब इस दीन-हीन भावना को जन्म देने वाली छवि की पृष्ठभूमि में किसान को बार-बार दिखाना उसको मानसिक रूप से कमजोर करता है जिससे उसकी सामाजिक व आर्थिक प्रगति बाधक होती है। **कृषि क्षेत्र में आत्मनिर्भरता की कहानी लिखने वाले किसान की छवि में अब आत्मविश्वास की झलक प्रकट होना चाहिए।** इस प्रतिस्पर्धी युग में हमारा किसान एक ज्ञान सशक्त व कौशलयुक्त मानव संसाधन के रूप में उभरे इसके लिए योजनाबद्ध तरीके से सरकार व विभिन्न क्षेत्रों से जुड़ी संस्थाएं भी निरंतर प्रयास कर रही हैं लेकिन कृषक व कृषि से जुड़े सभी हितधारक (Stakeholders) अगर विश्व पटल पर बदलते परिदृश्यों के प्रति जागरूक होंगे तो कृषि क्षेत्र को सशक्त करने के प्रयास जल्दी सफल होंगे।

विश्व बाजार की प्रतिस्पर्धा में यदि हमें आगे रहना है तो कृषि क्षेत्र को विश्व स्तर पर प्रतिस्पर्धी बनाने के लिए नीतिगत बदलाव, कौशल विकास तथा आधुनिक प्रौद्योगिकियों को स्वीकार करना होगा।

किसान व कृषि क्षेत्र का सशक्तिकरण कितना आवश्यक है यह इसी उदाहरण से समझा जा सकता है कि अमृत काल में प्रवेश से ठीक पहले देश ने एक अप्रत्याशित भयंकर आपदा कोविड-19 (Corona Virus Disease 2019) महामारी का सामना किया। इसकी पहली दस्तक केरल में जनवरी 2020 में सुनाई दी और देखते ही देखते यह आपदा देशभर में बुरी तरह फैलकर बड़े पैमाने पर जन-धन की हानि करने लगी थी। विषम परिस्थितियों के चलते लम्बे-लम्बे समय तक की गयी तालाबंदी

ने अर्थव्यवस्था से संबद्ध सभी क्षेत्रों की विकास रफ्तार को थाम दिया था लेकिन कृषि क्षेत्र की रफ्तार किसानों व वैज्ञानिकों ने रुकने नहीं दी। इस कालखंड में कृषि विकास दर 3.6% रही जबकि अर्थव्यवस्था से जुड़े अन्य क्षेत्रों में अधिकांश ने अपनी विकास दर नकारात्मक दर्ज कराई । यद्यपि कृषि क्षेत्र की विकास दर आशा से कम अवश्य थी फिर भी आपदाकाल में देश में खाद्य सुरक्षा बनाए रखने के लिए ये बहुत ही उत्साहवर्धक परिणाम थे। लगभग 80 करोड़ लोगों को पिछले दो साल से लगातार मुफ्त खाद्यान्न मुहैया कराने में भारत सरकार सफल रही। इस सफलता के पीछे हमारे कृषि क्षेत्र की सतत गतिशीलता ही है।

इसी आपदा कालखंड में सरकार द्वारा लाए गए कृषि सुधार संबंधित तीन कृषि कानूनों के विरुद्ध एक बड़ा "किसान आंदोलन" भी शुरु हुआ। साथ ही किसानों द्वारा डा० एमएस स्वामीनाथन कमेटी रिपोर्ट 2006 में दिए गए न्यूनतम समर्थन मूल्य (MSP-Minimum Support Price) को C2 फार्मूले के अनुसार देने की मांग ने जोर पकड़ा। उस दौरान कुछ आंदोलनकारी किसानों के सम्पर्क में आने व विचार-विमर्श करने का मुझे मौका मिला। उनकी मांग उचित है या अनुचित है इस विषय पर विवेचना करना मेरा उद्देश्य नहीं था। मैं सिर्फ यह जानना चाहता था कि जिस डा० स्वामीनाथन कमेटी रिपोर्ट 2006 के बारे में किसान भाई बात कर रहे हैं उस रिपोर्ट के बारे में वह कितने जागरूक हैं। मैंने यह भी जानने की कोशिश की कि क्या उनको श्री भूपेन्द्र सिंह हुड्डा कमेटी रिपोर्ट 2010 तथा डा० आरएस परौदा कमेटी रिपोर्ट 2019 के बारे में कोई

जानकारी है या नहीं। ये तीनों रिपोर्ट्स कृषि व ग्रामीण विकास के लिए बहुत ही महत्वपूर्ण हैं।

मेरे सम्पर्क में आए किसानों व युवाओं को डा० एमएस स्वामीनाथन कमेटी रिपोर्ट 2006 के बारे में ही थोड़ा बहुत पता था लेकिन उस रिपोर्ट के व्यापक पहलुओं पर जानकारी का अभाव था जबकि शेष दोनों रिपोर्ट्स के बारे में जानकारी नगण्य थी। बहुत से लोगों ने कहा अंग्रेजी में लिखी या गूढ़ हिन्दी में लिखी रिपोर्ट्स किसान कैसे पढ़ेगा। इससे मैंने महसूस किया कि किसानों व युवाओं का कोई दोष नहीं है, उनके पास जानकारियां पहुंच ही नहीं रहीं इसीलिए जागरूकता का अभाव है। विशेषज्ञों द्वारा तैयार की गईं रिपोर्ट्स में लिखे गए सुझावों से अगर हमारे युवा व किसान अवगत होते तो वो कृषि के समग्र विकास की बात करते और न्यूनतम समर्थन मूल्य को अधिक व्यावहारिक बनाने तथा छोटे व मझोले किसानों के हितों पर चर्चा करते। इसी अनुभव से मैंने यह महसूस किया कि सरकार व वैज्ञानिकों द्वारा बनाई गई अहम् रिपोर्ट्स में लिखी गयी प्रमुख समस्याओं व सिफारिशों को जनभाषा में परिवर्तित करके किसानों व हितधारकों तक पहुंचाने की आवश्यकता है। इसी के दृष्टिगत मैंने डा० एमएस स्वामीनाथन कमेटी रिपोर्ट 2006 तथा डा० आरएस परोदा कमेटी रिपोर्ट 2019 में वर्णित प्रमुख सुझावों को बताने के लिए सरलतम संचारी (Communicable) भाषा में चार वीडियो बना कर यू-ट्यूब पर डाले। उन वीडियोज को बड़ी संख्या में लोगों ने देखा है जिनके लिंक निम्नलिखित हैं:

1. डा० एमएस स्वामीनाथन कमेटी रिपोर्ट 2006

https://youtu.be/KRg-jSt_7FI

2. डा० आरएस परोदा कमेटी रिपोर्ट 2019

https://youtu.be/1TchCLSldd4

https://youtu.be/kZRY1qNtpL8

https://youtu.be/duXBhhytV8k

कृषि संबंधित ज्ञान के प्रसार का परिणाम हमने हरित व श्वेत क्रांतियों के रूप में देखा है जिसके कारण हमारा देश 1950 व 60 के दशकों में झेले गए खाद्यान्नों के भीषण अभाव की स्थिति से सिर्फ बाहर ही नहीं निकला बल्कि देश की बढ़ती हुई जनसंख्या को खाद्यान्न मुहैया कराने व दूसरे देशों को निर्यात करने में भी सक्षम बन गया। लेकिन अब पुनः कृषि क्षेत्र को विश्व स्तर पर प्रतिस्पर्धी बनाने के लिए नीतिगत बदलाव तथा आधुनिक प्रौद्यौगिकियों को स्वीकार करना होगा।

इसी संदर्भ में अब कृषि विज्ञान केन्द्रों सहित सभी प्रसार माध्यमों को जलवायु परिवर्तन (Climate Change) की चुनौतियों, विश्व व्यापार संगठन (WTO) की व्यवस्थाओं से बाजार में उपजी प्रतिस्पर्धाओं तथा कृषि वैज्ञानिकों व विशेषज्ञों द्वारा गहन अध्ययन के बाद दी गयी महत्वपूर्ण सिफारिशों की जानकारी किसानों व कृषि के हितधारकों तक पहुंचाने व उनको जागरूक करने के प्रयासों को अधिक गतिशील बनाने की आवश्यकता है। इस

जागरूकता की अनुपस्थिति में न तो हम संयुक्त राष्ट्र के सतत विकास लक्ष्य (UN's Sustainable Development Goals) को प्राप्त कर सकते हैं और न ग्लोबल वार्मिंग रोकने के लिए किए गए पेरिस समझौता पर सफलतापूर्वक अमल कर पायेंगे। जिसका सीधा नकारात्मक प्रभाव विश्व बाजार में हमारी हिस्सेदारी पर पड़ेगा। विश्व बाजार की प्रतिस्पर्धा में यदि हमें आगे रहना है तो जागरूकता बढ़ानी होगी तथा तकनीकों को बड़े स्तर पर दक्षता (Scale and Efficiency) के साथ अपनाने के लिए योजनाएं बनाकर कार्यान्वित करने की आवश्यकता होगी। कृषि में बढ़ते तकनीकी कौशल के महत्व को जापान ने आत्मसात किया है और विश्व बाजार में उभरती प्रतिस्पर्धा का सामना करने के लिए जापान अपने कृषि क्षेत्र में काम करने के लिए आधुनिक कृषि तकनीकों से कौशलयुक्त युवाओं को रोजगार देने के लिए आकर्षित कर रहा है। भारत से भी सैकड़ों युवा वहां जा चुके हैं। हमारे कृषि क्षेत्र को भी अपने को विश्व पटल पर प्रतिस्पर्धी बनाने के लिए ज्ञान व कौशल को अब और ज्यादा महत्व देना होगा।

इस प्रकाशन "**अमृतकाल के आत्मविश्वासी किसान**" में इन्हीं महत्वपूर्ण विषयों पर किसानों व कृषि से जुड़े हितधारकों में सामान्य जागरूकता पैदा करने के लिए संबंधित ज्ञान-सामिग्री को सरलतम भाषा में पिरोया गया है। उम्मीद की जानी चाहिए कि उपरोक्त विषयों पर प्राथमिक जानकारी होने से किसानों में एक वैचारिक व विश्लेषणात्मक प्रक्रिया शुरू होगी और तदानुसार साधारण जागरूकता के होने पर हितधारक इन विषयों

के बारे में इन्टरनेट के माध्यम से तथा संबंधित संस्थाओं से जुड़कर अधिक से अधिक जानकारी जुटाने के प्रयास करेंगे। परिणामस्वरूप कृषि में उभर रहीं समस्याओं पर विजय पाने व इस क्षेत्र को विश्व स्तर पर प्रतिस्पर्धी बनाने के लिए उनका आत्मविश्वास बढ़ेगा।

डा० राम श्रीवास्तव

10. 6. 2023

सारांश

प्रस्तुत प्रकाशन **"अमृतकाल के आत्मविश्वासी किसान"** का मूल उद्देश्य भारतीय किसानों व कृषि से जुड़े हितधारकों को उस सामान्य ज्ञान से अवगत कराना है जो वर्तमान में उभर रही पारिस्थितिकीय के दृष्टिकोण से बहुत आवश्यक है। वैश्वीकरण ने अर्थव्यवस्था के प्रत्येक क्षेत्र में प्रतिस्पर्धा पैदा करदी है। इस प्रतिस्पर्धा से कृषि क्षेत्र भी अछूता नहीं है बल्कि कृषि क्षेत्र को कड़ी प्रतिस्पर्धा का सामना करना पड़ रहा है। इस प्रतिस्पर्धा का सफलतापूर्वक सामना करने के लिए किसानों व संबंधित हितधारकों में कृषि से संबंधित विषयों जैसे राजनीतिक इच्छाशक्ति, कृषि में सुधारों का सिलसिला, जलवायु परिवर्तन संबंधित विषय, विश्व बाजार में उभरते अवसर, युवाशक्ति का उपयोग, संयुक्त राष्ट्र संगठन के सतत विकास लक्ष्यों व गांवों की बदलती परिस्थितिकीय से संबंधित सामान्य जानकारियां होना आवश्यक है। वास्तव में ऐसे विषयों पर किसानों को सामान्य ज्ञान कराना उनके ज्ञान-सशक्तिकरण (Knowledge Empowerment) का पहला व महत्वपूर्ण कदम है जो उसकी एक जागरूक किसान की छवि उभारने व उसका आत्मविश्वास बढ़ाने में सहायता करेगा। यही आत्मविश्वास उसको दूसरों के शोषण से बचाने में मदद करेगा और ज्ञान अर्जित करने की जिज्ञासा जगाएगा। इस प्रकाशन में उपरोक्त विषयों पर उपलब्ध ज्ञान-सामग्री को सरलतम भाषा में इस तरह पिरोया गया है कि किसानों व हितधारकों को वर्तमान समस्याओं के बारे में सामान्य ज्ञान हो जाए । प्रकाशन-सारांश प्रस्तुत है :

1. भारत ने हरितक्रांति, श्वेतक्रांति, ब्ल्यूक्रांति को सफलतापूर्वक साकार किया है। इसके पीछे वैज्ञानिकों व किसानों का महत्वपूर्ण योगदान तो रहा ही है लेकिन 1964 में कृषि में आमूलचूल सुधार (Reforms) लाने के लिए तत्कालीन प्रधानमंत्री श्री लाल बहादुर शास्त्री ने जो दूरदर्शितापूर्ण राजनीतिक इच्छाशक्ति दिखाई उसने देश में खाद्य सुरक्षा बनाए रखने के लिए मजबूत नींव डाली। श्री सी० सुब्रमण्यम जैसे योग्य व दूरदर्शी राजनेता को आग्रह करके खाद्य एवं कृषि मंत्री नियुक्त करना भारतीय कृषि के लिए महत्वपूर्ण मोड़ (Turning Point) साबित हुआ। सरकारी नीतियों, अनुसंधान-विस्तार और किसानों के बीच बहुत अच्छा समन्वय स्थापित किया गया। शास्त्री जी के बाद भी सभी प्रधानमंत्रियों ने कृषि में सुधार का सिलसिला जारी रखा। जिसके कारण हमारा कृषि सैक्टर उत्पादन व उत्पादकता में प्रगतिशील बना हुआ है। कृषि में सुधारों से संबंधित जानकारियों का अवलोकन करने से प्रतीत होता है कि इस क्षेत्र में सुधारों की निरंतरता बनाए रखना बहुत आवश्यक है क्योंकि कृषि के सामने प्राकृतिक व अप्राकृतिक चुनौतियां उत्पन्न होती ही रहती हैं। उन चुनौतियों का सामना करने के लिए कभी छोटे व कभी बड़े नीतिगत सुधार करना आवश्यक हो जाते हैं।

2. किसानों को उभरती समस्याओं से समय-समय पर अवगत कराया जाना चाहिए। अब कुछ बड़ी चुनौतियां हमारी कृषि के सामने खड़ी हो गई हैं। देश में लगभग 86% किसान छोटे व मझोले हैं। विभिन्न अध्ययन बताते हैं कि सरकारी योजनाओं का लाभ छोटे व मझोले किसानों को उस अनुपात में नहीं मिल पाता जितने के वे हकदार हैं। निवेश पर आय भी असंतोषजनक है जिससे

युवाओं का खेती के प्रति लगाव भी लगातार कम होता जा रहा है। ऐसी चुनौतियों से निर्णायक रूप से निपटने के लिए डा० एमएस स्वामीनाथन कमेटी रिपोर्ट 2006, श्री भूपेंद्र सिंह हुड्डा कमेटी रिपोर्ट 2010, श्री सौमित्रा कमेटी रिपोर्ट 2012, श्री शान्ता कुमार कमेटी रिपोर्ट 2015, श्री अशोक दलवई कमेटी रिपोर्ट 2017 तथा डा० आरएस परोदा कमेटी रिपोर्ट 2019 में कृषि में सुधारों के लिए महत्वपूर्ण सिफारिशें की जा चुकी हैं। ऐसा प्रतीत होता है कि विशेषज्ञों की अनुशंसाओं की सम्पूर्ण जानकारी किसानों तक नहीं पहुंची है इसलिए उन सिफारिशों पर चर्चा भी नहीं हो रही है। किसानों के कल्याण और कृषि को मजबूत करने के लिए उन सिफारिशों को लागू करने की आवश्यकता है।

3. सम्भवत: उपरोक्त रिपोर्ट्स में वर्णित सुझावों के आधार पर भारत सरकार कृषि में सुधार के लिए 2020 में तीन कृषि कानून लेकर आई थी लेकिन उन कानूनों पर किसानों की असहमति के कारण किसान आंदोलन हुआ। परिणाम यह हुआ कि वो कानून सरकार को वापस लेने पड़े। सन् 2021 में सर्वोच्च न्यायालय द्वारा गठित कमेटी ने तीनों कानूनों के बारे में गहन अध्ययन किया। किसानों की शिकायतें सुनकर और उनका अध्ययन करके कोर्ट को एक विस्तृत रिपोर्ट सौंपी जिसमें बताया है कि "85.7% किसान कृषि में सुधारों के पक्षधर थे"। इसका अर्थ यह हुआ कि अगर हमारे छोटे व मझोले किसान भाई वैज्ञानिकों व विशेषज्ञों द्वारा बनाई गईं रिपोर्ट्स में दिए गए सुझावों से अवगत होते तो वे कृषि में सुधार की प्रतिक्रिया को मजबूत करने के लिए अपने सुझाव देने के लिए कदम उठाते तथा तीनों कानूनों को अधिक प्रभावी, न्यायसंगत व किसान हितैषी बनाने में अपनी भूमिका सुनिश्चित करते। इस

घटना से हमें सीख मिलती है कि देश की युवाशक्ति को अनुभवी विशेषज्ञों द्वारा तैयार की गई रिपोर्ट्स व उनमें निहित सुझावों के बारे में जागरूक करना चाहिए ताकि किसानों के मंच का उपयोग स्व-हित पोशक तत्व न कर सकें।

4. भारत 1995 में ही विश्व व्यापार संगठन (WTO) का सदस्य बन गया था और हमारी सरकार ने "कृषि समझौता" सहित इस संगठन के अनेकों समझौतों पर हस्ताक्षर किये थे। इस संगठन के अंतर्गत जो भी व्यापार होता है वह संगठन द्वारा स्वीकृत नियमावली के अनुसार ही होता है। इसलिए विकासशील देशों, जिन में भारत भी है, को 15 साल का समय दिया गया था ताकि वो विश्व बाजार में प्रतिस्पर्धी बनने के लिए अपनी क्षमताएं विकसित कर सकें, विभिन्न टैक्स प्रणालियों को न्यायसंगत बना सकें तथा बौद्धिक संपदा अधिकारों को सुरक्षित करने के लिए कानूनी व ढांचागत व्यवस्था बना सकें। हमारे देश में विश्व व्यापार संगठन के विरुद्ध माहौल बनाने पर अधिक जोर रहा और हम अपनी तैयारी के लिए मिला 15 साल का समय गंवा बैठे, जबकि इसी अवधि में छोटे-छोटे देश अपने बहुत सारे उत्पाद विश्व बाजार में हमसे पहले उतारने और अपनी पहचान बनाने में सफल हो गए। यद्यपि विश्व बाजार में अपनी भागीदारी बढ़ाने के लिए हमारा देश भी अब एड़ी-चोटी का जोर लगा रहा है लेकिन सरकार के प्रयासों को गति तभी मिलेगी जब किसानों व हितधारकों में इस संबंध में अधिक जागरूकता होगी।

5. कच्चे उत्पादों के साथ-साथ परिष्कृत खाद्य पदार्थों व मूल्यवर्धित (Value Added) कृषि उत्पादों के लिए बहुत बड़ा विश्व बाजार है लेकिन इन

अवसरों का लाभ उठाने के लिए समग्र उपाय करने में हम विकसित देशों की अपेक्षा बहुत पीछे हैं। खाद्य प्रसंस्करण (Food Processing) का विश्व बाजार 5.8% की दर से हर साल बढ़ रहा है। विश्व बाजार के अवसरों का हमें तभी लाभ मिल सकता है जब हमारे उत्पादों की कीमत कम हो, गुणवत्ता अच्छी हो तथा आपूर्ति में निरंतरता व समयबद्धता हो। वर्तमान अंतर्राष्ट्रीय व्यापार में भागीदारी सुनिश्चित करने के संदर्भ में डा० एमएस स्वामीनाथन कमेटी 2006 ने किसानों व कृषि से जुड़े हितधारकों को उत्पादों के गुणवत्ता मानकों (सेनीटरी व फाइटोसेनीटरी मानक), अंतर्राष्ट्रीय व्यापार नियमों, बौद्धिक संपदा अधिकारों, आनुवांशिक रूप से संशोधित फसल किस्मों, पानी के प्रबंधन, जैव विविधता संरक्षण, प्राकृतिक संपदा प्रबंधन, पोषण, वित्तीय प्रबंधन संबंधित साक्षरता के लिए विशेष अभियान चलाने की सिफारिश की है तथा आपूर्ति श्रृंखलाओं के विकास करने पर जोर दिया है। कौशल और ज्ञान के साथ किसानों को सशक्त बनाने के संदर्भ में डा० आरएस परोदा कमेटी 2019 ने कृषि विज्ञान केन्द्रों तथा कृषि प्रोद्योगिकी प्रबंध अभिकरण (Agricultural Technology Management Agency / ATMA) केंद्रों को ज्ञान-कौशल-नवाचार केन्द्र (Knowledge-Skill-Innovation Centers) के रूप में बदलने के लिए महत्वपूर्ण अनुशंसा भी की है। अधिक लाजिस्टिक लागत भी हमारे उत्पादों की कीमत बढ़ा देती है। इसको कम करने के लिए सरकार की गतिशक्ति योजना के अंतर्गत सुविधाओं का निर्माण हो रहा है। लाजिस्टिक्स संबंधित ढांचागत विकास व आधुनिक तकनीकों का कृषि क्षेत्र में समावेश जिस तेजी से हो रहा है उससे विश्व बाजार की प्रतिस्पर्धा का सामना करने में भारत को आसानी होगी।

6. मोटे अनाज (Millets) जैसे कि बाजरा, ज्वार, कूट्टू, रागी, सावां, कोदों आदि अब दुनिया भर में Nutri-grains (पौष्टिक अनाज) के नाम से प्रसिद्ध हो रहे हैं और इनसे बने विभिन्न पौष्टिक खाद्य "Nutri" लिखकर नामित किए जा रहे हैं क्योंकि इनमें कैल्शियम, आयरन, ज़िंक, फास्फोरस, पोटाशियम, प्रोटीन, फाइबर व अतिआवश्यक अमाइनोएसिड्स आदि बहुत से षोषक तत्व होते हैं। भारत सरकार ने इन अनाजों को **"श्रीअन्न"** नाम से पहचान दी है। इन अनाजों की पौष्टिकता के बारे में जैसे-जैसे जागरूकता बढ़ रही है इनके लिए भी दुनिया में बड़ा बाजार उभर रहा है। ऐसी फसलों के उगाने से कम लागत में अधिक आय होगी, अधिक तापमान व कम पानी की अवस्था में भी पैदावार ली जा सकेगी, पशुओं के लिये चारा भी उपलब्ध होगा। ज्वार का इस्तेमाल तो वायोफ्यूल के उत्पादन में भी किया जा सकेगा। इन फसलों की खेती करके व उनके संवर्धित उत्पाद बना कर देश व विदेश के बाजारों के अवसरों का फायदा उठाना होगा। इसी तरह आर्गेनिक व भौगोलिक संकेतक (GI-Geographical Indications) उत्पादों के लिए भी बाजार का विस्तार होता जा रहा है। अब सटीक कृषि (Precision Agriculture), फसल विविधीकरण, आधुनिक तकनीकों के आधार पर बागवानी, पशुपालन और कृषि में मूल्यवर्धन करने वाली तकनीकों के समावेश की ओर विशेष ध्यान देना होगा। किसानों की आय बढ़ाने के लिए श्री अशोक दलवई समिति 2017 ने कृषि और गैर-कृषि आय दोनों को बढ़ाने पर ध्यान देने की सिफारिश की है। इसके लिए किसानों व हितधारकों में जागरूकता की आवश्यकता है।

7. जलवायु परिवर्तन दुनिया के सामने बड़ी समस्या खड़ी कर रहा है। यदि हमने प्राकृतिक संसाधनों को सुरक्षित नहीं किया और पृथ्वी पर तापमान वृद्धि को रोकने के प्रयास समय पर नहीं किए तो हम सब कुछ खो देंगे और जीवन का अस्तित्व खतरे में पड़ जाएगा। अब एक बड़ा प्रश्न यही है कि क्या हम भारतीय इस समस्या के प्रति सजग हैं ? वर्ष 2022 यूएसए में येल विश्वविद्यालय के एक अध्ययन में यह पाया गया कि भारत में सिर्फ 9% लोगों को इस विषय पर अच्छी जानकारी है जबकि 54% को बहुत ही कम जानकारी है। उन्होंने यह भी पाया कि 84% लोग अपने आसपास हो रहे मौसम परिवर्तनों को जानते तो हैं लेकिन उसके वृहत प्रभावों को नहीं समझते। जलवायु परिवर्तन के दुष्प्रभावों से बचना है तो प्रचार प्रसार से जुड़ी संस्थाओं को किसानों सहित समाज के विभिन्न वर्गों व समुदायों को जलवायु परिवर्तन संबंधित प्राथमिक ज्ञान देना होगा तथा इस विषय को रोजमर्रा के विचार-विमर्श में लाने के लिए भरपूर प्रयास करने होंगे। जल संरक्षण, वैकल्पिक ऊर्जा का प्रयोग, सटीक कृषि व अधिक उन्नत तकनीकों की खोज के लिए वैज्ञानिकों व संस्थाओं द्वारा अथक प्रयास भी किए जा रहे हैं। इन प्रयासों से किसानों व समुदायों को अवगत करा कर उनके बीच जलवायु परिवर्तन विषय के बारे में भी विचार-विमर्श का माहौल बनाना अत्यंत आवश्यक है।

8. खाद्य और कृषि संगठन रिपोर्ट 2014 का मानना है कि ग्रामीण युवा विश्व खाद्य सुरक्षा के भविष्य के प्रहरी होंगे क्योंकि वही आधुनिक तकनीकों व विज्ञान आधारित कृषि के दृष्टिकोण को समझ सकते हैं और कृषि में आधुनिक तकनीकों का समावेश कर सकते हैं। बिना ज्ञान-सशक्त व कौशलयुक्त ग्रामीण

युवाओं की भागीदारी के कृषि की दक्षता व क्षमताओं को नहीं बढ़ाया जा सकता। भारतीय कृषि की दक्षता बढ़ाने का अर्थ है ऊर्जा, श्रम व फर्टिलाइजरों पर होने वाले खर्च को कम करना, पानी का संरक्षण करना, ग्लोबल वार्मिंग रोकने के सतत उपाय करना तथा कृषि को बाजारोन्मुखी बनाना है। विश्व जनसंख्या रिपोर्ट 2023 के अनुसार भारत में 25.4 करोड़ जनसंख्या 15-24 साल उम्र वाली है जो दुनिया का सबसे बड़ा युवाओं का जनसमूह है। यह उम्र ऐसी होती है जो यदि कौशलयुक्त हो तो देश व समाज में बड़ा सकारात्मक परिवर्तन ला सकती है। वृहत संदर्भ में देखें तो भारत में लगभग 97 करोड़ जनसंख्या 15-65 साल की उम्र की है। जिसे हम कार्यशील जनसंख्या कहते हैं। हमारे पास युवा किसान व कृषि से जुड़े युवा व्यवसायी हैं जो अन्य देशों की अपेक्षा बहुत अधिक हैं। अतः हम अपने युवाओं को आधुनिक आवश्यकताओं को ध्यान में रखकर प्रशिक्षित व कौशल से सशक्त कर दें तो हम कृषि के क्षेत्र में विश्व पटल पर प्रतिस्पर्धी बन सकते हैं।

9. युवाओं को यह अच्छी तरह समझ लेना चाहिए कि आधुनिक तकनीकों का कृषि क्षेत्र में प्रवेश हो रहा है और इन तकनीकों का अधिकाधिक प्रवेश बढ़ेगा क्योंकि लाभदायक व दक्षता बढ़ाने वाली तकनीकें तेजी से अपना स्थान बना लेती हैं। संरक्षित कृषि, वर्टिकल कृषि, नर्सरी प्रबंधन, सटीक फार्मिंग, नवीनतम भंडारण प्रौद्योगिकियों के अलावा विश्व स्थिति निर्धारण व्यवस्था (Global Positioning System), मोबाइल एप्स, इंटरनेट आफ थिंग्स, संवेदक (Sensors), इन्पुट अप्लीकेशन मोडलिंग मशीन्स, कृत्रिम बुद्धिमत्ता (Artificial Intelligence), रोबोटिक्स, ड्रोन का प्रयोग आदि अनेकानेक तकनीकों को

कृषि क्षेत्र में इस्तेमाल करके कृषि को सक्षम व क्षमतायुक्त बनाने की कोशिशें बहुत तेज हो चुकी हैं। बायोटेक्नोलॉजी, नैनोटेक्नोलॉजी, सीडटेक्नोलॉजी, इलेक्ट्रॉनिक राष्ट्रीय कृषि बाजार (eNAM), डाटा विज्ञान, ग्रीन तकनीकी जैसी अनेकों आधुनिक तकनीकों का भी कृषि में प्रवेश हो चुका है। युवाओं को इन क्षेत्रों में भी कौशल विकास के लिए प्रेरित करना होगा। ऐसे कदमों से कृषि क्षेत्र का विज्ञान आधारित सशक्तिकरण होगा और कृषि को एक प्रतिस्पर्धी व्यवसाय बनाने में आसानी होगी।

10. महिला-शक्ति ग्रामीण ही नहीं देश की अर्थव्यवस्था में बहुत बड़ा सकारात्मक परिवर्तन ला सकती है। गांवों में पशुपालन का 80-90% काम महिलाएं ही संभालती हैं जिससे परिवार को बड़ी आर्थिक मदद व पोषण सुरक्षा मिलती है। सब्जी उत्पादन, बागवानी व फसल उत्पादन में भी महिलाओं का बड़ा योगदान रहता है। अनेकानेक रिपोर्ट्स यह मानती हैं कि महिलाओं की भागीदारी जिन उद्योगों में अधिक होती है वहां दक्षता व क्षमता अधिक होती है। महिलाओं से संबंधित ब्रैन एन्ड कम्पनी की 2019 में प्रकाशित एक महत्वपूर्ण रिपोर्ट "Powering The Economy With Her" के अनुसार भारत में 2030 तक कामकाजी युवाओं की जनसंख्या एक बिलियन (100 करोड़) हो जाएगी जिसमें लगभग 50% महिलाएं होंगी। आर्थिक विकास की धारा को गतिशील बनाने के लिए हमें महिलाओं के कौशल विकास व प्रशिक्षण पर विशेष ध्यान देना होगा। तभी वो परिवार व देश के आर्थिक विकास में बड़ी साझेदारी निभाने के लिए आगे आ सकती हैं।

11. गांव से पलायन करना एक कालजयी समस्या है। इसे रोक पाना सम्भव नहीं लगता क्योंकि मानव स्वभाव ही ऐसा है कि वह अपने लिए अपनी क्षमताओं के अनुसार प्रगतिशील रास्तों की तलाश में लगा रहता है। गांव से कस्बों, फिर कस्बों से शहरों और शहरों से मैट्रो सिटीज की ओर की पलायन होता रहा है। यह पलायन यहीं नहीं रुकता। दूसरे देशों विशेषकर विकसित देशों की ओर भी पलायन चलता रहता है। स्थिति ऐसी उत्पन्न हो गई है कि बहुत से विकसित देशों में युवाओं की संख्या तेजी से घट रही है। भारत के कौशलयुक्त व प्रशिक्षित युवाओं को वो देश अपने देश में आधुनिक खेती के कार्यों सहित अनेकों सेवाओं के लिए अच्छे आर्थिक पैकेज देकर बुलाने लगे हैं। भारत के युवा इन अवसरों का लाभ लेने के लिए पलायन भी करने लगे हैं। इस पलायन को स्वीकार करना होगा। विश्व में विभिन्न सेवाओं में कौशलयुक्त व कुशल युवाओं की मांग व पूर्ति में बड़ा अंतर है। इस अंतर का लाभ हमारे कौशलयुक्त व प्रशिक्षित युवा ले सकते हैं। इसका अर्थ यह नहीं है कि युवाओं का कौशल विकास विदेशों की आवश्कतानुसार किया जाए बल्कि अपनी स्वदेशी आवश्यकताओं के अनुसार कौशल विकास करने पर भी जोर दिया जाए । हमारे ग्रामीण युवाओं ने अपनी परिवर्तनकारी शक्ति का भी प्रदर्शन किया है। कई युवा सरपंचों ने अपने गांवों को स्मार्ट गांवों में बदल दिया है और उन्होंने गांवों में उद्यमिता व साक्षरता को भी बढ़ावा दिया। उनमें से कई भविष्य की प्रौद्योगिकियों का उपयोग करके स्मार्ट कृषि को भी बढ़ावा दे रहे हैं। इसलिए युवाओं को अपने कौशल के अनुसार काम करने के अवसर दिए जाने चाहिए।

12. भारत इंटरनेट सुविधाओं का शीर्ष उपयोगकर्ता देश है। इंटरनेट का उपयोग अपने ज्ञान को बढ़ाने, कौशल को निखारने तथा अपनी प्रगतिशील कल्पनाओं को साकार रूप देने के लिए करें तो यह सशक्तिकरण के लिए उत्कृष्ट तकनीक है। इंटरनेट पर युवाओं की सफलता की कहानियां उपलब्ध हैं जो बहुत ही प्रेरणा देने वाली हैं। ऐसी सफलता की कहानियां युवाओं के लिए प्रेरक व पथप्रदर्शक हो सकती हैं। एक ओर जहां इंटरनेट व इलैक्ट्रॉनिक मीडिया से पुरातन, समकालीन व नवीनतम सूचनाओं तक पहुंच आसान हुई है वहीं दूसरी ओर युवाओं को अंधकार में धकेलने संबंधित तरह-तरह के वीडियो, गेम्स, आलेख आदि भी उपलब्ध हैं जो युवाओं को जुआ खिलाने, धर्मांतरण करने, नशाखोरी करने, अनैतिक व अवैध कारोबार में धकेलने आदि की ओर आकर्षित करते हैं। इससे युवाओं का जीवन ही बरबाद हो जाता है। ऐसी खतरनाक व बरबादी की स्थिति से बचने के लिए युवा स्वयं जागरूक रहें व समाज को लगातार जागरूक करते रहें।

संदेश

डा० एम० के० कौल,

निदेशक अनुसंधान (रि०), स्वामी केशवानंद राजस्थान कृषि विश्वविद्यालय, बीकानेर `

हरियाणा व राजस्थान के कृषि विश्वविद्यालयों में सेवारत रहते हुए मुझे किसानों के बीच काम करने का एक लम्बा अनुभव हुआ। सेवानिवृत्ति के बाद एक प्रतिष्ठित NGO, "The Jakhar Trust" में परियोजना निदेशक के रूप में मेरा कार्यक्षेत्र राजस्थान व हरियाणा के साथ-साथ पंजाब भी जुड़ गया। मैंने पाया कि अधिकांश किसान अपनी खेती की उत्पादकता बढ़ाने के लिए प्रबल इच्छुक रहते हैं। इसीलिए वो नए नए उन्नत बीज व तकनीकी को प्राप्त करने के लिए भरपूर कोशिशें करते हैं। लेकिन दूसरी ओर मुझे यह भी अनुभव हुआ कि जलवायु परिवर्तन के कारण भविष्य में उत्पन्न होने वाली समस्याओं के प्रति बहुत ही कम किसानों में जागरूकता है। इसके अलावा खेती में सुधार (Reforms in Agriculture) के लिए अनुभवी विशेषज्ञों की कमेटियों द्वारा दिए गए महत्वपूर्ण सुझावों की जानकारी भी बहुत कम किसानों को है और नये

ग्रेजुएट्स भी उन रिपोर्ट्स के बारे में ज्यादा जागरूक नहीं हैं। यह भी मुझे आभास हुआ कि विश्व व्यापार संगठन (WTO) के तत्वावधान में तेजी से उभर रहे विश्व बाजार तक पहुंचने के लिए सामान्य जानकारियां किसानों तक नहीं पहुंची हैं। इस सबका परिणाम यह हुआ है कि अधिकांश किसानों की जलवायु परिवर्तन से पैदा होने वाली विषमताओं से लड़ने व विश्व बाजार पर अपनी पकड़ बनाने के लिए तैयारी बहुत ही मन्द गति से हो रही है। सुखद बात यह भी है किसान अब इन विषयों को समझना व जानना भी चाहता है और अपने विचार व वैचारिक भागीदारी भी चाहता हैं।

किसानों तथा प्रचार प्रसार में लगे मानव संसाधनों को उपरोक्त विषयों पर सामान्य ज्ञान से सशक्त करने के उद्देश्य से डा० राम श्रीवास्तव, पूर्व प्रोफेसर हरियाणा कृषि विश्वविद्यालय ने जानकारियों का एक महत्वपूर्ण संकलन *"अमृतकाल के आत्मविश्वासी किसान"* नामक प्रकाशन के रूप में किया है। इस प्रयत्न के लिए उनको बहुत बहुत बधाई। इस प्रकाशन में ब्रिटिश शासनकाल में किसानों के साथ हुए अत्याचार, स्वतंत्रता के बाद आई हरितक्रांति व श्वेतक्रांति की कहानी व युवा शक्ति को उपयोगी बनाने से संबंधित जानकारियां भी संक्षिप्त में दी गई हैं। मुझे आशा है कि यह प्रकाशन किसानों, नये कृषि ग्रेजुएट व अन्य हितधारकों के लिए बहुत उपयोगी साबित होगा।

डा० एम के कौल

दिनांक 21.6.2023

संदेश

डा० आर के राणा

पूर्व प्रोफेसर एन्ड हैड

डिपार्टमेंट आफ प्लांट ब्रीडिंग

चौधरी चरण सिंह हरियाणा कृषि विश्वविद्यालय, हिसार

एवं चेयरमैन डा० रामधन सिंह ट्रस्ट

कृषि एक ऐसा सैक्टर है जो सदैव जोखिमों से भरा हुआ रहता है। किसान अपने विवेक से उन जोखिमों का सामना करने की कोशिशें आदिकाल से करता आ रहा है। वैज्ञानिकों द्वारा निकाली गई तकनीकों का प्रचार प्रसार होने व किसानों द्वारा उनको अपनाने तथा सरकारी नीतियों में बदलाव लाने से जोखिमों से निपटने में कुछ सफलताएं तो मिली हैं लेकिन किसानों की आय कैसे बढ़े और जलवायु व विश्व बाजार संबंधित समस्याओं से कैसे मुकाबला किया जाय जैसे प्रश्न खेती के केन्द्र में आ चुके हैं। ऐसे प्रश्नों का हल ढूंढने के लिए किसानों को संबंधित विषयों , विशेषज्ञों के सुझावों व सरकार की नीतियों के प्रति जागरूक होना आवश्यक है। इन विषयों पर जागरूकता से भारतीय किसान आत्मविश्वासी बनेगा और विश्व की बदलती पारिस्थितिकीय में प्रतिस्पर्धी हो सकेगा।

खेती को अपनी परंपरागत छवि से निकाल कर ज्ञान आधारित व्यवसाय बनाने व बौद्धिक संपदा संरक्षण जैसे महत्वपूर्ण विषयों पर डा० राम श्रीवास्तव, पूर्व प्रोफेसर, हरियाणा कृषि विश्वविद्यालय, अपने विचार वैज्ञानिकों व किसानों के बीच समय समय पर रखते रहे हैं। उन्होंने सेवानिवृत्ति के बाद 72 साल की उम्र में खेती व किसानों से संबंधित ज्वलंत विषयों पर अपने विचारों को "अमृतकाल के आत्मविश्वासी किसान" नामक प्रकाशन में बहुत ही सरल भाषा में संकलित किया है । उनके इस सराहनीय प्रयास के लिए मैं बधाई देता हूँ और आशा करता हूँ कि यह प्रकाशन किसानों व अन्य हितधारकों का knowledge Empowerment करने में सहायक होगा।

डा० आर०के० राणा

दिनांक 25.6.2023

संदेश

हरि बाबू श्रीवास्तव

प्रोफ़ेसर आई आई टी, दिल्ली,

पूर्व महानिदेशक डी आर डी ओ

बढ़ती जनसंख्या, घटते संसाधन, बदलते सामाजिक-आर्थिक-तकनीकी परिवेश एवं जलवायु में हो रहे लगातार परिवर्तन के मद्देनज़र ये नितांत आवश्यक है कि भारत में अर्थव्यवस्था से संबंधित सभी क्षेत्रों में उत्पादकता में वृद्धि की निरंतरता बनी रहे। ऐसी सभी क्षमताओं का विकास व विस्तार किया जाए जिससे भारत अपने सतत विकास के लक्ष्यों को शीघ्र ही प्राप्त कर सके। इस कड़ी में खाद्य सुरक्षा एवं पोषण एक महत्वपूर्ण आयाम है जिसका सीधा सम्बन्ध देश के प्रत्येक नागरिक से है चाहे वह अन्न उत्पादक हो, उपभोक्ता हो या इन दोनों के बीच की अन्य कोई कड़ी, जैसे नीति निर्धारक, व्यापारी, भण्डारक, परिवाहक आदि।

मात्र युद्धों एवं विदेशी आक्रमण के विरूद्ध ही नहीं, स्वतंत्र भारत में देश ने आवश्यकतानुसार समय समय पर महान एकजुटता का प्रदर्शन किया है। 1960 एवं 70 के दशकों की हरित क्रांति इसी एकजुटता का परिणाम थी। देश के नीति निर्धारकों, वैज्ञानिकों एवं किसानों ने मिलकर सूक्ष्म अंतराल में ही देश

के नागरिकों को भूख से निकालकर पोषण प्रदान किया। इस प्रयास में सभी वर्गों का सभी क्षेत्रों में वैज्ञानिक सोच, देश की और अपनी क्षमता पर विश्वास एवं कर्मठता का अनूठा संगम था।

अब 1970 के दशक को लगभग 50 वर्ष हो गए। इस बीच जनसंख्या तीन गुना हो गई। सामान्य जोत का आकार भी एक तिहाई ही रह गया। स्पष्ट है कि कृषि प्रौद्योगिकी एवं प्रक्रियाओं में भी समयानुकूल बदलाव की आवश्यकता है जिससे देश की खाद्य सुरक्षा एवं ख़ुशहाली न केवल जारी रह सकें बल्कि उनमें वांछित वृद्धि भी हो। आज का युग नई विधाओं का युग है। विगत पचास वर्षों में कृषि व्यवसाय में उत्तमता लाने के लिए वैज्ञानिकों ने नए कौशल, नवाचार, सूचना प्रौद्योगिकी, कृत्रिम बुद्धिमत्ता, स्वचालित प्रणालियाँ, नेनो उर्वरक, मृदा संवरण, पशु एवं बीजों की आनुवंशिकता एवं जेनोम प्रणाली, पशु-फसल स्वास्थ्य एवं अनेकों प्रकार के संसूचक एवं खाद्य प्रसंस्करण यंत्रों आदि का विकास किया है। वहीं कृषि विशेषज्ञों ने कृषि क्षेत्र की प्रणालियों-नीतियों, जैसे कि विपणन व्यवस्था, फसल चक्र, नई बीज व्यवस्था, सिंचाई संसाधन, बीमा व्यवस्था आदि, के लिए भी सुझाव संकलित किए हैं। अब आवश्यकता है कि इन तकनीकों, प्रणालियों एवं नीतियों को सभी हितधारकों द्वारा त्वरित गति से अपनाकर सामूहिक लाभ प्राप्त किया जाए।

देश के शीर्ष नेतृत्व ने भारत को 2047 तक विकसित देश बनाने का लक्ष्य निर्धारित किया है। इसे प्राप्त करने के लिए देश के प्रत्येक नागरिक, विशेषकर युवाओं, से उनके योगदान की अपेक्षा और अपील भी की है। ये लक्ष्य भी तब पूरा होगा जब हम सब, विशेषकर कृषक, वैज्ञानिक, व्यवसायी एवं युवा

समन्वित रूप से ज्ञानाधारित प्रयास करें। भारत की तो संस्कृति ही “वसुधैव कुटुम्बकम्” की है। अतः हम विश्व के खाद्य सुरक्षा एवं पोषण के मार्ग दर्शक के रूप में इस अमृत काल में उभरें।

डा० राम श्रीवास्तव का प्रकाशन “अमृतकाल के आत्मविश्वासी किसान” इस दिशा में एक अनूठी पहल है। मुझे आशा है कि कृषि के सभी हितग्राहियों को इसका लाभ प्राप्त होगा एवं विश्वास है कि कृषि के एक जाने माने वैज्ञानिक का सेवा से निवृत्त होकर किया गया यह निजी प्रयास अमृतकाल की कृषि के उत्थान में मील का पत्थर साबित होगा।

इस उत्तम प्रयास के लिए उन्हें अनेकानेक बधाइयाँ। सुधी पाठकों को इस पुस्तक के पठन-पाठन-मनन एवं सुझावों को अपनाने हेतु शुभकामनाएँ-अभिनंदन।

हरि बाबू श्रीवास्तव

दिनांक 22.6.2023

अध्याय-1
कृषिक्रांति में राजनीतिक इच्छाशक्ति का योगदान

1.1 नीतियों व तकनीकों का समावेश लाया भारत में कृषिक्रांति

प्राथमिक पाठशाला में हमें "एक कौआ प्यासा था घड़े में थोड़ा पानी था" वाली कहानी के माध्यम से बहुत ही सरल भाषा में यह समझाने की कोशिश की जाती थी कि विषम परिस्थितियों का सामना विवेक के साथ कर्म करके ही किया जा सकता है। बुद्धिजीवियों व शिक्षाविदों के द्वारा बहुत सोच समझकर इस पाठ को प्राथमिक शिक्षा पाठ्यक्रम का हिस्सा बनाया गया होगा क्योंकि जीवन के हर मोड़ पर यही पाठ काम आता है। इस पाठ में अदृश्य रूप से वैज्ञानिक दृष्टिकोण को विकसित करने के लिए वजन व आयतन (Weight & Volume) संबंधों को भी बताया गया था। घड़े में पानी ऊपर लाने के लिए कौए ने पत्थर के टुकड़े डाले लेकिन यदि वह कच्चे मिट्टी के ढेले डालता तो क्या पानी ऊपर आता? कभी नहीं। शायद कृषि क्षेत्र की चुनौतियों का सामना करने व संभावनाओं का दोहन करने के लिए प्यासे कौए की कहानी ने भी अदृश्य रूप से हमारा पथप्रदर्शन किया होगा। वास्तव में कृषि विकास के लिए कौए द्वारा घड़े में पत्थर के टुकड़े डालने की तरह ही हमने कृषि क्षेत्र में एक-एक करके अनेक दूरगामी नीतियों व तकनीकों का समावेश किया। जिसके परिणाम बहुत ही उत्साहित करने वाले सामने आए।

1.2 पीएल 480 का कालखंड

वास्तव में कृषि विकास के लिए कौए द्वारा घड़े में पत्थर के टुकड़े डालने की तरह ही हमने कृषि क्षेत्र में एक एक करके अनेक दूरगामी नीतियों व तकनीकों का समावेश किया। जिसके परिणाम बहुत ही उत्साहित करने वाले सामने आए।

भारत को सन् 1947 में स्वतंत्रता मिली लेकिन खाद्यान्नों के लिए हमारे देश की निर्भरता दूसरे देशों पर बहुत अधिक बनी रही। आजादी के 16-17 साल बाद भी खाद्यान्नों की कमी का यह आलम था कि सन् 1964-65 में तत्कालीन प्रधानमंत्री श्री लाल बहादुर शास्त्री को जनता से हफ्ते में एक दिन एक समय व्रत रखने का आह्वान करना पड़ा था। यू०एस०ए० के पीएल-480 (Public Law-480) कार्यक्रम के अंतर्गत आने वाले खराब किस्म के अनाजों के लिए राशन की दुकानों पर लम्बी-लम्बी लाइनें लगती थीं। खाद्यान्नों की कमी की इस विषम परिस्थिति को बदलने के प्रयास भारत सरकार ने सन् 1947 से ही शुरू कर दिए थे। उस समय पंडित जवाहरलाल नेहरू की सरकार का सबसे पहला प्रयास भूमि सुधार व सिंचाई की सुविधाओं को बढ़ाने के लिए बांध व नहरें बनाने की शुरुआत करना था। इसके साथ ही कृषि को विज्ञान आधारित बनाने के लिए भारतीय कृषि अनुसंधान परिषद के कार्यक्षेत्र को बढ़ाया गया तथा राज्यों में कृषि विश्वविद्यालयों की स्थापना की शुरुआत की जाने लगी।

1.3 सी० सुब्रमण्यम पर शास्त्री जी का विश्वास बना देश के लिए वरदान

उपरोक्त प्रयासों को गति तब मिली जब सन् 1964 में तत्कालीन प्रधानमंत्री श्री लाल बहादुर शास्त्री ने खाद्य एवं कृषि मंत्रालय की जिम्मेदारी श्री चिदम्बरम सुब्रमण्यम को दी। उन्होंने शास्त्री जी की खाद्यान्न उत्पादन में भारत को आत्मनिर्भर बनाने की धारणा को अमलीजामा पहनाने के लिए अथक परिश्रम किया और कृषि को परंपरागत विचारधारा से बाहर निकाल कर प्रगतिशील विचारधारा के साथ वैज्ञानिक रूप से आगे बढ़ाने के लिए महत्वपूर्ण निर्णय लिए। उनके प्रयासों को तब और अधिक बल मिला जब शास्त्री जी ने "जय जवान जय किसान" के नारे का उद्‌घोष किया। जिससे देशभर के किसानों, वैज्ञानिकों व योजनाकारों का उन्नत कृषि की तकनीकों को विकसित करने व अपनाने की ओर ध्यान आकर्षित हुआ। कृषि संबंधित अनुसंधान-विकास को सशक्त बनाने के शास्त्री जी के फैसलों को एक बड़े नीतिगत परिवर्तन के नजरिए से देखा गया था। उनसे पहले की सरकार की औद्योगिकीकरण की नीति को बरकरार रखते हुए कृषि को प्रगतिशील बनाने पर भी विशेष ध्यान केन्द्रित

> *शास्त्री जी को सुब्रमण्यम जी की क्षमताओं को बहुत करीब से देखने का मौका मिला था। दूसरी ओर गरीबी व ग्रामीण पृष्ठभूमि से आए लाल बहादुर शास्त्री जी को देश की खाद्यान्न सुरक्षा तथा देश के समग्र सशक्तिकरण में कृषि के महत्व की अच्छी समझ थी। इसीलिये शास्त्री जी ने सुब्रमण्यम जी को अनुरोध करके कृषि मंत्रालय की जिम्मेदारी दी। उनके कार्यकाल में बनी नीतियां और उनका समय पर कार्यान्वित होना ही सन् 1972 में परिलक्षित हुई हरित क्रांति का आधार बना।*

किया गया। परिणामतः कृषि क्षेत्र में बहुत ही प्रभावी नीतिगत सुधार तथा इस क्षेत्र के विकास के लिए आधारभूत काम होने शुरू हुए।

यहां यह उल्लेखनीय है कि सन् 1947-63 के कालखंड में खाद्य एवं कृषि मंत्रालय की जिम्मेदारी लेने से हमारे नेता बचते थे क्योंकि कृषि क्षेत्र अकाल, सूखा, बाढ़ व कम पैदावार का शिकार हो जाता था और भुखमरी फैलती थी, जिससे खाद्य एवं कृषि मंत्रालय की छवि सदैव सवालों के घेरे में रहती थी अतः मंत्रियों में कृषि विभाग को लेने में रुचि नहीं होती थी। शास्त्री जी लम्बे समय तक पंडित जवाहरलाल नेहरू मंत्रिमंडल के सदस्य रह कर महत्वपूर्ण विभाग संभाल चुके थे और सुब्रमण्यम जी भी उसी मंत्रिमंडल के कर्मठ व सफल सदस्यों में से एक थे। अतः शास्त्री जी को सुब्रमण्यम जी की क्षमताओं को बहुत करीब से देखने का मौका मिला था। दूसरी ओर गरीबी व ग्रामीण पृष्ठभूमि से आए लाल बहादुर शास्त्री जी को देश की खाद्यान्न सुरक्षा तथा देश के समग्र सशक्तिकरण में कृषि के महत्व की अच्छी समझ थी। इसीलिये शास्त्री जी ने सुब्रमण्यम जी को अनुरोध करके कृषि मंत्रालय की जिम्मेदारी दी। उनके कार्यकाल में बनी नीतियां और उनका समय पर कार्यान्वित होना ही सन् 1972 में परिलक्षित हुई हरित क्रांति का आधार बना।

भारतीय कृषि अनुसंधान परिषद के पूर्व महानिदेशक डा० एमएस स्वामीनाथन ने हरितक्रांति के पचास साल पूरे होने पर सन् 2013 में नेशनल अकेडमी आफ एग्रीकल्चर साइंसेज के माध्यम से अपने आनलाइन प्रकाशन में लिखा है कि डा० नार्मन ई० बोरलॉग का सन् 1963 से मिला सतत सहयोग

तथा विभिन्न भारतीय वैज्ञानिकों व किसानों के अथक परिश्रम की सफलता के पीछे दो पूर्व प्रधानमंत्रियों श्री लाल बहादुर शास्त्री व श्रीमती इंदिरा गांधी तथा भारत सरकार के कृषि विभाग के दो तत्कालीन पूर्व मंत्रियों श्री सी० सुब्रमण्यम व बाबू जगजीवन राम और उसी कालखंड में रहे भारत के कृषि सचिव श्री बी० सिवरामन द्वारा लिए गए त्वरित व सशक्त नीतिगत निर्णयों का भारत में हुई हरितक्रांति यात्रा में अभूतपूर्व योगदान रहा। लेकिन हमें यह भी याद रखना चाहिए कि इस कार्य में भारतीय कृषि अनुसंधान परिषद के पूर्व महानिदेशक डा० एमएस स्वामीनाथन ने कृषि वैज्ञानिकों को सशक्त नेतृत्व दिया और दुनिया में भारतीय कृषि अनुसंधान व विकास को पहचान दिलाई। हमारे युवाओं को कृषि में प्रगतिशील बदलाव लाने के लिए डा० रामधनसिंह, श्री वी०एम० माथुर के साथ-साथ विभिन्न संस्थानों में कार्य करने वाले हजारों कृषि वैज्ञानिकों के समर्पित प्रयासों को भी जानना चाहिए।

श्री लाल बहादुर शास्त्री जी ग्रामीण अर्थव्यवस्था में पशुपालन के महत्व को अच्छी तरह समझते थे। उनको यह जानकारी थी कि दुग्ध उत्पादन के क्षेत्र में पूर्व उपप्रधानमंत्री सरदार वल्लभभाई पटेल की प्रेरणा से गुजरात के गांव समारखा, जिला कैरा में सन् 1946 में दो गांवों से सिर्फ 250 लीटर दूध इकट्ठा करने वाली "कैरा जिला सहकारी दुग्ध उत्पादक संघ" की सफलता ने किसानों में स्वावलंबन की ज्योति जगा दी है जो अंग्रेजों के आशीर्वाद से फूलीफली पोल्सन डेरी के लिए एक चुनौती के रूप में उभरी थी। पोल्सन डेरी के शोषण से बचने के लिए दुग्ध उत्पादक किसानों ने संघर्ष किया और पोल्सन डेरी के

एकाधिकार से छुटकारा पाकर इस संघ से जुड़ने लगे। नवम्बर 1954 में तत्कालीन राष्ट्रपति डा० राजेंद्र प्रसाद ने "कैरा जिला सहकारी दुग्ध उत्पादक संघ" के मिल्क प्लांट की विधिवत आधार शिला रखी। इस संघ के प्रथम अध्यक्ष त्रिभुवनदास पटेल बने जो अपनी कर्मठता के कारण त्रिभुवन काका के नाम से मशहूर हुए। सहकारिता संघ के बनने के लगभग चार साल बाद अमेरिका से पढ़कर लौटे युवा वैज्ञानिक श्री वर्घीस कुरियन ने त्रिभुवन काका के साथ काम करना शुरू किया और सहकारी संघों का जाल पूरे गुजरात में फैलना शुरू होने लगा। कालांतर में कई संघों ने मिलकर काम करना शुरू किया और अमूल (आणंद मिल्क यूनियन लिमिटेड -AMUL) बना जो आज दुग्ध उत्पादों के लिए एक अंतर्राष्ट्रीय ब्रांड है।

शास्त्री जी इस सहकारिता संघ की सफलता से बहुत प्रभावित थे। जब सन् 1964 में उन्होंने प्रधानमंत्री का कार्यभार संभाला तब उसी साल अक्टूबर में गुजरात के आणंद में एक दुग्ध उत्पादक किसान के घर रात बिता कर सहकारिता के सूत्रों को स्वयं समझा और फिर उस सहकारिता के प्रयास को एक देशव्यापी आंदोलन में बदलने के लिए नीतियों को बनाने की पहल की। उन्होंने दूध उत्पादन में क्रांति लाने के लिए एक बहुत ही सक्षम व्यक्ति श्री वर्घीस कुरियन को राष्ट्रीय डेरी डवलपमेंट बोर्ड का चेयरमैन नियुक्त किया जो देश में दुग्ध क्रांति के जनक बने। उनके द्वारा चलाए गए आपरेशन फ्लड (Operation Flood) कार्यक्रम ने देश में दुग्धक्रांति (श्वेतक्रांति) की कहानी लिखी। इस क्रांति में महिलाओं की भागीदारी ने बहुत बड़ा योगदान दिया।

सरकारों, वैज्ञानिकों व किसानों के द्वारा कृषि विकास संबंधित सतत प्रयासों का ग्रामीण जीवन पर सकारात्मक प्रभाव सन् 1960 के दशक के तीसरे खंड से ही धीरे-धीरे प्रतिबिंबित होने लगा था। किसान उन्नत खेती व पशुपालन की तरफ अग्रसर हो गए थे। उनके अग्रसर होने से ही भारत में कृषि विकास में जबरदस्त तेजी आई जो हरितक्रांति व श्वेतक्रांति में परिवर्तित हुई। विकास एक सतत चलने वाली प्रक्रिया है इसको समय की मांग पूरी करने के उद्देश्य से प्रगतिशील, परिवर्तनशील व गतिशील होना चाहिए। पिछले 75 साल में कृषि क्षेत्र में हुए नीतिगत बदलावों का यदि हम अवलोकन करें तो हम पाते हैं कि पूर्व प्रधानमंत्री श्री पी०वी० नरसिम्हाराव की सरकार द्वारा 1991 में लागू किए गए आर्थिक सुधारों के कारण कृषि क्षेत्र में निवेश बढ़ना शुरू हुआ, कृषि में विविधीकरण व खाद्य प्रौसैसिंग को प्रोत्साहन मिला तथा कृषि व अन्य उत्पादों के निर्यात को बल मिला।

कृषि सहित सभी क्षेत्रों में विज्ञान के महत्व से जन-जन को जागरूक करने के उद्देश्य से तत्कालीन प्रधानमंत्री श्री अटल बिहारी वाजपेयी ने शास्त्री जी द्वारा दिए गए "जय जवान जय किसान" नारे में "जय विज्ञान" जोड़कर "जय जवान-जय किसान-जय विज्ञान" का नारा दिया। उनकी सरकार के समय कृषि क्षेत्र के सशक्तिकरण के लिए भंडारण, ट्रान्सपोर्टेशन व लाजिस्टिक्स तथा कृषि अनुसंधान के ढांचे को मजबूत करने के लिए कदम उठाए गए।

विकास एक सतत चलने वाली प्रक्रिया है इसको समय की मांग पूरी करने के उद्देश्य से प्रगतिशील, परिवर्तनशील व गतिशील होना चाहिए।

कृषि क्षेत्र में महत्वपूर्ण योगदान के लिए श्री अटल बिहारी वाजपेयी की सरकार ने श्री सी० सुब्रमण्यम को सन् 1998 में भारत के सर्वोच्च नागरिक पुरस्कार "**भारत रत्न**" से सम्मानित किया। उन्होंने इस सम्मान का श्रेय किसानों, कृषि वैज्ञानिकों, तकनीकों के प्रसारकर्ताओं को दिया। श्री सी० सुब्रमण्यम के प्रयासों के संछिप्त इतिहास को वर्णित करने का तात्पर्य यह है कि जब-जब क्षमताओं को ध्यान में रखकर व्यक्तियों को जिम्मेदारी दी जाती हैं तो परिणाम अच्छे व जल्दी आते हैं। पूर्व प्रधानमंत्री श्री लाल बहादुर शास्त्री जी द्वारा श्री सी० सुब्रमण्यम को खाद्य एवं कृषि मंत्री बनाने का निर्णय भारत में खाद्य सुरक्षा लाने में एक बड़ा वरदान साबित हुआ। सुब्रमण्यम जी द्वारा बनाई गई नीतियों के कारण कृषि क्षेत्र के समग्र सशक्तिकरण का मार्ग प्रशस्त हुआ।

> *नए जमाने की खेती की जरूरत आधारभूत ढांचे को ऐसा बनाना जिसमें त्वरित यातायात, बिजली आपूर्ति, संचार नेटवर्क तथा भंडारण, ग्रेडिंग, पैकेजिंग, प्रौसैसिंग, आपूर्ति श्रृंखला से जोड़ने के लिए आधुनिक व सस्ती सुविधाएँ हों।*

1.4 वैश्विक आवश्यकतानुकूल आधारभूत ढांचे का निर्माण

हमारी कृषि के पिछड़े रहने का एक मुख्य कारण यह भी रहा है कि आवश्यकतानुकूल आधारभूत ढांचा विकास (Infrastructure Development) समय पर इस क्षेत्र को उपलब्ध नहीं कराया गया तथा निजी क्षेत्र की भागीदारी के लिए भी अच्छे प्रयासों की कमी रही। कृषि के संबंध में इन्फ्रास्ट्रक्चर सशक्तिकरण से अभिप्राय है कि आधारभूत ढांचे को ऐसा बनाना जिसमें त्वरित यातायात, बिजली आपूर्ति, दूरसंचार नेटवर्क तथा भंडारण,

ग्रेडिंग, पैकेजिंग, प्रौसैसिंग, आपूर्ति श्रृंखला से जोड़ने के लिए आधुनिक व्यवस्थाओं को विकसित करना। वर्तमान प्रधानमंत्री श्री नरेंद्र मोदी द्वारा "जय जवान जय-किसान जय-विज्ञान" नारे में "जय अनुसंधान" जोड़कर नारे को सार्थक करने के लिए इन्फ्रास्ट्रक्चर डवलपमेंट पर बहुत ध्यान दिया गया और तेजी से काम किया गया। विश्व बाजार की मांग के अनुसार कृषि में विविधीकरण व फूड प्रौसैसिंग को बढ़ावा देने, कृषि क्षेत्र में स्टार्टअप्स को प्रोत्साहित करने के साथ-साथ जलशक्ति व गतिशक्ति जैसी महत्वपूर्ण व महत्वाकांक्षी योजनाओं को भी लागू किया गया है। भारतीय कृषि उत्पादों को विदेशों में पहचान मिले इसके लिए कार्यक्रम चलाए जा रहे हैं।

हरितक्रांति के बाद से हमारे कृषि व मैन्यूफैक्चरिंग क्षेत्रों को यह महसूस होने लगा था कि माल ढुलाई की गतिशील व्यवस्था हो ताकि उत्पादों को समय पर बाजार तक पहुंचाया जा सके, लाजिस्टिक कीमत कम हो ताकि विश्व बाजार में हमारे उत्पादों की कीमतें प्रतिस्पर्धी रहें और सस्ती व टिकाऊ भंडारण व्यवस्था हो ताकि मजबूरी में उत्पादों को न बेचना पड़े। इसी को ध्यान में रखकर अब देश में संबंधित व्यवस्थाओं को आधुनिक व सुदृढ़ बनाया जा रहा है। कृषि उपज व अन्य उत्पादों को कम समय में बंदरगाहों व अन्य बाजारों तक तेज गति से पहुंचाने व वहां से लाने के लिए रेलवे के दो डैडीकेटिड फ्रैट कोरीडोर्स (लुधियाना-मुम्बई व दादरी, यूपी-कोलकता) का तेजी से निर्माण किया गया है।

1.5 अनुसंधान व प्रसार की भूमिका

कृषि से जुड़े युवाओं को यह जानने की आवश्यकता है कि कृषि को बहुत ही अलाभकारी व बीमारू स्थिति से बाहर निकालने में जहां एक ओर अनुसंधान संस्थानों द्वारा निकाली गयीं फसलों की उन्नत किस्मों व उत्पादन तकनीकों, पशुपालन व डेरी व्यवसाय को वैज्ञानिक आधार देने, कृषि अभियंत्रण की भूमिका बढ़ाने, सिंचाई व जल प्रबंधन की सुविधाएं बढ़ाने, किसानों को सस्ता ऋण उपलब्ध कराने जैसी सरकार की नीतियों तथा किसानों की मेहनत का बड़ा योगदान रहा। वहीं दूसरी ओर उस कालखंड में तकनीकों के प्रचार-प्रसार में आकाशवाणी के कृषि संबंधित प्रसारण तथा दूरदर्शन के "कृषि दर्शन" कार्यक्रम ने बहुत बड़ी भूमिका निभाई। "प्रयोगशाला से खेत तक" (Lab to Land), "प्रशिक्षण एवं मौके पर दिखाना" (T&V), किसान गोष्ठियां, "अग्रिम पंक्ति प्रदर्शन" (Front-Line Demonstrations), "फसल व पशु उत्पादकता प्रतियोगिताएं", "वैज्ञानिकों-कृषि विभाग के अधिकारियों-किसानों की कार्यशालाओं" जैसे अनेकानेक प्रसार कार्यक्रमों का भी बड़ा योगदान रहा। परिणामस्वरूप हमारा देश अब 140 करोड़ से अधिक जनता को खाद्य सुरक्षा देने में सक्षम है।

> *ज्ञान का विस्तार करना उतना ही महत्वपूर्ण है जितना ज्ञान। "प्रयोगशाला से खेत तक", "प्रशिक्षण एवं मौके पर दिखाना", "किसान गोष्ठियां, "अग्रिम पंक्ति प्रदर्शन", "फसल व पशु उत्पादकता प्रतियोगिताएं" जैसे अनेकानेक प्रसार कार्यक्रमों का कृषिक्रांति में बड़ा योगदान रहा।*

कृषि क्षेत्र में आधुनिक शिक्षा, अनुसंधान और विकास के लिए भारतीय कृषि अनुसंधान परिषद के 100 से अधिक संस्थानों, 63 कृषि विश्वविद्यालयों, चार केन्द्रीय कृषि संकाय, एक केन्द्रीय कृषि विश्वविद्यालय, हर जिले में कम से कम एक कृषि विज्ञान केन्द्र तथा देश में जीन बैकों की स्थापना के कारण दुनिया का सबसे बड़ा नेटवर्क भारत में स्थापित हो चुका है। यह नेटवर्क भविष्य की चुनौतियों का सामना करने के लिए सक्षम है। इस सशक्त नेटवर्क को खड़ा करने में भारतीय कृषि अनुसंधान परिषद के पूर्व महानिदेशकों डा० एमएस स्वामीनाथन तथा डा० आरएस परोदा का महत्वपूर्ण योगदान हमेशा याद किया जाएगा।

1.6 प्रयासों से उत्साहित करने वाले परिणाम आए

आजादी का अमृतमहोत्सव हमने 2021-22 में पूरे एक साल तक मनाया। विभिन्न क्षेत्रों में हमने अपनी सफलताओं और विफलताओं का आंकलन किया। पिछले 75 सालों में भारत में कृषि की उपलब्धियां बहुत ही सराहनीय रही हैं। सन् 1950 में हमारे देश में मात्र 5.82 करोड़ टन खाद्यान्न उत्पादन हुआ था वहीं अब 2022-23 में सरकारी आंकलनों व अनुमानों के अनुसार खाद्यान्नों का कुल उत्पादन लगभग 33.05 करोड़ टन होगा जो पिछले वर्ष की तुलना में 1.49 करोड़ टन अधिक है। । जानने योग्य एक महत्वपूर्ण तथ्य यह भी है कि कोविड-19 (कोरोना) की आपदा के कालखंड (2019-22) में भी कृषि क्षेत्र का प्रदर्शन अच्छा रहा। अगर हम 2015-16 से 2019-20 के पांच सालों के औसत खाद्यान्न उत्पादन को 2020-21 के उत्पादन से तुलना करें तो हम पाते हैं कि भारत में

कोरोना आपदाकाल में लगभग 2.45 करोड़ टन खाद्यान्नों का अधिक उत्पादन हुआ। कृषि के इस सराहनीय योगदान का ही परिणाम था कि कोरोना आपदाकाल के कारण उपजी असामान्य परिस्थितियों में भी देश की लगभग 140 करोड़ से अधिक की आबादी के लिए खाद्यान्न सुरक्षा बनी रही। ऐसा करके भारत ने दुनिया को अपना परिचय एक खाद्यान्न सुरक्षित देश के रूप में भी करा दिया।

यही नहीं इसी अवधि (2020-21) में निर्यात करने योग्य कृषि उत्पादों की मात्रा भी बढ़ी जिससे हमारा कृषि निर्यात 23% तक बढ़ गया था। रूस-यूक्रेन युद्ध (2021) के कारण विश्व के कई देशों में अचानक उभरी खाद्यान्नों की समस्या को हल करने के लिए भारत ने बड़ी मात्रा में गेहूँ, चावल, चीनी जैसे अनेकों उत्पादों को निर्यात करके विश्व को खाद्य सुरक्षा देने में बड़ी भूमिका निभाई। साल 2021-22 में भारत ने चावल व अन्य कृषि उत्पादों के साथ-साथ 100 लाख टन से अधिक गेहूं तथा इतनी ही मात्रा में चीनी का निर्यात किया। दूध उत्पादन में भी भारत विश्व में सर्वाधिक दूध (20.99 करोड़ टन) उत्पन्न करने वाला देश है। फल-सब्जियों का 33 करोड़ टन से अधिक उत्पादन करके भारत दुनिया में प्रथम स्थान रखता है। साल 1950 की तुलना में 2021 में गन्ना, मछली, अंडे, शहद आदि के उत्पादन में क्रमशः 7.56, 17.5, 67.8, 190 प्रतिशत की वृद्धि आंकी गई। इसके अलावा तिलहन, दलहन, मसाले, चाय आदि अनेकों कृषि उत्पादों के उत्पादन में (https://icar.org.in) भी आशातीत वृद्धि हुई । निःसंदेह देश की आबादी बढ़ने के बावजूद भी कृषि हमारी

अर्थव्यवस्था तथा खाद्य एवं पोषण सुरक्षा (Food & Nutritional Security) का एक प्रमुख स्तंभ है। रोजगार देने की दृष्टि से देखें तो विश्व बैंक की 2017 की रिपोर्ट के अनुसार कुल आबादी का 43% तथा "आर्थिक सर्वेक्षण 2019-20" के अनुसार 50% से अधिक भारत की आबादी रोजगार के लिए अभी भी कृषि क्षेत्र पर निर्भर है। कृषि क्षेत्र द्वारा रोजगार देने संबंधित विभिन्न संस्थाओं के आंकड़े भले ही अलग-अलग हों लेकिन इसमें सभी एक मत हैं कि भारतीय कृषि रोजगार देने का सबसे बड़ा क्षेत्र है ।

1.7 उत्पादन को आय में बदलना जरूरी

कृषि क्षेत्र की उपरोक्त उपलब्धियां किसानों, वैज्ञानिकों, योजनाकारों व सरकार को गर्वित करती हैं और आत्मविश्वास से भरती हैं लेकिन प्रश्न यह है कि इतनी बड़ी उपलब्धियों के बाद भी कृषि उत्पादनकर्ताओं की पुरानी छवि में आमूलचूल परिवर्तन क्यों नहीं हुआ? समग्र विश्लेषण करने पर पता चलता है कि इतनी उपलब्धियों के होने पर भी किसानों व इस क्षेत्र से जुड़े हितधारकों (Stakeholders) की आय असंतोषजनक है। ऐतिहासिक रूप से, परिवहन और अन्य ढांचागत सुविधाओं की कमी के कारण बाजार के लिए उत्पादन सीमित रहा है। साथ ही इस क्षेत्र को बहुत सी प्राकृतिक व प्रबंधन संबंधी समस्याओं का सामना भी करना पड़ रहा है जिनके कारण यह क्षेत्र अपनी क्षमता से बहुत नीचे प्रदर्शन कर रहा है। यद्यपि विकास की बढ़ती गति के साथ-साथ अर्थव्यवस्था के अन्य स्तम्भों की कृषि क्षेत्र के साथ प्रतिस्पर्धा बढ़ रही है फिर भी वैज्ञानिकों व अर्थशास्त्रियों का मानना है कि हमारी कृषि की

सकल घरेलू उत्पाद में 25% भागीदारी हो सकती है यदि सम्बद्ध खामियों को दूर करके कृषि के प्रदर्शन को क्षमतानुकूल बनाया जाए। इससे ग्रामीण अर्थव्यवस्था सुदृढ़ होगी। ग्रामीण अर्थव्यवस्था के मजबूत होने से देश की 70% आबादी की क्रय क्षमता बढ़ेगी जो हमारी अर्थव्यवस्था के दूसरे स्तंभों विशेषकर मैन्युफैक्चरिंग, निर्यात, सर्विस क्षेत्रों को बढ़ावा देगी। जैसे-जैसे अर्थव्यवस्था के विभिन्न स्तम्भ मजबूत होंगे वैसे-वैसे भारत अपने एक निर्धारित लक्ष्य "2025 तक पांच ट्रिलियन डालर की अर्थव्यवस्था बनने" तथा दूसरा लक्ष्य "2050 तक दुनिया की तीसरी सबसे बडी़ अर्थव्यवस्था" बनने के नजदीक पहुंचता जाएगा।

इस उद्देश्य को प्राप्त करने के लिए अब छोटे व मझोले किसानों, जिनकी संख्या 86% है, की उत्पादकता व आय में वृद्धि करना, प्राकृतिक संसाधनों की सुरक्षा करना तथा कृषि को बाजारोन्मुखी बनाने की अत्यधिक आवश्यकता है जिसके लिए नीतिगत बदलाव, इन्फ्रास्ट्रक्चर का विकास व कृषि उत्पादन में तकनीकी स्तर व क्षमता (Technical Scale and Efficiency) को बढ़ाए जाने की आवश्यकता है। यह तभी संभव है जब कृषि से जुड़ा प्रत्येक हितधारक "ज्ञान शक्ति" (Power of Knowledge) व तकनीकों की क्षमताओं को पहिचाने।

1.8 हरितक्रांति के दौर के दूरदर्शी किसान

अगर गहराई से अध्ययन किया जाए तो पाया जाएगा कि हरितक्रांति के कालखंड में हमसे असाधारणगलतियां भी हो गई। इसी कालखंड में हमने भू-

जल का बहुत अधिक दोहन कर डाला और जल संरक्षण को महत्व नहीं दिया। इससे पानी की समस्या खतरनाक मोड़ तक पहुंच गई है। अंधाधुंध रासायनिक खादों के प्रयोग ने जमीनों को कमजोर कर दिया। कृषि क्षेत्र से जुड़े नवाचारियों को प्रोत्साहन देने व उनका कौशल विकास के लिए भी हमने कोई अच्छे प्रयत्न नहीं किए। जैवविविधता को पूरे देश में बहुत नुकसान पहुंचा। हम यह भूल गए कि जितना हरितक्रांति का आना आवश्यक था उतना ही जैवविविधता संरक्षण करना भी आवश्यक था।

> *धान-गेहूँ फसलचक्र के बड़े कुप्रभाव पड़े, हम यह भूल गए कि जितना हरितक्रांति का आना आवश्यक था उतना ही जैवविविधता संरक्षण करना भी आवश्यक था। उत्तराखंड के किसान श्री विजय जड़धारी, धुमसिंह नेगी व कुँवर प्रशून द्वारा 1986 में "बीज बचाओ आंदोलन" शुरू करके इस महत्वपूर्ण विषय पर ध्यान आकर्षित किया।*

हरितक्रांति जहां एक ओर खाद्यान्नों की सुरक्षा का माध्यम बनी वहीं दूसरी ओर धान-गेहूँ फसलचक्र के बढ़ते विस्तार ने फसल विविधता व किस्मों की विविधता लगभग खत्म कर दी। जिससे सदियों से संरक्षित उच्च गुणवत्ता तथा कठोर परिस्थितियों का सामना करने की क्षमता रखने वाली फसलें व किस्में विलुप्त होने लगीं। उनको बचाने की किसानों द्वारा शुरू की गई एक मुहिम जो उत्तराखंड में शुरू हुई उसका उदाहरण देना आवश्यक है। उत्तराखंड के किसान श्री विजय जड़धारी, धुमसिंह नेगी व कुँवर प्रशून द्वारा 1986 में "बीज बचाओ आंदोलन" शुरू किया गया यह आंदोलन परम्परागत बीजों की विलुप्त होती प्रजातियों का संरक्षण करने के लिए हुआ तथा व्यावसायिक हितों के लिए

उन्नत बीजों के नाम पर कुछ चुनिंदा प्रकार के बीजों को बोने के विरोध में हुआ। इस आंदोलन का उद्देश्य सिर्फ लुप्त होते हुए बीज बचाना ही नहीं है बल्कि जैवविविधताओं से भरी खेती और पशुपालन आधारित जीवन पद्धति की संस्कृति बचाना है। महिलाओं ने इस अभियान में बहुत बड़ा योगदान दिया। इस अभियान के दौरान गांव-गांव जाकर परम्परागत बीज इकट्ठे किए गए, उन्हें गांव वालों के बीच वितरित किया गया तथा उनको खेतों में जाकर बोया गया। इस अभियान से चावल की लगभग 200 किस्मों, राजमा की 150 किस्मों तथा अन्य फसलों के बीजों की अनेकों किस्मों को लुप्त होने से बचाया गया। ये किस्में पर्यावरण सरक्षण में अपनी भूमिका तो निभाती ही हैं साथ ही इन किस्मों के अंदर महत्वपूर्ण गुणों का जो भंडार है उनका उपयोग वैज्ञानिकों द्वारा उन्नत किस्मों के विकास में किया जा सकता है। किसानों के इन प्रयत्नों ने वैज्ञानिकों व योजनाकारों का ध्यान जैवविविधता संरक्षण की ओर सफलतापूर्वक आकर्षित किया।

हरितक्रांति के कालखंड में जब अधिकाधिक खाद पानी का इस्तेमाल करके अधिक पैदावार लेने की प्रतिस्पर्धा हो रही थी तब ऐसे जागरूक किसान भी थे जो पानी व रासायनिक खादों के प्रयोग में मितव्ययी रहने के लिए आह्वान कर रहे थे। वो उन तकनीकों को अपनाने की ओर ध्यान आकर्षित कर रहे थे जिनसे उत्पादन लागत कम हो जाए, पानी की बचत हो तथा कम से कम रासायनिक फर्टिलाइजर्स का प्रयोग हो। वास्तव में ऐसे किसानों व लगातार अपने प्रयासों में लगे रहने वाले नवाचारियों ने वैज्ञानिकों द्वारा किए जा रहे अनुसंधान कार्यों को नई दिशा देने में बड़ी भूमिका निभाई।

इसी तरह 1970 के दशक में किसानों द्वारा हरियाणा कृषि विश्वविद्यालय में विकसित गेहूँ की किस्म डब्ल्यूएच-147 को अपनाने का भी एक अनोखा उदाहरण है। इस किस्म की अनुशंसा हरियाणा के शुष्क जलवायु वाले एक सीमित क्षेत्र में खेती करने के लिए की गई थी लेकिन कम खाद पानी उपलब्ध होने पर भी अच्छी पैदावार देने वाली इस किस्म को शेष हरियाणा व अन्य प्रदेशों के किसानों ने बहुत तेजी से अपनाना शुरू कर दिया था। गेहूँ उत्पादन क्रांति को स्थायित्व व सबलता देने में इस किस्म का जबरदस्त योगदान रहा। इससे यह प्रतीत होता है कि हरितक्रांति के कालखंड में जब अधिकाधिक खाद पानी का इस्तेमाल करके अधिक पैदावार लेने की प्रतिस्पर्धा हो रही थी तब ऐसे जागरूक किसान भी थे जो पानी व रासायनिक खादों के प्रयोग में मितव्ययी रहने के लिए आह्वान कर रहे थे। वो उन तकनीकों को अपनाने की ओर ध्यान आकर्षित कर रहे थे जिनसे उत्पादन लागत कम हो जाए, पानी की बचत हो तथा कम से कम रासायनिक फर्टिलाइजर्स का प्रयोग हो। वास्तव में ऐसे किसानों व लगातार अपने प्रयासों में लगे रहने वाले नवाचारियों ने वैज्ञानिकों द्वारा किए जा रहे अनुसंधान कार्यों को नई दिशा देने में बड़ी भूमिका निभाई। ऐसे उदाहरण देश भर में अनेकों दूरदर्शी किसानों व नवाचारियों के विभिन्न तरह के कार्यों का अवलोकन करने से मिलते हैं। जो स्पष्ट संकेत देते हैं कि अनुसंधान व विकास में हमारे किसान अपना योगदान देने के लिए सहभागिता करने की क्षमता रखते हैं।

किसानों के संपर्क में रह कर यदि हम उनकी क्षमताओं का अवलोकन

करें तो पाते हैं कि उभरती हुई नई चुनौतियों से भी निपटने के लिए हमारे किसानों में क्षमता है। लेकिन उन्हें ज्वलंत विषयों पर थोड़ा जागरूक करना होगा। जलवायु के बदलाव व प्रभाव, विश्व व्यापार संगठन की व्यवस्थाओं तथा उच्चस्तरीय समितियों के महत्वपूर्ण सुझावों के बारे में आधारभूत जानकारियां होने पर यही किसान व युवा अपनी भूमिका निभाने के लिए आगे आ जाएंगे। जिससे कृषि में तकनीकी व नीतिगत परिवर्तन को गति मिलेगी और हम अपने बड़े उद्देश्यों को प्राप्त कर सकेंगे।

विस्तृत जानकारीहेतु संदर्भ

https://spontaneousorder.in/lal-bahadur-shasti/

https://en.wikipedia.org/wiki/Lal_Bahadur_Shastri

https://optimized.com/c-subramanium

https://www.thehindubusinessline.com/india-at-75/overcoming-food-emergencies

https://deccanchronocle.com/nation/chidambram-subramanium

https://frontline.thehindu.com/other/article30255638

https://icar.org.in/contents

https://iloveindia.com/indian-heroes/chidambaram-subramanium

https://link.springer.com/article/10.1007/s40003-013-0069-

3swaminathan

ttps://www.bing.com/search?q=impact+of+liberalization+on+indian+agriculture&

https://www.policycircle.org/economy/india-30-years-of-liberalisation

https://www.yourarticlelibrary.com/agriculture/liberalization-and-indian-agriculture

https://www.thebetterindia.com/238341/uttarakhand-vijay-jardhari

अध्याय-2

कृषि क्षेत्र में नीतिगत बदलावों की कहानी

2.1 कृषि क्षेत्र ने झेली कुप्रबंधन की गहरी पीड़ा

यह एक विडम्बना ही कही जाएगी कि प्राकृतिक संसाधनों से भरपूर भारत में कृषि और किसान दोनों ही इस क्षेत्र में होते रहे कुप्रबंधन के कारण लम्बे समय तक भयंकर आर्थिक संकट के शिकार रहे। भुखमरी की स्थिति से खाद्यान्नों में आत्मनिर्भरता लाने के लिए और अब विश्व पटल पर अपनी पहचान बनने तक के प्रयासों में कृषि क्षेत्र में नीतिगत बदलावों की यह कहानी हमारे युवाओं का अवश्य ही ज्ञानवर्धन करेगी। अंग्रेजी शासन में ग्रामीण अर्थव्यवस्था में सकारात्मक परिवर्तन लाने के गंभीर प्रयास नहीं हुए लेकिन परिवर्तन लाने के लिए उनके द्वारा किए गए कुछ प्रयासों ने बदलाव के लिए एक रास्ता अवश्य दिखाया। अंग्रेजों को ब्रिटेन में चलने वाले अपने कृषि आधारित उद्योगों के लिए कच्चे माल की पूर्ति करना अति आवश्यक था अत: उसी को ध्यान में रखकर समय-समय पर किसानों को प्रोत्साहन देकर या आदेश देकर भारत में खेती कराई जाती रही। दूसरी ओर अंग्रेजी हुकूमत द्वारा भारत में अपने शासकीय खर्चों के लिए

अंग्रेजों को ब्रिटेन में चलने वाले अपने कृषि आधारित उद्योगों के लिए कच्चे माल की पूर्ति करना अति आवश्यक था अत: उसी को ध्यान में रखकर समय-समय पर किसानों को प्रोत्साहन देकर या आदेश देकर भारत में खेती कराई जाती रही। अतः कृषि क्षेत्र संबंधित नीतियों में एकतरफा बदलाव होते रहे।

आय बढ़ाना आवश्यक हो गया था। इसके लिए कृषि क्षेत्र से उगाई करने के तरह-तरह के उपाय किए जाते रहे लेकिन इस क्षेत्र के विकास की ओर ध्यान नहीं दिया गया। अतः कृषि क्षेत्र संबंधित नीतियों में एकतरफा बदलाव होते रहे। भारत के किसानों व जनता के लिए वह कालखंड अंग्रेजी सरकार की उपेक्षाओं व आर्थिक संकटों से भरा हुआ था। उस कालखंड की दर्द भरी वेदना को अनेकों बुद्धिजीवियों ने अपनी-अपनी तरह से तत्कालीन अंग्रेजी सरकार के सामने रखने की कोशिशें कीं। मुंशी प्रेमचंद ने 1935 में लिखे अपने आखिरी उपन्यास "कफन" सहित कई अन्य उपन्यासों में गरीबी व भुखमरी की पीड़ा को उजागर किया। उसी दौर की पीड़ा को 1923 में सूर्यकान्त त्रिपाठी 'निराला' ने अपनी कविता "भिक्षुक" के माध्यम से अत्यंत मार्मिक व संवेदनापूर्ण वर्णन किया। निराला की इस कविता के कुछ अंश यहां उद्घृत करके ही उस युग की कृषि की दशा का सटीक वर्णन किया जा सकता है :

"वह आता

दो टूक कलेजे के करता, पछताता

पथ पर आता।

पेट पीठ दोनों मिलकर हैं एक

चल रहा लकुटिया टेक

मुट्ठी भर दाने को भूख मिटाने को

मुँह फटी पुरानी झोली का फैलाता

दो टूक कलेजे के करता पछताता पथ पर आता।

साथ दो बच्चे भी हैं सदा हाथ फैलाए

बाएँ से वे मलते हुए पेट को चलते

और दाहिना दया दृष्टि-पाने की ओर बढ़ाए

भूख से सूख ओठ जब जाते

दाता-भाग्य विधाता से क्या पाते

घूँट आँसुओं के पीकर रह जाते।"

उस दौर की समीक्षा करने पर स्पष्ट होता है कि कृषि क्षेत्र की अनदेखी ने भुखमरी और गरीबी को जन्म दिया। इस संकट से निकलने के लिए जनता में छटपटाहट दिखाई देने लगी थी और अंग्रेजों के कुप्रबन्धनों के प्रति आवाज उठाई जाने लगी थी परन्तु अंग्रेजी सरकार फिर भी खेती के विकास पर आशानुरूप ध्यान नहीं दे रही थी। उस दौर के इतिहास के बारे में सम्पूर्ण जानकारी इंटरनेट व विभिन्न प्रकाशनों में उपलब्ध है उनमें से कुछ महत्वपूर्ण जानकारियां इस प्रकार हैं:

2.1.1 स्थाई बंदोबस्त समझौता और सनसैट कानून

ईस्ट इंडिया कंपनी ने 1765 में बक्सर की लड़ाई में जीत हासिल करके

जमीदारों से जमीन पर राजस्व (Revenue) लेने का अधिकार प्राप्त कर उसे बलपूर्वक एकत्र किया जाने लगा था लेकिन इसकी विधिवत शुरुआत बंगाली जमींदारों व ईस्ट इन्डिया कंपनी के बीच स्थाई बंदोबस्त समझौता 1793 (Permanant Settlement Agreement 1793) के रूप में हुई। चूंकि यह समझौता उस समय के बंगाल के गवर्नर लॉर्ड कॉर्नवालिस की अगुवाई में हुआ इसलिए इस समझौते को कॉर्नवालिस कोड 1793 के नाम से भी जाना जाता है। इस समझौते के अंतर्गत जमीन पर जिनका अधिकार था उनको जमीन का पूर्ण मालिकाना हक स्वीकारा गया और उनको स्थाई जमींदार, जागीरदार आदि-आदि नामों से जाना गया। इस समझौते के कारण जमीनों पर थोड़े से लोगों का एकाधिकार हो गया अर्थात एक सामंतवादी व्यवस्था को कानूनी जामा पहना दिया गया। समझौते में एक प्रावधान किया गया कि ये जमींदार एक निश्चित धन राशि प्रतिवर्ष ईस्ट इंडिया कंम्पनी को देंगे। इस राशि को राजस्व कहा गया और इसको इकट्ठा करने के लिए ईस्ट इंडिया कंपनी ने राजस्व विभाग की स्थापना की। समझौता के अंतर्गत जमींदार अपनी मर्जी से जमीन का किराया लेकर खेती के लिए किसानों (पट्टीदार) को जमीन दे सकते थे। इसी समझौते को फिर बिहार में लागू किया गया। तरह-तरह के शासनादेशों के द्वारा इस समझौते को पूरे उत्तर भारत में लागू किया गया। अंग्रेजों की चाल में फंसकर ये जमींदार एक तरह से राजस्व इकट्ठा करने वाले एजेंट बन गए।

पट्टीदारों को जमीन देकर जो भी राजस्व इकट्ठा होता उसका 89% अंग्रेजी शासन के राजस्व विभाग को निश्चित तारीख पर समय सीमा में सूर्यास्त से पहले जमा करना आवश्यक था अतः इस समझौते को सनसैट कानून (Sunset Law) भी कहा जाता था। इससे किसानों का शोषण हुआ और वे प्रतारणाओं के शिकार हुए। इस स्थाई बंदोबस्त समझौते से साधारण किसानों को कोई फायदा नहीं हुआ बल्कि उनका शोषण बढ़ गया था क्योंकि जमींदारों में ज्यादा से ज्यादा राजस्व इकट्ठा करके शासन को देकर खुश रखने की होड़ लग गई थी अतः पट्टीदारों से ज्यादा से ज्यादा लगान वसूला जाता था। इससे अंग्रेजी शासन को भरपूर राजस्व मिला और अपना शासन चलाने में अधिकांश जमीदारों का सहयोग मिला लेकिन पट्टीदार किसानों की बदहाली बढ़ती गई क्योंकि खेती के लिए सुविधाओं के विकास पर अंग्रेजी सरकार व जमींदारों का ध्यान ही नहीं था जिससे ग्रामीण अर्थव्यवस्था चौपट होती चली गई। किसानों का असंतोष बढ़ता गया।

स्थाई बंदोबस्त समझौते से साधारण किसानों को कोई फायदा नहीं हुआ बल्कि उनका शोषण बढ़ गया था क्योंकि जमींदारों में ज्यादा से ज्यादा राजस्व इकट्ठा करके शासन को देकर खुश रखने की होड़ लग गई थी अतः पट्टीदारों से ज्यादा से ज्यादा लगान वसूला जाता था।

2.1.2 चंपारण आंदोलन

जमीदारों से विधिवत राजस्व वसूलने की शुरूआत 1765 से हुई। तब से लेकर भारत स्वतंत्र होने के वर्ष 1947 तक अलग-अलग कालखंडों व प्रदेशों

में अनेकानेक अकाल पड़े। खाद्यान्नों, पानी और चारे की कमी के कारण प्रत्येक अकाल ने लाखों मनुष्यों, पशुओं व अन्य जीवधारियों को मृत्यु के मुंह में धकेला। ऐसा प्रतीत होता था कि भारत में अकाल ने एक स्थाई समस्या के रूप में अपने पैर जमा लिए हैं। दूसरी ओर पट्टीदारों के लगातार हो रहे शोषण के कारण जमीदारों व पट्टीदारों में असंतोष बढ़ने लगा था। बार-बार पड़ने वाले अकालों व किसानों में बढ़ते असंतोष के लिए अंग्रेजी शासन की नीतियों को जिम्मेदार ठहराया जाने लगा था। इसे देखते हुए बंगाल में पट्टीदारी व राजस्व अधिनियम 1885 (Tenancy & Rent Act 1885) लागू किया गया ताकि जमींदार व पट्टीदार के बीच विश्वास के संबंध रहें, किराया/राजस्व नियमित व नियंत्रित हो, पट्टीदारों की अविवेकपूर्ण बेदखली (Indiscriminate Ejection) को रोका जाए तथा विषम परिस्थितियों में पट्टीदार को क्षति पूर्ति का प्रावधान हो। इसी एक्ट को थोड़े बहुत संशोधनों के बाद पूरे देश में लागू किया गया। इस एक्ट में 1920, 1928, 1936 में सुधार किए गए लेकिन बोम्बे एक्ट 1938 तथा "यू पी टेनैन्सी एक्ट 1939" को किसानों ने अधिक सरल व हितकर माना।

यहाँ एक बात और स्पष्ट करने की आवश्यकता है कि टेनैन्सी एक्ट्स में किए गए स्वामित्व संबंधित प्रावधान पूर्णतया कभी लागू नहीं हुए क्योंकि पट्टीदार को या तो एक्ट्स के प्रावधानों का पता ही नहीं होता था या फिर आर्थिक कमजोरी से इतना घिरा होता था कि वह अपने अधिकार की बात जमींदारों के सामने उठा नहीं पाता था। अतः पट्टीदार शोषण के शिकार होते रहे। कृषि में समस्याएं बनी रहीं और अकालों का प्रादुर्भाव बना रहा। चूंकि भू-राजस्व अंग्रेजी

सरकार के लिए आय का मुख्य स्रोत था अतः उन्होंने भू-अभिलेख (Land Records) बहुत अच्छी तरह तैयार कराए और लगान वसूली की क्योंकि अंग्रेजी हुकूमत अपने देश के उद्योगों के लिए कच्चा माल मुहैया कराने को प्राथमिकता देती थी इसीलिए खाद्यान्नों की अत्यधिक कमी को मानव निर्मित अकाल (Man-made Famines) कहा गया। इसके अनेक उदाहरणों में से एक चंपारण बिहार का 1917 में किया गया किसान आंदोलन है। वहाँ किसानों से जबरदस्ती तथा बिना किसी भुगतान के खाद्यान्नों की खेती के स्थान पर नील की खेती (Indigo Farming) कराने के लिए दबाव डाला जाता था। उसे बहुत कम कीमत पर खरीद कर ब्रिटेन के उद्योगों को भेजा जाता था। खाद्यान्नों की कमी से परेशान किसानों ने अंग्रेजी सरकार के विरुद्ध आंदोलन किया, इस आंदोलन को अंग्रेजों के विरुद्ध पहला "सविनय अवज्ञा आंदोलन" (Civil Disobedience) भी कहा जाता है।

> *"भारतीय किसान कर्ज में पैदा होता है, कर्ज में ही जीवन जीता है और कर्ज को ही अपनी संतान को उपहार में देकर जाता है।" यह एक निर्विवाद सच्चाई थी लेकिन किसानों की इस हालत के लिए उस समय की शासन व्यवस्था ही जिम्मेदार थी।*

2.1.3 सहकारिता समितियों का गठन

असंतोष का दबाव बढ़ता देख कर तत्कालीन सरकार के दृष्टिकोण में कुछ परिवर्तन आया। किसानों व लघु उद्यमियों को सस्ती ब्याज दर पर कर्ज उपलब्ध कराने की कोशिश के रूप में 1904 में "कोआपरेटिव सोसायटीज एक्ट" बना। इस एक्ट के अंतर्गत आसान शर्तों व सस्ती ब्याज दर पर कर्ज

उपलब्ध कराने के लिए बहुत सी कोआपरेटिव सोसायटियों का गठन किया गया। इस एक्ट के कार्यक्षेत्र को व्यवस्थित और बड़ा करने के उद्देश्य से 1912 में पुनः उस एक्ट में सुधार करके स्टेट कोआपरेटिव बैंक, सैन्ट्रल कोआपरेटिव बैंक तथा प्राइमरी सोसायटीज की स्थापना की गयी। लेकिन परतंत्रता के कालखंड से लेकर स्वतंत्रता प्राप्ति के बाद के 1960 के दशक तक ये कोआपरेटिव बैंक अधिकांश किसानों तक अपनी पहुंच नहीं बना सके, सिर्फ बड़े व जागरूक किसानों ने इन बैंकों का फायदा उठाया। दूसरी ओर लोन वापसी न होने से इन बैंकों की कर्ज देने की क्षमता भी कम हो गई और इन बैंको व सोसायटियों में भ्रष्टाचार के प्रवेश होने से जरूरतमंदों को लोन भी लेना मुश्किल हो गया था। इसलिए इन बैंकों के बारे में एक कहावत मशहूर हुई- "कोआपरेटिव बैंक कर्ज कम, दर्द ज्यादा देते हैं"

2.1.4 बहुचर्चित रायल कमीशन रिपोर्ट

वास्तव में भारतीय कृषि व किसानों की बेहाली के लिए ब्रिटिश शासनकर्ता ही जिम्मेदार थे। अपने लम्बे शासनकाल में उन्होंने स्वयं व अपने देश ब्रिटेन के हितों को ही साधा। लम्बे समय से गरीबी व भुखमरी की मार झेल रहे किसानों में उस समय की सरकार के विरुद्ध व्यापक रोष पैदा हो गया था और किसानों के छोटे व बड़े आंदोलन देश भर में फैलने लगे थे। किसान संगठनों की कोई राजनीतिक महत्वाकांक्षा नहीं थी वो सिर्फ शोषण का विरोध कर रहे थे तथा किसानों के अनुकूल एक स्थाई व कानूनी शासन व्यवस्था चाहते थे। आंदोलनकारी किसान संगठन जब स्वतंत्रता संग्राम के सेनानियों से जुड़े तो

उनके आंदोलन को शक्ति व व्यापकता मिली। जिससे अंग्रेजों को कृषि सुधार के लिए सोचने के लिए मजबूर होना पड़ा और उसी का परिणाम यह था कि अंग्रेजी शासन द्वारा 1924 में "रायल कमीशन आन एग्रीकल्चर" का गठन किया गया जिसका उद्देश्य यह जानना था कि भारतीय कृषि की समस्याएं क्या हैं और उनका निवारण कैसे करें। इस कमीशन ने गहन अध्ययन के बाद कृषि में सुधारों के लिए एक रिपोर्ट तैयार करके उस समय की सरकार को 1928 में सौंपी। इस 892 पेज की रिपोर्ट में कृषि में सुधार लाने के लिए बहुत महत्वपूर्ण सुझाव दिए गए और यह भी स्वीकार किया गया कि "भारतीय किसान कर्ज में पैदा होता है, कर्ज में ही जीवन जीता है और कर्ज को ही अपनी संतान को उपहार में देकर जाता है।" यह एक निर्विवाद सच्चाई थी लेकिन किसानों की इस हालत के लिए उस समय की शासन व्यवस्था ही जिम्मेदार थी। इस रिपोर्ट में उस तथ्य को बड़ी चतुराई से छिपा लिया गया जिसके कारण किसानों व कृषि क्षेत्र को बुरे दिनों का सामना करना पड़ रहा था। सन् 1928 से अंग्रेजों द्वारा भारत छोड़ने तक मुख्यरूप से उन्हीं अनुसंशाओं को लागू किया गया जो ब्रिटेन की औद्योगिक इकाइयों का हित साधती थीं।

स्वतंत्रता प्राप्ति के बाद इस रिपोर्ट की विभिन्न अनुशंसाओं पर विचार करके उनमें से कुछ को प्राथमिकता के आधार पर लागू करने के कदम उठाए गए। जिसमें प्रमुख थे भूमि सुधार (Land Reform) व्यवस्था लागू करना जिसके अंतर्गत भूमि स्वामित्व, भूमि को पट्टे पर देने के अधिकार, भूमि की विरासत का अधिकार, भूमि खरीदने व बेचने के अधिकारों को कानूनी जामा पहनाना आदि

था। लेकिन स्वतंत्र भारत में भी इस रिपोर्ट की अनुशंसाओं को बहुत ही धीमी गति से लागू किया जा रहा था क्योंकि सुधारों को आगे बढ़ाने के लिए पहले सामाजिक, राजनीतिक व आर्थिक परिस्थितियों में समन्वय बनाना आवश्यक था। इसके बिना सुधार लागू करना आसान नहीं था।

2.2 आजादी के बाद कृषि सुधारों में आई गति

आजादी के बाद कृषि में सामंती व्यवस्था को खत्म करके भूमि सुधार को व्यवस्थित ढंग से आगे बढ़ाने के लिए "ज़मीदारी उन्मूलन कानून 1950" को राष्ट्रीय स्तर पर लागू किया गया यद्यपि उत्तर प्रदेश, मध्यप्रदेश, बिहार, मद्रास, आसाम, बोम्बे आदि प्रदेश जमींदारी उन्मूलन बिल 1949 में ही अनुमोदित कर चुके थे। इस जमींदारी उन्मूलन अधिनियम के लागू होने से उन किसानों को जमीनों का स्वामित्व मिल गया जिन्होंने सीधे जमींदारों से जमीन पट्टे पर ली थी। इस अधिनियम के लागू होने से बेगारी प्रथा, जबरन मजदूरी कराना तथा बंधुआ मजदूरी कराने पर रोक लगी।

चकबंदी (Land Consolidation) के लिए भी इसी दौरान सोचा गया क्योंकि अधिकांश किसानों के छोटे-छोटे खेत होते थे जो जगह-जगह दूर-दूर बिखरे होते थे। जिससे किसानों को खेती प्रबंधन में परेशानियों के साथ-साथ संसाधन जुटाने पर खर्च ज्यादा करना होता था, मशीनीकरण करना असंभव था और किसान अपनी क्षमतानुकूल काम नहीं कर पाते थे। इसलिए विभिन्न राज्यों ने अपने-अपने अध्यादेशों के अनुसार चकबंदी का कार्य शुरू किया।

यद्यपि चकबंदी का काम अंग्रेजी हुकूमत के समय कानून बनाकर 1936 व 1939 में क्रमशः पंजाब व उत्तर प्रदेश में शुरू हुआ था लेकिन यह काम विधिवत व अधिक तेजी के साथ 1953 से शूरू हुआ माना जाता है।

इन्हीं भूमि सुधारों की कड़ी में भू-स्वामित्व की उच्चतम भूमि निर्धारण (Land Ceiling) करने का काम भी शुरू हुआ जिसका उद्देश्य भूमिहीनों को भूमि उपलब्ध कराई जाए तथा भूमि के उपयोग को बढ़ाया जाए। भारत के लगभग सभी राज्य 1950-1962 के बीच अपने प्रदेश के लिए लैंड सीलिंग एक्ट बनाकर लागू करने लगे थे। सभी प्रदेशों में भूमि स्वामित्व की उच्चतम सीमा निर्धारण को एक रूपता देने के लिए 1971 में नई लैंड सीलिंग पोलिसी बनी। इसके अनुसार व्यक्तिगत के स्थान पर पांच सदस्यों वाले परिवार (पति, पत्नी व तीन नाबालिग बच्चे) को यूनिट मानकर भूमि की उच्चतम सीमा निर्धारित करने की नीति लागू की गई लेकिन यह सीमा चाय, कोकोआ, इलाइची, काफी जैसी फसलें उगाने वाले परिवारों पर लागू नहीं की गयी। भूमि सीमा निर्धारण के बाद प्राप्त अतिरिक्त जमीन को भूमिहीनों विशेषकर अनुसूचित जातियों में पुनर्विभाजित की गई किन्तु पुनर्विभाजन का कार्य धीमी गति से चला। इसी संदर्भ में डा० एमएस स्वामीनाथन कमेटी रिपोर्ट 2006 में पुन: भूमि सुधार कानून को छोटे व मध्यम जोत वाले किसानों को ध्यान में रखकर सशक्त बनाने के लिए अनुशंसा की गई। जिस पर सरकार काम कर रही है।

2.2.1 आवश्यक वस्तु अधिनियम 1955

आजादी के समय देश में खाद्यान्नों के अत्यधिक अभाव के कारण कृषि उपज बढ़ाना, विषम परिस्थितियों का सामना करने के लिए भंडारण रखना व उचित मूल्य पर जनता में वितरण करना एक बड़ी चुनौती थी। इसीलिए भारत में आवश्यक वस्तु अधिनियम 1955 (Essential Commodities Act 1955) लाया गया और पूरे देश में लागू किया गया। इस कानून का उद्देश्य खाद्यान्नों के साथ-साथ आवश्यक वस्तुओं जैसे - फर्टिलाइजर्स, उन्नत बीजों, दालें, खाने के तेल, दवाएं तथा पैट्रोलियम व उसके उत्पादों की जमाखोरी व कालाबाजारी को रोकना था।

2.2.2 भारतीय खाद्य निगम व कृषि मूल्य आयोग का गठन

सन् 1964 में बनी एलके झा कमेटी ने खाद्यान्न कीमत निर्धारण व वितरण के लिए 1965 में बहुत ही उपयोगी रिपोर्ट प्रस्तुत की। उसी की अनुशंसाओं के अनुसार किसानों से खाद्यान्न खरीदने, भंडारण करने, आवश्यकतानुसार वितरण करने के लिए "भारतीय खाद्य निगम" (Food Corporation of India) व फसलों का उचित मूल्य निर्धारण के लिए 'कृषि मूल्य आयोग" (Agriculture Price Commission) का गठन हुआ। इन दोनों ही निकायों को संवैधानिक मान्यता दी गयी। इसी कमेटी की अनुसंशा पर न्यूनतम समर्थन मूल्य (MSP-Minimum Support Price) प्रणाली लागू हुई। लेकिन यह एक सरकारी आदेश के अंतर्गत लागू हुई क्योंकि सरकार का मानना था कि धीरे-धीरे कृषि

बाजार विस्तृत व प्रतिस्पर्धी होते जाएंगे इसलिए न्यूनतम मूल्य देने की आवश्यकता ही नहीं होगी। न्यूनतम समर्थन मूल्य का अर्थ यह है कि अधिक पैदावार की दशा में बाजार में चाहे कितना ही मूल्य गिर जाएं लेकिन किसानों को निर्धारित समर्थन मूल्य देकर ही सरकार खाद्यान्न खरीदेगी अर्थात किसानों को कम रेट पर मजबूरी में फसलों को बेचने से बचाना था। सबसे पहले 1964-65 में साधारण गेहूं का खरीद मूल्य 48 रुपए व अच्छी गुणवत्ता वाले गेहूं का 50 रुपये प्रति कुन्टल निर्धारित हुआ था। न्यूनतम समर्थन मूल्य पर खरीद के आश्वासन के कारण गेहूँ व धान की खेती की ओर किसान आकर्षित हो गए। बाद में न्यूनतम समर्थन मूल्य के अंतर्गत अन्य फसलों को लाया जाता रहा। अब आनाजों में धान, गेहूँ, मक्का, बाजरा, ज्वार, रागी व जौ ; दालों में चना, अरहर, उर्द, मूंग व मसर ; तिलहनों में सरसों, मूंगफली, कुसुम, सोयाबीन, सूरजमुखी, तिल व रामतिल तथा व्यावसायिक फसलों में कपास, गन्ना, नारियल व जूट पर न्यूनतम समर्थन मूल्य दिया जाता है। इसी आकर्षण ने हरित क्रांति की नींव डाली जो वैज्ञानिकों द्वारा विकसित उन्नत तकनीकों को किसानों द्वारा अपनाने व कृषि अनुकूल सरकारी नीतियों के सहयोग से साकार रूप ले सकी।

2.2.3 कृषि उपज विपणन व अनुबंधित खेती

इसके साथ-साथ कृषि उपज विपणन समिति (APMC- Agricultural Produce Market Committee) द्वारा संचालित मंडियों का विस्तार होता रहा और 1959 से 1970 के बीच अधिकांश प्रदेशों ने अपने-अपने एपीएमसी एक्ट्स बनाकर लागू किए । कृषि उपज विपणन समिति मंडी (APMC Yards)

वास्तव में सरकार द्वारा नियंत्रित मंडियां हैं जो तब बनाई गयी थीं जब भारत में खाद्यान्नों की अत्यधिक कमी थी। खाद्यान्नों का किसानों को उचित मूल्य दिलाने के उद्देश्य से ही प्रदेशों ने ये मंडियां बनाईं और किसानों को मंडियों में ही अपने उत्पादों को बेचने का कानूनी प्रावधान था। दूसरी ओर किसानों द्वारा भी पिछले लगभग दो दशक से यह मांग होती रही है कि उनकी एपीएमसी मंडियों में अपनी उपज बेचने की बाध्यता खत्म की जाए। एपीएमसी मंडियों के विकास का उद्देश्य बहुआयामी सुविधाएं विकसित करके किसानों को बिचौलियों की हेराफेरी के शिकार होने से बचाना तथा उनका बाजार से सीधा संबंध बनाना था। लेकिन ऐसा नहीं हुआ। मंडियों का कार्यक्षेत्र प्राथमिक क्रय तक ही सीमित हो गया। अप्रत्यक्ष रूप से दलालों व चुनिंदा लोगों के हाथ में मंडी व्यवस्था चली गयी और किसान अपने को ठगा हुआ महसूस करने लगे। कालांतर में प्रदेशों में लागू इन एपीएमसी एक्ट्स की कमियों को दूर करने के लिए केन्द्र सरकार ने माडल एपीएमसी एक्ट्स (2003) बनाया जिसमें अनुबंधित कृषि (Contract Farming) करने का प्रावधान किया गया व फल-सब्जियों को मंडियों में ही बेचने की बाध्यता से छुटकारा दिया गया।

2.2.4 डा० एमएस स्वामीनाथन कमेटी के सुझाव

कृषि में सुधारों के इसी क्रम में सरकार द्वारा 2004 में पूर्व महानिदेशक आईसीएआर व राष्ट्रीय किसान आयोग के तत्कालीन अध्यक्ष डा० एमएस स्वामीनाथन की अध्यक्षता में एक कमेटी गठित की गई इस कमेटी ने वैज्ञानिक रिपोर्ट्स के अध्ययनों व विभिन्न हितधारकों से गहन विचार-विमर्श के बाद

बहुचर्चित रिपोर्ट 2006 में प्रस्तुत की। जिसमें कृषि के सशक्तिकरण के लिए अनेकों सुझाव दिए गए। इस कमेटी की सम्पूर्ण रिपोर्ट उन छोटे, मझोले व भूमिहीन किसानों को केन्द्र में रखकर तैयार की गयी है जिनकी संख्या कुल किसानों की संख्या की 85-86% है। इन किसानों का उत्थान करने के लिए रिपोर्ट में जो मुद्दे उठाए हैं तथा सुझाव दिए हैं वही इस रिपोर्ट की आत्मा हैं। संपूर्ण रिपोर्ट यदि लागू हो जाए तो माना जाता है भारतीय कृषि में बड़ा सकारात्मक बदलाव आ जाएगा लेकिन ऐसा देखा जाता है कि डा० स्वमीनाथन कमेटी रिपोर्ट 2006 के केन्द्र बिंदु को राजनीतिक कारणों से दरकरार करके संपूर्ण चर्चा न्यूनतम समर्थन मूल्य (Minimum Support Price-MSP) तक ही सिमट गई है।

- कमेटी ने न्यूनतम समर्थन मूल्य की अनुशंसा करते समय उसे निर्धारण करने के लिए C2 + 50% अतिरिक्त देने की अनुशंसा की है। जहां C2 का अर्थ है फार्म पर लगने वाला सम्पूर्ण खर्च जिसमें परिवार का मेहनताना व जमीन का किराया शामिल है। इस सब के कुल योग का डेढ़ गुना अधिक देना है।

- कमेटी की अनुशंसा है कि खेती में लागत जोखिम संरचना (cost-risk-return structure) को बदला जाए। डा० स्वामीनाथन कमेटी ने कृषि क्षेत्र के लिए जोखिम निधि (Risk Fund) बनाने की आवश्यकता पर जोर दिया है। लगभग 50% छोटे किसान अपना ऋण चुकाने के लिए 10-15% कम रेट पर अपनी उपज खेत में ही बेच देते हैं तथा ये छोटे

किसान प्राकृतिक आपदाओं का भी सामना नहीं कर पाते। इससे निपटने के लिए केन्द्र व राज्य मिलकर जोखिम निधि (Risk Fund) बना कर किसानों की जोखिम उठाने की क्षमता बढ़ाएं।

- कृषि को एक आकर्षक व फायदे का व्यवसाय बनाया जाए। इसके लिए युवाओं व महिलाओं को बड़े पैमाने पर व्यावसायिक शिक्षा (vocational skill develop) देने के लिए औपचारिक प्रशिक्षण (formal training) दी जाएं जिससे भारतीय कृषि का आधुनिकीकरण किया जा सके और खेती तथा पशुपालन में छिपी बड़ी संभावनाओं के दोहन के लिए समग्र विकास हो सके।

- विश्व व्यापार संगठन के प्रावधानों से उत्पन्न स्थिति का सामना करने के लिए भारतीय कृषि को विश्व बाजार में प्रतिस्पर्धी (competitive) होना आवश्यक है। इस विषय पर स्वामीनाथन कमेटी रिपोर्ट में जोर देते हुए इस ज्वलंत मुद्दे की ओर सरकार व किसानों का ध्यान आकर्षित किया गया है।

- कमेटी का मानना है कि सब्सिडीज अक्सर भ्रष्टाचार का शिकार हो जाती हैं। इसलिए अनुकूल विकास नहीं हो पाता। छोटे कृषि फार्मों की उत्पादकता बढ़ाने से ही उनके पास बेचने योग्य अधिक उत्पादन हो सकता है जिससे उनकी नकदी आय बढ़ सकती है लेकिन यह तभी संभव है जब छोटे किसानों व कृषि का सशक्तिकरण करने के लिए

तकनीकों से भरपूर (Technology Rich) योजनाएं लागू हों।

- विश्व बाजार के अवसरों का लाभ उठाने के लिए डा० एमएस स्वामीनाथन कमेटी 2006 ने किसानों व कृषि से जुड़े हितधारकों को उत्पादों की गुणवत्ता, अंतर्राष्ट्रीय व्यापार नियमों, बौद्धिक संपदा अधिकारों, आनुवांशिक रूप से संशोधित फसल किस्मों, पानी के प्रबंधन, जैव विविधता संरक्षण, प्राकृतिक संपदा प्रबंधन, पोषण, वित्तीय प्रबंधन संबंधित साक्षरता के लिए विशेष अभियान चलाने तथा आपूर्ति श्रृंखलाओं के विकास करने पर जोर दिया है।

- अनुबंधित खेती (Contract Farming) के संबंध में डा० स्वामीनाथन कमेटी रिपोर्ट में कहा गया है कि अलग-अलग राज्यों में बहुत सी फसलों के उत्पादन व खरीद में पैदावार होने से पहले समझौते (Pre-production agreements) होते रहे हैं। इसके लिए किसान केन्द्रित आदर्श अनुबंध खाका (Model Agreement Draft) बनाया जाए ताकि किसान किसी भी तरह के धोखे से बच सकें। ऐसा माना जाता है कि अनुबंधित खेती छोटे व मझोले किसानों के लिए वरदान साबित हो सकती है।

- कमेटी ने ज्ञान आदान-प्रदान (Knowledge connectivity) को तेजी से बढ़ावा देने की अनुशंसा की है। इसके लिए एक लाख सार्वजनिक सेवा केन्द्र (common service centers) पंचायतों व युवाओं की

भागीदारी से खोले जाएं। कृषि तकनीकी, कृषि विपणन व नीतिगत सूचना के तेजी से प्रवाह के लिए आनलाइन राष्ट्रीय ग्रिड (on-line Nation-wide grids) बनाईं जाएं।

- भूमि को पट्टे पर देने व लेने संबंधित नियम सशक्त, पारदर्शी व किसानों के हितसाधक हों। प्राकृतिक संसाधनों का संरक्षण तथा कृषि की सहायता के लिए आवश्यक आधारभूत ढांचे का विकास हो। इस अहम् रिपोर्ट की विस्तृत जानकारी हमारे यू-ट्यूब वीडियो लिंक https://youtu.be/KRg-jSt_7FI से प्राप्त कर सकते हैं

2.2.5 मुख्यमंत्रियों की कमेटी के सुझाव

इसी क्रम में 2010 में कृषि सुधारों पर राय देने के लिए पुनः तीन समितियों का गठन किया गया। एक समिति हरियाणा के मुख्यमंत्री की अध्यक्षता में, दूसरी समिति गुजरात के मुख्यमंत्री की अध्यक्षता में और तीसरी योजना आयोग के डिप्टी चेयरमैन की अध्यक्षता में बनी। इन समितियों ने भी अपने सुझाव 2010 में दिए। सभी रिपोर्टों के सुझावों का केन्द्र बिंदु किसान की आय बढ़ाना, उपभोक्ता को समुचित कीमत पर उत्पाद मुहैया कराना तथा विश्व बाजार में हिस्सेदारी बढ़ाना ही था। हरियाणा के मुख्यमंत्री की अध्यक्षता वाली समिति में बिहार, पंजाब व बंगाल के मुख्यमंत्री थे और इस समिति ने उपज बेचने के लिए किसानों को एपीएमसी से पूर्ण रूप से स्वतंत्र करने, अनुबंधित खेती (Contract Farming) को बढ़ावा देने, सरकारी व निजी क्षेत्र की भागीदारी को विकसित

करने, निजी क्षेत्र में कृषि बाजार विकसित करने, ई-विपणन लागू करने, किसानों के सहकारिता व स्वसहायता समूह बनाने व वस्तु विशेष बाजार बनाने, जल प्रबंधन के लिए कदम उठाने जैसी अनकों अहम् सिफारिशें की। इसके अलावा आधुनिक आवश्यकता को ध्यान में रखकर तकनीकों के प्रचार प्रसार के परम्परागत तरीकों को और अधिक प्रभावी बनाने पर जोर दिया है।

2.2.6 सौमित्रा कमेटी 2012 तथा शान्ता कुमार कमेटी 2015 रिपोर्ट्स

इसी बीच कृषि सशक्तिकरण के लिए दो महत्वपूर्ण रिपोर्ट्स- सौमित्रा कमेटी रिपोर्ट 2012 तथा शान्ता कुमार कमेटी रिपोर्ट 2015 के सुझाव भी सरकार को प्रस्तुत किए गए। सौमित्रा कमेटी ने किसानों को आपूर्ति श्रृंखला (सप्लाई चेन) का हिस्सा बनाने के लिए किसान उत्पादक कम्पनियाँ व किसान कोआपरेटिव्स बनाने का सुझाव दिया। सब्जियों, फलों आदि जैसे जल्दी खराब होने वाले उत्पादों को एपीएमसी एक्ट से मुक्त कराया जाय तथा कोल्ड चेन स्थापित करने और चलाने के लिए सुगम प्रावधान बनाए जाने पर जोर दिया। शांता कुमार कमेटी ने भारतीय खाद्य निगम के पुनर्गठन की सिफारिश के साथ ही आधुनिक भंडारण व्यवस्था करने व वितरण प्रणाली को चुस्त दुरुस्त करने के लिए अच्छे सुझावों से भरी रिपोर्ट सरकार को दी।

अनुभवों व विभिन्न सुझावों के आधार पर सरकार द्वारा 2016-17 में पुनः माडल एपीएमसी एक्ट में सुधार किया गया और e-NAM प्लेटफार्म को सशक्त करके व देश भर की मंडियों को जोड़कर किसानों के साथ कृषि विपणन में

होने वाले शोषण को रोकने के लिए e-NAM पोर्टल के इस्तेमाल को बढ़ावा दिया गया ।

2.2.7 अशोक दलवई कमेटी रिपोर्ट 2017 के सुझाव

किसानों की कम आय पर चिंता जताते हुए सरकार ने 2016-2023 की अवधि में उनकी आय को दो गुना करने के लिए प्रभावी प्रणाली बनाने के उद्देश्य से श्री अशोक दलवई की अध्यक्षता में एक कमेटी गठित की जिसने 2017 में अपनी विस्तृत रिपोर्ट सरकार को दी। कमेटी ने उत्पाद सामग्री की कीमत, विविधीकरण, पूंजी निर्माण व आय के स्रोतों का गहन अध्ययन किया। कमेटी ने पाया कि राज्य व केन्द्र सरकारों के संयुक्त प्रयासों से ही इस उद्देश्य में सफलता मिल सकती है। इसके लिए किसानों की फार्म से आय व नान-फार्म इनकम (गैर-कृषि कार्य से होने वाली आय) दोनों ही बढ़ानी होगी। कमेटी ने अनुशंसा की है कि किसानों की कुल आय में कृषि फार्म से होने वाली आय को बढ़ाने के लिए विशेष ध्यान दिया जाना चाहिए। इसके लिए इनपुट सब्सिडी को छोटे व मझोले किसानों को केन्द्रित करके अधिक तर्क संगत बना कर निर्धारित किया जाना चाहिए।

इस कमेटी ने अपने अध्ययन में पाया कि कृषि में विविधीकरण, जिसमें होर्टीकल्चर, पशुपालन, मत्स्यपालन भी शामिल है, को खेती का हिस्सा बनाने से आय में बढ़ोत्तरी होने की अधिक सम्भावनाएं हैं। विभिन्न परिस्थितियों में अलग-अलग तरह का विविधीकरण करना होगा। इसके लिए किसानों को

तकनीकी उपलब्ध कराना, आर्थिक मदद देकर प्रोत्साहित करना, सूचनाओं से जोड़ना तथा प्रशिक्षित करना होगा। ऐसे किसानों को सूक्ष्म, लघु, मध्यम, उद्यम मंत्रालय की योजनाओं से भी जोड़ना होगा तथा छोटे व मझोले किसानों के लिए संस्थागत ऋण व्यवस्था आसान करनी होगी। अच्छे व त्वरित यातायात के साधन व भंडारण व्यवस्थाएं, कोल्ड चेन की सुविधाएं तथा आपूर्ति श्रृंखला का हिस्सा बनाने के लिए सहायता प्रदान करना होगा। इसके लिए निजी क्षेत्र की सहभागिता व उसके निवेश को बढ़ाना होगा।

नान-फार्म व्यवसायों से अधिक आय प्राप्त करने के लिए कृषि से पैदा हुए अपने कच्चे माल के उपयोग को बढ़ावा देना होगा। फार्म पर उत्पन्न प्रत्येक उत्पाद अर्थात कच्चे माल को उसमें निहित गुणों की उपयोगिता व धन उपार्जन क्षमताओं को पहचान कर आय बढ़ाने के प्रयास करने होंगे। मंडी में किसानों के जिन उत्पादों को व्यवसायी नीलामी की प्रक्रिया से खरीदते हैं उसमें पारदर्शिता नहीं होती जिससे किसानों को उचित दाम नहीं मिल पाता। इस प्रक्रिया में बड़े सुधारों की आवश्यकता है। इसी कमेटी ने कहा कि फसल की कटाई के बाद के कार्यों में भी छोटे किसानों की भागीदारी महत्वपूर्ण होती है। अतः किसान उत्पादक संगठन (FPO), गांव उत्पादक संगठन (VPO), स्वयं सहायता संगठन (SHG) आदि बना कर विभिन्न मार्केट्स से जोड़ा जाए ताकि लेन-देन की लागत कम करने और फसल कटाई के बाद के नुकसान को रोकने में आसानी हो।

2.2.8 डा० आरएस परौदा कमेटी 2019 के सुझाव

इसी बीच भारत सरकार ने कृषि सुधारों को समय संगत बनाने के लिए डा० आरएस परोदा की अध्यक्षता में 2019 में एक सोलह विशेषज्ञों की कमेटी का गठन किया। इस रिपोर्ट के केंद्र में "फार्मर फर्स्ट" नीति तथा छोटे व मझोले किसान हैं। ऐसे किसानों की संख्या कुल किसानों की संख्या की 85- 86% है। इस कमेटी ने 150 से अधिक वैज्ञानिकों, किसान समूहों, नवाचार करने वालों, प्रसार के काम में लगे लोगों, कृषि से जुड़ी संस्थाओं व हितधारकों से कृषि की नीतियों, योजनाओं, नवाचारों का अध्ययन व गहन विचारविमर्श करके तथा विशेष सर्वेक्षणों (Peer Reviews) की टिप्पणियों को ध्यान में रखकर "पोलिसीज एन्ड एक्शन प्लान फार ए सीक्योर एन्ड सस्टेनेबल एग्रीकल्चर" नामक रिपोर्ट तैयार की और 30 अगस्त 2019 को अपनी रिपोर्ट सरकार को सौंप दी।

डा० परोदा कमेटी नेअपनी रिपोर्ट में कृषि सुधारों के लिए कई महत्वपूर्ण सुझाव दिए। कमेटी का मानना है कि संयुक्त राष्ट्र संघ के द्वारा निर्धारित सतत विकास लक्ष्यों को प्राप्त करना आर्थिक सशक्तिकरण, जलवायु प्रबंधन व रोजगार सृजन के लिए आवश्यक है। कृषि को परम्परागत तौर तरीकों से बाहर निकाल कर आधुनिक बनाने, सतत विकासवादी बनाने तथा राष्ट्रीय कृषि नीति 2000 में निहित 4% वार्षिक कृषि विकास दर को प्राप्त करने के लिए एक दूरगामी दृष्टिकोंण के साथ कृषि से संबंधित नीतियों में विशेष बदलाव (Paradigm Shift) करने व उनको जमीनी स्तर पर कार्यान्वित करना बहुत

ही आवश्यक हो गया है। इसके लिए समकालीन गहन विचार-विमर्श (Contemporary Debate) की आवश्यकता है ताकि कृषि के अनुकूल, जलवायु संरक्षण से जुड़ी आवश्यकताओं की भरपाई करने वाली (Climate Resilient), कार्यान्वित करने योग्य और राजनीतिक रूप से व्यावहारिक समाधानों व नीतियों को लागू किया जा सके। इसी संदर्भ में कमेटी ने अनेक महत्वपूर्ण अनुशंसाएँ (Recommendation) की हैं जो सामान्य किसानों के लिए अतिमहत्वपूर्ण हैं:

- प्राकृतिक संसाधनों के संरक्षण पर विशेष ध्यान दिया जाए। इस संदर्भ में सही ज्ञान को स्थानांतरित करने के लिए मजबूत सार्वजनिक-निजी भागीदारी और अभिनव (Innovative) विस्तार प्रणाली को शुरू किया जाए

- सब्सिडी के बजाय अधिक निवेश के लिए नीतियां बनाई जाएं। कृषि इनपुट सब्सिडी को तर्कसंगत बनाने की आवश्यकता है और उन्हें प्रत्यक्ष लाभ हस्तांतरण (डीबीटी) तंत्र के माध्यम से किसानों को दिया जाए। दक्ष कृषि क्रियाओं (Efficient Farm Practices) और पर्यावरण संरक्षण को अपनाने के लिए प्रोत्साहन के रूप में सब्सिडी को परिवर्तित किया जाए

- न्यूनतम समर्थन मूल्य की प्रक्रिया को ऐसा बनाया जाए कि छोटे व मझोले किसानों को भी उसका लाभ हो

- भारतीय कृषि को विश्व में प्रतिस्पर्धी बनाने के लिए निजी क्षेत्र द्वारा निवेश बढ़ाने व अनुसंधान और विकास में इसकी भागीदारी बढ़ाए जाने के लिए वातावरण बनाया जाए

- किसानों के हित को ध्यान में रखकर टिकाऊ निर्यात नीति बने। कृषि और प्रसंस्कृत खाद्य निर्यात विकास प्राधिकरण (एपीडा) के माध्यम से के विकसित अंतर्राष्ट्रीय मांग मूल्यांकन, प्रतिस्पर्धी देशों में विकास और खाद्य सुरक्षा मानकों की जानकारी किसानों को तेजी से हस्तांतरित करने के लिए प्रणाली बनाई जाए

- कृषि उत्पादन को अधिक गुणवत्ता वाली फसलों (High Value Crops), बागवानी व पशुपालन की ओर प्रशस्त किया जाए

- छोटे व मझोले किसानों को दक्ष व सस्ती तकनीकों को देकर व प्रशिक्षित करके मूल्य श्रृंखलाओं (Value Chain) व आपूर्ति श्रृंखलाओं पर से जोड़ा जाए

- बदलते खाद्य मानकों को ध्यान में रखकर खाद्य पदार्थों के उत्पादन करने से पहले व बाद में उभरती जरूरत के अनुसार आधुनिक तकनीकी प्रबंधन पर ध्यान दिया जाए

- कृषि विज्ञान केन्द्रों तथा कृषि प्रोद्योगिकी प्रबंध अभिकरण (Agricultural Technology Management Agency / ATMA) केंद्रों को ज्ञान-कौशल-नवाचार केन्द्र (Knowledge-Skill-

Innovatiom Centers) के रूप में बदलने के लिए महत्वपूर्ण अनुशंसा भी की है ताकि ये केन्द्र ऐसा मानव संसाधन (HR) तैयार करें जो कृषि क्षेत्र को अधिक प्रगतिशील व प्रतिस्पर्धी बनाने में बड़ी भूमिका निभा सके

- कृषि क्षेत्र के प्रति युवाओं व युवतियों का आकर्षण ढ़ाने के लिए नीतिगत बदलाव लाकर उनकी उद्यमिता व नवाचार क्षमताओं को बढ़ावा व पहचान दी जाए।

डा० आरएस परोदा कमेटी रिपोर्ट 2019 की विस्तृत जानकारी के लिए यू-ट्यूब लिंक https://youtu.be/1TchCLSldd4 , https://youtu.be/kZRY1qNtpL8 https://youtu.be/duXBhhytV8k पर जाएं।

2.3 कृषि सुधारों पर किसान आंदोलन का साया

अंग्रेजों के शासन काल में कृषि क्षेत्र के कुप्रबन्धनों के कारण किसानों की जो दुर्दशा हुई वह इस बात का सजीव उदाहरण है कि प्राकृतिक संपदा व मानव संसाधनों से देश चाहे कितना ही संपन्न हो लेकिन शासन की नीतियां यदि समग्र विकास की ओर उन्मुख नहीं होती हैं तो विकास नहीं हो सकता है।

स्वतंत्रता के बाद खाद्यान्नों में आत्मनिर्भर होने का हमारी सरकार ने लक्ष्य बनाया। उस लक्ष्य को बड़े नीतिगत बदलाव, आधारभूत ढांचा निर्माण तथा परिस्थितियों के अनुसार तकनीकों के विकास व प्रसार से प्राप्त किया जा सका। खाद्यान्नों में आत्मनिर्भर होने से देश की अर्थव्यवस्था का सुदृढ़ीकरण हुआ

जिससे अन्य क्षेत्रों में विकास को बढ़ावा मिला। अगर कृषि का विकास न हुआ होता तो देश के खजाने का बड़ा भाग खाद्यान्न आयात पर ही खर्च होता और दूसरे क्षेत्रों के विकास के लिए धन की उपलब्धता ही न रहती।

नई आवश्यकताएं व परिस्थितियां उत्पन्न होने तथा उनका सामना करने का क्रम चलता ही रहता है। यह जीवन की सतत व स्वाभाविक प्रक्रिया है। नई परिस्थितियों का मुकाबला करने के लिए पुनः लक्ष्य निर्धारित करना और लक्ष्यों को प्राप्त करने के लिए तात्कालिक नीतियों का आंकलन करना और आवश्यकतानुसार उनमें बदलाव करना होता है। कई बार नई प्रभावी नीति भी बनानी होती है। साथ ही अनुसंधान व विकास को समकालीन बनाना होता है। हमें यह समझ लेना चाहिए कि सक्षम, प्रभावी व दूरगामी नीतियों के बिना हम बड़े लक्ष्य कभी भी प्राप्त नहीं कर सकते। अगर समय पर ये बदलाव न किए जाएं तो फिर अर्थव्यवस्था खराब होने लगती है। चूंकि कृषि हमारी अर्थव्यवस्था का मुख्य स्तंभ है अतः इसके प्रबंधन को मजबूत रखने के लिए सुधारवादी नीतियों का समावेश समय-समय पर होना ही चाहिए और हमें इसके लिए हमारे किसान भाइयों व युवाओं को जागरूक भी करते रहना चाहिए।

2.3.1 कृषि में सुधार के कानून लाने का औचित्य

लगातार छोटा होता जा रहा फार्म साइज, कमजोर हो रही जमीन की उर्वराशक्ति, कम होती जा रही सिंचाई जल की उपलब्धता, जलवायु परिवर्तन का बढ़ता दुष्प्रभाव, 1995 से डब्ल्यूटीओ के नियम लागू होने से विश्व बाजार में

बढ़ती प्रतिस्पर्धा, उपभोक्ताओं की बदलती पसंद व आवश्यकताएं, यातायात के आधुनिक व त्वरित साधनों की मांग, आधुनिक भंडारण व पैकेजिंग व्यवस्थाओं की बढ़ती मांग, विश्व आपूर्ति श्रृंखला (सप्लाई चेन) का हिस्सा बनने के लिए आवश्यक कौशल और आधारभूत ढांचा की आवश्यकता आदि से संबंधित परिस्थितियों का सामना करने के लिए अब पुनः कृषि क्षेत्र के सशक्तिकरण के लिए नीतिगत बदलाव व तकनीकी विकास करने का समय आगया है। ये नीतियां ऐसी हों जो कृषि क्षेत्र में निवेश बढ़ाने, आधुनिक तकनीकी विकास के लिए संस्थाओं के बीच व्यापक सहयोग कराने, छोटे व मझोले किसानों के हित साधने, सार्वजनिक क्षेत्र को प्रभावी बनाने, निजी क्षेत्र की भूमिका निर्धारण करने तथा विश्व बाजार में हमारी कृषि की भागीदारी बढ़ाने में प्रबल भूमिका निभाएं। साथ ही ये नीतियां सर्वहितकारी व सुधारवादी भी हों।

हम सबको ये पता ही है कि नीतियों को बनाने में बहुत ही अनुभवी व्यक्तियों, वैज्ञानिकों, विशेषज्ञों, हितधारकों आदि की बड़ी भूमिका होती है जो बार-बार परिस्थितियों का आंकलन, गहन अध्ययन, विश्लेषण तथा सभी सामाजिक व आर्थिक पहलुओं पर विचार विमर्श करके ही नीति का ड्राफ्ट तैयार करते हैं। उस ड्राफ्ट को पुनः संबंधित मंचों पर विचार विमर्श के लिए रखा जाता है और आवश्यक बदलाव के बाद संसद को स्वीकृति के लिए भेजा जाता है। संसद में विचार विमर्श के बाद बने अंतिम ड्राफ्ट बिल को राष्ट्रपति की स्वीकृति मिलने पर ही कानून बनता है।

हरितक्रांति के बाद कृषि क्षेत्र में पुनः सुधार लाने के लिए किसान संगठनों

व विशेषज्ञों के सुझाव समय-समय पर आते रहे हैं। **सरकार के द्वारा कृषि क्षेत्र में सुधार करने के प्रयासों की शुरुआत को लगभग चार दशक हो चुके हैं लेकिन ये प्रयास गति नहीं पकड़ सके हैं। जिसके कारण हमारी कृषि अपनी क्षमताओं से काफी नीचे योगदान दे रही है।** किसान उत्पादन बढ़ाने में सफल तो हो रहा है लेकिन उसकी समतुल्य आय नहीं बढ़ रही है। इसका अर्थ है कि कृषि उत्पादों की विपणन योग्यता (Marketability) में कुछ कमी है। डा० एमएस स्वामीनाथन कमेटी रिपोर्ट 2006, श्री भूपेंद्र सिंह हुड्डा कमेटी रिपोर्ट 2010, श्री अशोक दलवई कमेटी रिपोर्ट 2017 तथा डा० आरएस परोदा कमेटी रिपोर्ट 2019 में कृषि में सुधार लाने के लिए अनेकों महत्वपूर्ण सुझाव दिए गए हैं। ये सभी कमेटियां केन्द्र सरकार द्वारा ही गठित की गईं थीं। इन सभी कमेटियों का केन्द्र बिंदु किसानों विशेषकर छोटे-मझोले किसानों का हित साधना था। इन कमेटियों का सहयोग करने वाली विशेषज्ञों की समितियों ने किसान हित के लक्ष्य को ध्यान में रखकर बड़ी संख्या में हितधारकों (Stakeholders) व विशेषज्ञों के साथ गहन विचार विमर्श व सूचनाओं का विश्लेषण करने के बाद ही अपने सुझाव दिए हैं। सरकार जो बार-बार कमेटियां बनाती है उसका शायद यही उद्देश्य होता होगा कि समस्याओं पर गहन अध्ययन के बाद निष्पक्ष व महत्वपूर्ण सुझावों को प्राप्त किया जा सके। यह कहना सही होगा कि विशेषज्ञों की कमेटियों की अनुशंसाओं को ध्यान में रखकर प्रत्येक सरकार कानून बनाती है। कृषि में सुधार के लिए जो तीन कानून लाए गए वह भी विशेषज्ञों के सुझावों पर ही आधारित होंगे ऐसा तीनों कानूनों

व महत्वपूर्ण रिपोर्टस के अध्ययन से भी प्रतीत होता है।

2.3.2 तीन कानून जो आंदोलन के केद्र बने

यहां यह बताने का उद्देश्य नहीं है कि सरकार द्वारा लाए गए कानून सही थे या गलत थे और न तो किसान आंदोलन पर भी कोई टिप्पणी करना है बल्कि वैज्ञानिकों व विशेषज्ञों की विभिन्न रिपोर्ट्स के आधार पर स्थिति की विवेचना करना है। पांच जून 2020 को केद्र सरकार निम्नलिखित तीन बिल लेकर आई जो संसद के दोनों सदनों में बहस के बाद 27 सितंबर 2020 को राष्ट्रपति की स्वीकृति के बाद कानून बने:

(1) पहला "कृषक उपज व्यापार और वाणिज्य (संवर्धन और सरलीकरण) कानून, 2020" यह कानून कृषि उपज के विपणन को लेकर है, जिसमें किसानों को यह आजादी दी गई है वह चाहें तो अपनी उपज को निर्धारित मंडी के बजाय किसी अन्य व्यापारी को भी बेहतर दाम पर बेच सकते हैं । किसान को पहले यह आजादी नहीं थी ।

(2) दूसरा ''कृषि (सशक्तिकरण और संरक्षण) कीमत आश्वासन और कृषि सेवा करार कानून, 2020'' इस कानून से किसानों और निजी कंपनियों के बीच में समझौते वाली खेती का रास्ता खुलता। इसे सामान्य भाषा में अनुबंध खेती (कॉन्ट्रैक्ट फार्मिंग) कहते हैं। इसका उद्देश्य मुख्य रूप से किसानों विशेषकर छोटे व मझोले किसानों को आपूर्ति श्रृंखला से जोड़कर उसकी आय बढ़ाना था।

(3) तीसरा ''आवश्यक वस्तु संशोधन कानून, 2020'' इसमें कृषि उपज भंडारण की सीमा को खत्म कर दिया गया था। इसके पीछे यह भावना थी कि आधुनिक भंडार व्यवस्था को विकसित करने के लिए निवेश आए। अच्छे भंडारण की सुविधाएं न होने से किसान की उपज खराब हो जाती हैं इसलिए उसे अपनी उपज औने-पौने दाम पर बेचने को मजबूर होना पड़ता था।

उपरोक्त तीनों विषयों पर पहले उल्लिखित विशेषज्ञों की कमेटियों ने भी अपनी स्पष्ट अनुशंसाएं की हैं जो सभी किसानों विशेषकर छोटे व मझोले किसानों के हितों को ध्यान में रखकर दी हैं। किसान आंदोलन इन तीनों कानूनों के विरोध में था लेकिन धीरे-धीरे आंदोलन अनुबंधित कृषि (Contract Farming) व न्यूनतम समर्थन मूल्य (MSP) के इर्द गिर्द सिमट गया। सबसे अधिक भ्रम यह फैल गया कि अनुबंधित कृषि (Contract Farming) करने से किसानों की जमीनों पर कम्पनियों का कब्जा हो जाएगा। यद्यपि कानून में उपज के लिए अनुबंध का प्रावधान था जिसका जमीन से कोई संबंध ही नहीं था। कानून में कहीं यह नहीं लिखा था कि अनुबंधित खेती करना आवश्यक है। यह तो एक विकल्प था जो आपसी समझौता आधारित होता और यह समझौता ऐसा होता जिसमें किसानों का हित निहित रहता। विशेषज्ञों के सुझावों के अनुसार अनुबंधित खेती छोटे व मझोले किसानों की आर्थिक स्थिति सुधारने के लिए वरदान साबित हो सकती है। विभिन्न विशेषज्ञों की रिपोर्टों का अध्ययन करने पर पता चलता है कि डा० स्वामीनाथन कमेटी 2006 तथा डा० परोदा कमेटी 2019 ने कान्ट्रेक्ट फार्मिंग की राय दी है। संशोधित राष्ट्रीय कृषि नीति

2007 में भी कान्ट्रेक्ट फार्मिंग को छोटे किसानों के लिए लाभदायक बताया गया है। इन सभी रिपोर्ट्स में यह सुझाव भी दिया गया है कि कान्ट्रेक्ट फार्मिंग से सम्बद्ध किसानों का कोई शोषण न हो इसके लिए सरकारी निगरानी का उचित प्रावधान हो। ऐसी ही राय श्री भूपेन्द्र सिंह हूड्डा कमेटी 2010 ने भी दी। इसलिए यह स्पष्ट है कि सरकार ने कानून बनाते समय इस सुझाव को ध्यान में रखा होगा लेकिन दूसरी ओर किसानों में अनुबंधित खेती के प्रति आशंकाएं पैदा हो गई थीं। उन आशंकाओं के निवारण के लिए सरकार व किसानों के बीच अच्छी तरह विचार-विमर्श व संवाद करने की आवश्यकता थी। लेकिन ऐसा नहीं हुआ।

किसानों का यदि सशक्तिकरण करना है तो कृषि सुधार संबंधित रिपोर्ट्स के बारे में उनको जानकारी उपलब्ध कराई जाती रहनी चाहिए। पंचायतों के स्तर पर कृषि वैज्ञानिकों व विशेषज्ञों की सिफारिशों पर चर्चा होनी चाहिए। जिससे ज्यादा से ज्यादा किसानों व युवाओं में विश्लेषणात्मक सोच पैदा होगी और उनकी ओर से तथ्य आधारित अच्छे सुझाव आएंगे जिन पर गंभीरता से विचार करने के लिए सरकार भी मजबूर होगी।

2.3.3 कानूनों का निरस्तीकरण और कृषि को झटका

इन कानूनों के लागू होने से पहले ही नवम्बर, 26, 2020 को किसान आंदोलन शुरू हो गया था और उग्र-रूप धारण करने लगा था। इसी बीच एक याचिका के जवाब में सर्वोच्च न्यायालय की तीन जजों की पीठ ने 12 जनवरी

2021 को उन कानूनों के लागू होने पर रोक लगाई और एक कमेटी का गठन यह जानने के लिए किया कि क्या ये कानून किसानों के आर्थिक हितों को साधते हैं? लेकिन इस कमेटी की रिपोर्ट आने से पहले ही सरकार ने नवम्बर,19, 2021 को इन तीनों बिलों को निरस्त करने की घोषणा की और नवम्बर, 29, 2021 को संसद ने भी निरस्तीकरण को स्वीकृति दे दी।

बहुत से दूरदृष्टाओं ने तीनों बिलों के निरस्तीकरण को छोटे व मझोले किसानों के हितों के विपरीत माना। उनका कहना था कि संसाधनों की निरंतर होती कमी व वैश्वीकरण के दौर में बढ़ती प्रतिस्पर्धाओं को देखते हुए भारतीय कृषि में सुधार (Reforms) अति आवश्यक थे। इसलिए कृषि कानूनों के निरस्तीकरण के बजाय उन पर गहन चर्चा करके आवश्यक बदलाव के साथ लागू करना ही किसानों व कृषि अर्थव्यवस्था के लिए ज्यादा हितकर होता।

सुधार हमेशा यथास्थिति (Status Quo) को चुनौती देते हैं इसलिए जो सरकार सुधार करने की हिम्मत करती है उसे विरोध झेलना ही पड़ता है। शायद यही कारण था कि बहुचर्चित **डा० स्वामीनाथन कमेटी रिपोर्ट 2006 को तत्कालीन केन्द्र व राज्य सरकारों ने लागू करने के लिए कोई कदम ही नहीं उठाए। यही नहीं इस महत्वपूर्ण रिपोर्ट पर व्यापक चर्चा भी किसानों, वैज्ञानिकों व हितधारकों के बीच नहीं हुई।** चर्चा के बिना इस रिपोर्ट के मूल में निहित किसान व कृषि हितकारी सुझावों को अच्छी तरह नहीं समझा जा सकता। प्रजातन्त्र में सरकार के निर्णयों का आंकलन करना और अपनी मांग को सरकार के सामने रखना सबका अधिकार भी है। राजनीति से

प्रेरित कुछ लोग ऐसे आंदोलनों को अपनी महत्वाकांक्षा पूर्ति के साधन के रूप में जब इस्तेमाल करने लगते हैं तो सर्वहितकारी लक्ष्य हासिल नहीं हो पाता। इसीलिए यह आवश्यक होगया है कि कृषि से जुड़ी युवा पीढ़ी ज्ञानसशक्त (Empowered with knowledge) बने ताकि उनकी राजनीतिज्ञों पर निर्भरता कम हो और वो अपना हित व अहित स्वयं पहचान सकें। कानूनों की अच्छाइयों व बुराइयों को समझने व समझाने के लिए सरकार द्वारा तीनों बिलों को लाने से पहले छोटे व मझोले किसानों के संगठनों सहित किसान संगठनों व वैज्ञानिकों के बीच गहन चर्चा करानी चाहिए थी। ऐसा नहीं हुआ इसीलिए अधिकांश किसान इन बिलों के महत्व को समझ नहीं सके। **कृषि क्षेत्र की बिडम्बना यही है कि किसानों व सरकार का आपसी संवाद उस तरह से नहीं होता जैसा अर्थव्यवस्था के दूसरे स्तम्भों के हितधारकों के साथ होता है। किसानों का नेतृत्व करने वाले आगे निकल जाते हैं और किसान पीछे छूट जाते हैं** । ऐसी स्थिति तभी खत्म हो सकती है जब किसानों का ज्ञान सशक्तिकरण करने के लिए सघन प्रयास शुरू किए जाएं।

2.3.4 सर्वोच्च न्यायालय द्वारा गठित कमेटी की रिपोर्ट

सर्वोच्च न्यायालय ने 12 जनवरी 2021 को तीनों कृषि कानूनों के अमल में लाने पर रोक लगाते हुए चार सदस्यों 1) श्री भूपेन्दर सिंह मान, राष्ट्रीय अध्यक्ष भारतीय किसान संघ, 2) डा० प्रमोद कुमार जोशी, कृषि अर्थशास्त्री व पूर्व निदेशक दक्षिण एशिया फूड पौलिसी रिसर्च इंस्टीट्यूट, 3) डा० अशोक गुलाटी, कृषि अर्थशास्त्री व पूर्व चेयरमैन कृषि मूल्य आयोग तथा श्री अनिल घनवत,

अध्यक्ष सेतकारी संगठन को लेकर कमेटी का गठन किया। जिसका उद्देश्य तीनों कानूनों के बारे में किसानों की शिकायतें सुनना और उनका अध्ययन करके कोर्ट को सुझाव देना था। इस कमेटी से श्री भूपेन्दर सिंह मान ने किन्हीं कारणों से शुरू में ही स्वयं को अलग कर लिया। इसलिए शेष तीन सदस्यों ने स्वयं व आधुनिक तकनीकों का प्रयोग करके अधिक से अधिक किसानों व किसान संगठनों से संम्पर्क साधा। इनमें आंदोलन के पक्ष व विपक्ष वाले किसान भी थे, छोटे-मझोले किसानों, FPOs, SHGs आदि की राय भी जानी गई। कमेटी ने बहुत विस्तृत रिपोर्ट कोर्ट को सौपी जो नेट से डाउनलोड की जा सकती है। प्रत्यक्ष व पारस्परिक विचार विमर्श में 85.7% किसानों ने सरकार द्वारा लाए गए तीनों कृषि कानूनों का समर्थन किया। डैडीकेटिड पोर्टल व आनलाइन प्रश्नावली के बड़ी संख्या में आए जवाबों में दो तिहाई लोगों ने कृषि कानूनों का समर्थन किया।

2.3.5 कृषि से संबंधित अन्य विवादास्पद मुद्दे (Contentious Issues)

(1) न्यूनतम समर्थन मूल्य का मुद्दा: सरकार ने डा० स्वामीनाथन कमेटी रिपोर्ट 2006 के एमएसपी पर दिए गए फार्मूला "ए2" के तहत एमएसपी को डेढ़ गुना कर दिया था जबकि उस कमेटी का सुझाव था कि फार्मूला "सी2" को आधार बनाकर न्यूनतम समर्थन मूल्य तय किया जाए। आंदोलनकारी किसान इस मुद्दे पर सरकार के साथ विचार करते और उसे लागू कराने पर जोर देते क्योंकि डा० परोदा कमेटी रिपोर्ट 2019 की भी यही अनुशंसा है। जाने-माने कृषि अर्थशास्त्री व नीती आयोग के सदस्य डा० रमेश चंद्रा का भी यही कहना

है कि एमएसपी लागू रहनी चाहिए लेकिन उन्होंने आगाह किया है कि एमएसपी पर सरकारी खरीद किसानों की समस्या का हल नहीं है बल्कि "गारंटीकृत रिटर्न" देने के बारे में सोचना चाहिए। इस पर चर्चा न होकर एमएसपी को वैधानिक हक बनाने पर चर्चा मोड़ दी गई। कोई भी मांग करते समय विशेषज्ञों के दृष्टिकोण को भी जानना आवश्यक है। वैधानिक एमएसपी के संभावित दोषों पर भी ध्यान देना होगा। डा० रमेश चंद्रा ने कहा है कि न्यूनतम समर्थन मूल्य को वैधानिक बनाने से कृषि के लिए अनेकों कठिनाईं पैदा हो जाएंगी। उनमें से कुछ इस प्रकार हैं:

i) सबसे बड़ी कठिनाई तब पैदा होगी जब आवश्यकता से अधिक पैदावार हो। ऐसी स्थिति में कोई भी प्राइवेट खरीदार उत्पाद की खरीद करने आगे नहीं आएगा

ii) भ्रष्टाचार का दायरा बढ़ जाएगा

iii) मुद्रास्फीति (Inflation) बढ़ जाएगी

iv) बाजार भाव से समर्थन मूल्य अधिक होगा तो निर्यात नहीं हो सकेगा

v) भारत को विश्व बाजार में टिक पाना मुश्किल होगा

vi) अगर सरकार किसी तरह खरीद भी ले तो अधिक मूल्य के कारण उसकी निकासी (Disposal) नहीं हो सकेगी

एल० के० झा कमेटी ने 1965 में ही यह इंगित कर दिया था कि उत्पादन

बढ़ाने के लिए एमएसपी का प्रावधान इस समय ठीक हो सकता है लेकिन आवश्यकता से अधिक उत्पादन के समय इस प्रावधान से नई समस्याएं उत्पन्न हो सकती हैं। कोई भी कानून एक वर्ग के लिए बनाते समय उसका प्रभाव अन्य वर्गों पर क्या पड़ेगा इसका भी आंकलन किया जाता है। इसीलिए एमएसपी का कभी भी कानूनी प्रावधान नहीं किया गया, एक सरकारी आदेश के तहत ही यह दी जाती रही।

वर्ष 2015 में भारतीय खाद्य निगम (FCI) के पुनर्गठन का सुझाव देने के लिए बनी शांता कुमार समिति ने अपनी रिपोर्ट में बताया था कि एमएसपी का लाभ सिर्फ 6 प्रतिशत किसानों को ही मिल पाता है। डा० परोदा कमेटी रिपोर्ट 2019 यह मानती है कि अधिकांश छोटे किसानों को एमएसपी का कोई लाभ ही नहीं मिलता। वास्तव में छोटे व मझोले किसान जिनकी संख्या 86% है उनमें से लगभग 80% के पास बेचने योग्य आधिक्य (Marketable surplus) होता ही नहीं है या फिर बहुत ही कम होता है। पर्दे के पीछे हो रही एमएसपी की हेराफेरी एक अध्ययन का विषय बन गयी है। दूसरी ओर एमएसपी के कारण धान-गेहूँ फसलचक्र ने खेती में प्रधानता हासिल कर ली है जिससे खेती में विविधीकरण व जैव विविधता लगभग गायब हो गये हैं। इस फसलचक्र के कारण जमीनों की उर्वराशक्ति कम होती जा रही है तथा भू-जलस्तर तेजी से गिर रहा है उससे कई भयंकर समस्याएं सामने आने वाली हैं। पंजाब-हरियाणा से चलकर दूसरे प्रदेशों में भी यह फसल-चक्र अपने पैर पसारने लगा है। मध्य प्रदेश, उत्तर प्रदेश, बिहार, छत्तीसगढ़ आदि प्रदेश भी अब अपनी

आवश्यकताओं से बहुत अधिक धान व गेहूँ उत्पादन करने लगे हैं परिणामस्वरूप पोषण के लिए आवश्यक खाद्यान्नों की पैदावार बहुत कम हो गई है।

अर्थशास्त्रियों का मानना है कि यदि बाजार की मांग के हिसाब से किसान फसलें उगाएं तभी उन्हें अपनी फसल का सही व अधिक मूल्य मिलेगा । अब अनाज के मामले में देश आत्मनिर्भर है और सार्वजनिक वितरण प्रणाली (PDS) में सस्ता अनाज बांटने के बावजूद 2020-21 में हमारे केंद्रीय भंडारों में आवश्यकता से 81% अधिक गेहूं रखा था, इसी तरह हमारी आवश्यकता से बहुत अधिक चीनी भंडारों में रखी थी । सरकार एमएसपी पर खरीद कर बहुत ही सस्ते दामों में सार्वजनिक वितरण प्रणाली को चलाती है। फिर भी आवश्यकता से अधिक भंडार भरे हुए थे। ऐसा हम कब तक करते रहेंगे। इसीलिए निर्यात के लिए बाजारों को लगातार खोजा जा रहा है। इस सार्वजनिक वितरण प्रणाली में मोटे अनाजों व दालों को भी शामिल किया गया है लेकिन इनकी पैदावार आवश्यकतानुकूल नहीं है इसलिए सरकार इन पर भी हर साल भरपूर एमएसपी घोषित करती है लेकिन बहुत कम किसान आकर्षित हुए हैं। सर्वोच्च न्यायालय द्वारा गठित कमेटी ने एमएसपी देने के तरीकों पर पुनर्विचार करने की सिफारिश की है ताकि कृषि के बड़े हितों (Larger Interest) को भी समाहित करने के तरीकों को खोजा जा सके।

यूरोपीय यूनियन ने एमएसपी के दुष्प्रभाव को जिस तरह झेला और फिर उसे हमेशा के लिए समाप्त किया उससे हमें सीख लेनी चाहिए। जिस तरह

आज भारत में एमएसपी के कारण धान-गेहूँ फसल-चक्र मुसीबत बनता जा रहा है उसी तरह यूरोपीय यूनियन में एमएसपी के कारण दूध, मांस, दूध उत्पाद, पोल्ट्री प्रोडक्ट्स आदि इतनी अधिक मात्रा में जमा हो गए थे कि भंडारण की समस्या हो गयी थी और अधिक मूल्य के कारण कुछ निर्यात भी नहीं हुआ। अंततः रूस व कुछ अन्य देशों को सब कुछ लगभग मुफ्त में देना पडा। इससे यूरोपीय यूनियन की अर्थव्यवस्था को बड़ा झटका झेलना पड़ा। क्या भारत को ऐसी स्थिति की ओर बढ़ने दिया जाए? कदापि नहीं। एक सलाह यह दी जा रही है कि सरकार भंडारों में भरे खाद्यान्नों से इथेनॉल बनाए। लेकिन यह तर्कसंगत नहीं है। एमएसपी पर खरीदकर इथेनॉल बनाना आर्थिक दृष्टि से बहुत घाटे का सौदा होगा।

(2) भंडारण का मुद्दा: देश में आधुनिक भंडारण व्यवस्था बहुत ही सीमित है। कृषि उत्पादनों की बरबादी रोकना एक बड़ी चुनौती बनी हुई है। उत्पादों के खराब होने के डर से किसान जल्दी से जल्दी अपने उत्पादों को कम दाम पर ही बेचने के लिए मजबूर हो जाता है। इसीलिए डा० परोदा कमेटी रिपोर्ट 2019 सहित अनेकों विशेषज्ञों ने आधुनिक भंडारण सुविधाओं को विकसित करने के लिए व भंडारण व्यवस्था को चाकचौकंद करने के लिए निजी क्षेत्र की भागीदारी बढ़ाने की अनुशंसा की है। "दी वेयरहाउसिंग (डवलपमेंट & रेगूलेशन) ऐक्ट 2007" में भी भंडारण के क्षेत्र में निजी क्षेत्र की भूमिका बढ़ाने की बात कही गई है। साथ ही यह भी कहा गया है कि वेयरहाउस से मिली प्राप्ति रसीद को एक कानूनी, आधिकारिक व हस्तांतरण योग्य दस्तावेज माना

जाए । इस ऐक्ट में ऐसे प्रावधान किए गए हैं कि किसानों को वेयरहाउस का मालिक धोखा न दे सके। भंडारण के क्षेत्र में निजी क्षेत्र की भूमिका के विरोध के बजाय हमें अच्छे भंडारण की सुविधाओं को विकसित करने के लिए कोई न कोई रास्ता जल्दी खोजना होगा। निजी क्षेत्र के साथ सामंजस्य बनाए बिना पूरे देश में आधुनिक भंडारण की सुविधाएं विकसित कर पाना संभव नहीं है क्योंकि इसके लिए भारी निवेश व संचालन कौशल की आवश्यकता है। अतः निजी क्षेत्र को मौका देना चाहिए। कृषि क्षेत्र में निजी क्षेत्र की भागीदारी (Public Private Partnership-PPP) की अनुशंसा विशेषज्ञों की सभी कमेटियों ने इसीलिए की है ताकि आधुनिक इन्फ्रास्ट्रक्चर का फायदा किसानों को जल्दी से जल्दी उपलब्ध कराया जा सके।

(3) कृषि में सब्सिडीज का मुद्दा: विशेषज्ञों द्वारा किसानों को विभिन्न तरह की सब्सिडी देने की सिफारिश के पीछे मुख्य उद्देश्य यही रहा है कि किसान आधुनिक तकनीकों को अपनाएं लेकिन अध्ययन बताते हैं कि सब्सिडीज का फायदा ज्यादातर किसानों तक नहीं पहुंचता। देश के जिन भागों में सिंचाई के पानी की उपलब्धता थी वहां सब्सिडीज का लाभ किसानों तक गया विशेषकर बड़े किसान लाभार्थी हुए। डा० स्वामीनाथन कमेटी रिपोर्ट 2006 में कहा गया है कि कृषि के सशक्तिकरण के लिए चलाई जा रही योजनाओं में सब्सिडीज की भरमार करने के बजाय उनको प्रौद्योगिकियों से समृद्ध (Techno-rich) बनाया जाए। डा० परोदा कमेटी रिपोर्ट 2019 में सब्सिडीज के प्रभाव पर बहुत ही गहन विश्लेषण करके बताया गया है कि सही तरह से

लक्ष्य निर्धारण न करने व योजनाओं को विधिवत लागू न कर पाने से कृषि क्षेत्र में सब्सिडीज देना सवालों के घेरे में आ गया है। राजनीतिक कारणों से सब्सिडीज व लोन माफी की घोषणाओं ने भी राजकोषीय खर्च का बोझ बढ़ा दिया है। इससे कृषि क्षेत्र में विकास पर कम खर्च हो पा रहा है। इस रिपोर्ट में बताया गया है कि साल 2017-18 में कृषि विकास पर सिर्फ साठ हजार करोड़ ही खर्च हुए जबकि किसानों को दी गयी सब्सिडी (उत्पादन सामग्री तथा लोन माफी) पर 2.4 लाख करोड़ रुपए खर्च हुए। विश्लेषण से पता चला कि केंद्र व राज्य सरकारें मिल कर 19,499 रुपए प्रति हैक्टेयर सब्सिडीज पर खर्च करते हैं। पानी, फर्टिलाइजर, बिजली आदि पर दी जाने वाली सब्सिडी के कारण इन संसाधनों का दुरुपयोग बहुत हो रहा है। कमेटी ने फार्म सब्सिडी निर्धारण के लिए सरकार को पुनर्विचार करने की सलाह दी है तथा सुझाव दिया है कि सब्सिडीज के ढांचे को कुशल प्रदर्शन (Good Performance) आधारित बनाया जाए। प्रत्येक किसान की सब्सिडीज तक पहुंच बढ़ाने तथा कृषि के व्यापक विकास को ध्यान में रखकर इस कमेटी का सुझाव है कि प्रत्येक किसान को 15000 रुपये प्रति हैक्टेयर इनपुट्स, बीमा व अन्य कल्याण योजनाओं को खरीदने तथा 10000 रुपए प्रति हैक्टेयर प्रोत्साहन राशि के रूप में अच्छी व कुशल कृषि क्रियाओं, विविधीकरण तथा जलवायु संरक्षण की तकनीकों को अपनाने के लिए दिया जाए अर्थात 25000 रुपये प्रति हैक्टेयर किसानों को दिया जाए । इस व्यवस्था से प्रत्येक किसान को आर्थिक सहायता मिल सकेगी।

2.3.6 कृषि सुधारों पर अंतर्राष्ट्रीय संस्थाओं के सुझाव

गहन विचार करने के पश्चात यह निष्कर्ष निकलता है कि भारत में हरितक्रांति के बाद कृषि को बाजारोन्मुखी व विश्व पटल पर प्रतिस्पर्धी बनाने की आवश्यकता थी परन्तु ऐसा नहीं हुआ। खाद्य एवं कृषि संगठन (FAO) तथा आर्गनाइजेशन आफ इकनॉमिक कोआपरेशन डेवलपमेंट (OECD) की 2018 में आई दो अलग अलग रिपोर्ट्स में भी कुछ ऐसा ही इंगित किया गया है। इस संदर्भ में अनेकों उच्चकोटि के अर्थशास्त्रियों तथा विभिन्न राष्ट्रीय व अंतर्राष्ट्रीय संस्थाओं ने भारतीय कृषि में सरकार द्वारा लाए जा रहे सुधारों को समय की आवश्यकता बताया है और ढांचागत सुधार तथा कौशलयुक्त मानव संसाधन व आधुनिक तकनीकों के समावेश से कृषि सेक्टर को सशक्त बना कर राष्ट्रीय व अंतर्राष्ट्रीय स्तर पर प्रतिस्पर्धी बनाने की आवश्यकता पर बल दिया है। एमएसपी के स्थान पर "आय समर्थन प्रणाली"(Income Support System) विकसित करने के लिए विचार करने की सलाह दी है। किसानों में अनुबंधित खेती से संबंधित उपजी आशंकाओं के निवारण के लिए सरकार द्वारा माडल सहमति खाका (Draft Model Agreement) बनाने, किसान व कम्पनी के बीच विवाद जल्दी सुलझाने तथा कम्पनियों द्वारा भंडारणों के दुरुपयोग रोकने के लिए सुस्पष्ट (Foolproof) नियम व व्यवस्था बनाने पर जोर दिया है। किसानों के वस्तु आधारित कौशल समूह बना कर उनको प्रशिक्षण दिया जाए। एकीकृत भुगतान इन्टरफेस (UPI) की तर्ज पर इलैक्ट्रोनिक राष्ट्रीय कृषि विपणन (e-NAM) व्यवस्था बनाई जाए। इंटरनेशनल मोनेटरी फंड (IMF)

संगठन ने भी कहा था कि भारत सरकार द्वारा लाए गए कृषि कानून बहुत लाभकारी होंगे लेकिन इनमें अगर कोई कमी नजर आती है तो उसमें सुधार कर लेना चाहिए।

सारांश में हम कह सकते हैं कि **कृषि सुधारों को लागू करना हमारी राष्ट्रीय तथा ग्रामीण अर्थव्यवस्था को सशक्त बनाने के लिए बहुत आवश्यक है लेकिन सुधारों के प्रति विश्वास पैदा करने तथा भ्रम की स्थिति को दूर करने के लिए किसानों व सरकार के बीच संवाद चलता रहना भी आवश्यक है।** बुद्धिजीवियों का एक बड़ा वर्ग यह मानता है कि सन् 1991 में जो सुधार किए गए वह "इंडिया" के लिए थे और 2020 में जो सुधार प्रस्तावित किए गए वो "ग्रामीण भारत" के लिए थे। कृषि को यथास्थिति में बनाए रखना हमारी अर्थव्यवस्था के लिए घातक होगा क्योंकि जहां हमारी खाद्यान्नों के उत्पादन की क्षमताओं में वृद्धि हो रही है वहीं दूसरी ओर हमारी कृषि के सामने अनेकानेक समस्याएं भी अपनी उपस्थिति दर्ज करा रही हैं। सरकार व किसानों के संगठनों के बीच संवाद से उन रास्तों को खोजने की आवश्यकता है जो हमें समस्याओं से बाहर निकालकर विश्व बाजारों तक पहुंचाने व वहां की प्रतिस्पर्धा में विजय दिलाने में सहायक हों।

कोई भी आंदोलन करते समय हमें 1970-80 के दशक की उन घटनाओं को भी याद रखना चाहिए जब उद्योगपतियों के विरुद्ध आंदोलन चला कर उद्योगों में बार-बार देशव्यापी हड़तालें कराईं थीं, जिससे उद्योग बंद हुए, देशभर में करोड़ों लोग बेरोजगारी का शिकार हुए और हमारा देश

औद्योगिकीकरण में चीन के मुकाबले बहुत पिछड़ गया। जिसका खामियाजा हमारे युवा आज भी बेरोजगारी के रूप में झेल रहे हैं। कृषि क्षेत्र में ऐसा न होने पाए इसके लिए विशेषज्ञों द्वारा गहन अध्ययन व मंथन के बाद तैयार की गयीं रिपोर्ट्स को जानें, समझें और फिर अगले कदम के बारे में निर्णय करें।

2.3.7 भारतीय राजनीतिज्ञ Bayh-Dole Act 1980 की पृष्ठभूमि से सबक लें

संयुक्त राज्य अमेरिका मे सरकार व विपक्ष में इस बात पर सहमति नहीं बन पा रही थी कि सरकारी खर्च पर हो रहे अनुसंधान से निकले उत्पादों (Products) पर स्वामित्व किसका हो और उसका व्यावसायीकरण किया जाना चाहिए या नहीं। अनुसंधान के लिए धन उपलब्ध कराने वाली संस्था का स्वामित्व होना चाहिए या उस अनुसंधानकर्ता का स्वामित्व हो जिसने अपनी बौद्धिक क्षमताओं का निवेश किया है। निजी क्षेत्र भी अपने द्वारा वित्तीय सहायता से चलाए जा रहे अनुसंधानों से विकसित उत्पादों पर अपना स्वामित्व चाहता था। अनुसंधान संस्थान चाहते थे कि यदि अनुसंधानों का लाभ जनता तक जल्दी पहुंचाना है तो व्यापक नीतिगत बदलाव किए जाने चाहिए। लगभग दो दशक तक सरकारी पक्ष व विपक्ष में तीखी बहस छिड़ी रही लेकिन इस समस्या का हल तब निकला जब एक सरकारी पक्ष के व एक विपक्ष के दोनों सिनेटरों ने मिलकर हल ढूंढने की ठानी। वो दोनों ही कानून के जानकार, अनुभवी व राष्ट्रहित के लिए समर्पित थे और बहुत विचार विमर्श के बाद उन्होंने 1979 में एक संयुक्त बिल पेश किया जो 1980 में पार्लियामेंट से पास होकर उन दोनों

सिनेटरों के नाम से "Bayh-Dole Act 1980" जाना गया। इस एक्ट में ऐसे प्रावधान रखे गए कि अनुसंधान संस्थानों व अनुसंधानकर्ताओं दोनों में उत्साह पैदा हुआ और वित्तीय खर्च करने वाली ऐजेंसी व सरकार को भी फायदा होने की उम्मीद जगी। इस एक्ट के लागू होते ही अनुसंधान संस्थाओं के बीच में तथा वैज्ञानिकों में जबरदस्त स्पर्धा पैदा हुई, नवाचारियों को भी प्रोत्साहन मिला। जिससे यूएसए में विज्ञान, प्रौद्योगिकी तथा बौद्धिक संपदाओं के विकास में अभूतपूर्व क्रांति आयी तथा उनका व्यवसायीकरण होने से अनुसंधानकर्ताओं, संस्थानों, निवेशकों व सरकार को आशानुकूल वित्तीय लाभ होने लगा। बड़ी संख्या में रोजगारों का सृजन हुआ और उपभोक्ताओं को अच्छी गुणवत्ता की वस्तुएं मिलने लगीं।

अब समय आगया है कि भारत में भी राजनीति से ऊपर उठकर छोट-मझोले किसानों के हितों की रक्षा के लिए तेजी से कदम उठाए जाएं और उनको परंपरागत खेती से बाहर निकल कर आधुनिक खेती से जोड़ने के प्रयासों को गति दी जाए। तभी ग्रामीण अर्थव्यवस्था का सशक्तिकरण होगा और अंतर्राष्ट्रीय बाजार में हमारी कृषि की भागीदारी बढ़ेगी।

विस्तृत जानकारीहेतु संदर्भ

https://indianculture.gov.in/rarebooks/royal-commission-agriculture-india-report

https://archive.org/details/in.ernet.dli.2015.

https://www.bbc.com/news/world-asia-india-40528129

https://www.hindustantimes.com/analysis/from-the-colonial-era-to-

https://www.upconsolidation.gov.in/pages/hi/mainmanu/

https://www.gktoday.in/topic/land-ceiling-and-consolidation-of-land-holdings-in-india/

https://www.economicdiscussion.net/india/land-reforms/

https://www.makaan.com/ig/legal-taxes-laws/10-things-to-know-about-zamidari-abolition-act

https://www.legodesk.com/legopedia/land-ceiling-laws/

https://spontaneousorder.in/lal-bahadur-shasti/

https://openknowledge.worldbank.org/handle/10986/

https://www.cambridge.org/core/books/abs/economy-of-modern-india/agriculture

https://indiancompanies.in/agriculture-industry-in-india-production

https://prsindia.org/policy/report-summaries/swaminathan-report-national-commission-farmers#Background

http://www.indiaenvironmentportal.org.in/content/451370/report-of-the-committee-on-doubling-farmers-income-volume-vi-strategies-for-sustainability-in-agriculture-ashok-dalwai-committee/

https://www.psa.gov.in/psa-prod/publication/Report of Policies and... ·

https://www.thehindubusinessline.com/opinion/1991-reforms-for-bharat/article https://ficsrcc.com/minimum-support-price/

https://en.wikipedia.org/wiki/Minimum_support_price_(India) https://www.outlookindia.com/website/story/india-news-farm-law-reforms..

अध्याय-3
जलवायु परिवर्तन मानव अस्तित्व के लिए चुनौती

3.1 जलवायु परिवर्तन (Climate Change) और सतत विकास

भू-मंडलीय तापमान में वृद्धि (Global Warming) के कारण हो रहे पर्यावरण व जलवायु परिवर्तन (Climate Change) से मानवता के सामने अपने अस्तित्व को बचाने संबंधित उभरती चुनौतियों की आहट तो पर्यावरण विशेषज्ञों व वैज्ञानिकों को बहुत पहले से सुनाई देने लगी थी। अमेरिका (यूएसए) में 1960 में ही वातावरण सुरक्षा के प्रति लोगों में जागरूकता करने के लिए पर्यावरणविदों व सिनेटर गेलार्ड ने राष्ट्रीय स्तर पर कोशिश शुरू की और स्वास्थ्य व वातावरण के लिए हानिकारक DDT नामक कीटनाशक के प्रयोग पर रोक लगवाई। यह एक सराहनीय शुरुआत थी। इसी संदर्भ में 22अप्रैल 1970 को फिलाडेल्फिया में "पृथ्वी दिवस" मनाकर विश्व स्तर पर वातावरण सुरक्षा के प्रति जागरूकता अभियान आगे बढ़ाने के लिए नई शक्ति व गति प्रदान की। तभी से हर वर्ष यह दिवस 22अप्रैल को मनाकर जलवायु संरक्षण के प्रति जागरूकता अभियान को मजबूती प्रदान की जाती है।

जलवायु परिवर्तन से संबंधित विषयों पर भारत में भी जागरूकता करने के लिए अभियान छोटे व बड़े रूप में चलते रहे हैं। पेड़ों को न काटने तथा

नदियों का जल निर्मल बनाए रखने के लिए धार्मिक संवेदनाओं को जोड़ा गया था। लेकिन 1960 के दशक से इस संबंध में विभिन्न तरह के आंदोलन शुरू हुए। अप्पिको, चिपको, चिल्का बचाओ, टिहरी बांध विरोध, नर्मदा बचाओ, बीज बचाओ, विष्णोई आदि आंदोलन प्रमुख हैं। इनका मुख्य उद्देश्य वनों को संरक्षित करना, जैव विविधता की रक्षा करना तथा प्राकृतिक संसाधनों की सुरक्षा करने में आम आदमी की भागीदारी सुनिश्चित करना था। इन आंदोलनों के साथ-साथ भारत के महान पर्यावरण-चिन्तक एवं चिपको आन्दोलन के प्रमुख सुन्दरलाल बहुगुणा, जल संरक्षण में अद्भुत योगदान करने वाले बागपत के श्री राजेंद्र सिंह, पर्यावरण सुरक्षा के क्षेत्र में जागरूकता के प्रयासों में अतुलनीय कार्य करने के लिए सैन्टर फार सांइस एन्ड एडवांसमेंट की महानिदेशक सुनीता नारायण के प्रयासों के बारे में भी जानना युवाओं के लिए प्रेरणादायक होगा।

इसी क्रम में राष्ट्रीय व अंतर्राष्ट्रीय स्तर पर विशेषज्ञों व वैज्ञानिकों की बड़ी-बड़ी गोष्ठियों के आयोजनों का सिलसिला लगभग चार दशक से भी अधिक समय से चल रहा है। इन गोष्ठियों में "प्रथम विश्व जलवायु गोष्ठी (First World Climate Conference -1979), "रियो समिति" (Rio Summit-1992), "क्यूटो मसविदा" (Kyoto Protocol-1997) तथा "पेरिस समझौता" (Paris Agreement -2015) जैसे सम्मेलन/ विचार गोष्ठियां प्रमुख हैं। इन गोष्ठियों में हुए विचार-विमर्श के द्वारा इस विषय पर महत्वपूर्ण सुझाव निकल कर आए जो नीतियों का निर्धारण करने वालों, वैज्ञानिकों तथा तकनीकों का प्रचार-प्रसार

करने वालों को भूमंडलीय तापमान में वृद्धि से उपज रहे जलवायु संकट का सामना करने के लिए योजनाएं बनाने में पथप्रदर्शक का काम करेंगे। इसी अवधि में एक ओर जहां जलवायु की समस्याएं बढ़ती नजर आ रही थीं वहीं दूसरी ओर दुनिया में भुखमरी व कुपोषण खत्म करके स्वस्थ व खुशहाल जीवन बनाने के लिए संयुक्त राष्ट्र संघ के प्रयास भी चल रहे थे जिसके लिए विभिन्न राष्ट्रों के लिए सतत विकास लक्ष्य निर्धारित करने की चर्चा जोर पकड़ रही थी।

3.2 सतत विकास लक्ष्य (Sustainable Development Goals-SDGs)

संयुक्त राष्ट्र संघ द्वारा सतत विकास लक्ष्य तय करते समय उपरोक्त गोष्ठियों के सुझावों का संज्ञान भी लिया गया। दुनिया भर में सरकारें अपने-अपने देश में खाद्य उत्पादन व पोषण सुरक्षा, पर्यावरण संरक्षण, शांति तथा खुशहाली लाने के लिए तरह- तरह के प्रयास व योजनाओं को समय-समय पर लागू करती रहती हैं लेकिन उनके प्रयास अक्सर उतने सफल नहीं हो पाते हैं जितना अनुमान लगाया जाता है। अगर कुछ सफलता मिलती भी है तो वह ज्यादा टिकाऊ नहीं हो पाती है क्योंकि उपरोक्त उद्देश्यों की प्राप्ति के रास्ते में बहुत सी ऐसी समस्याएं आ जाती हैं जो अत्यंत व्यापक होती हैं और दुनिया भर को प्रभावित कर रही होती हैं। ऐसी समस्याओं का समाधान एक देश के एकांकी प्रयासों से हो पाना संभव नहीं हो पाता। अतः वो समस्याएं विकराल रूप लेने की ओर चल पड़ती हैं।

विभिन्न राष्ट्रों के अनुभवों तथा संयुक्त राष्ट्र के आर्थिक व सामाजिक मामलों

के विभाग के अध्ययनों के आधार पर यह निष्कर्ष निकाला गया कि ऐसी व्यापक समस्याओं का समाधान यदि विभिन्न देश मिलकर करें तो उसके परिणाम दूरगामी व टिकाऊ होंगे। इसीलिए जून 1992 में संयुक्त राष्ट्र संघ के तत्वावधान में 178 देशों ने ब्राजील के "रियो डि जेनरो" में एक सामूहिक बैठक की जिसे अर्थ समिति (Earth Summit 1992) के नाम से जाना गया। इस समिति में जीवन में खुशहाली तथा पर्यावरण सुरक्षा के लिए एक कार्य योजना (Action Plan) बनाने पर सहमति हुई जिसका एक प्रारूप भी तैयार करके योजना पर काम शुरू किया गया।

इसके उपरांत इस योजना का आंकलन करने और प्रभावशाली बनाने के लिए समय-समय पर सदस्य देशों की बैठकें होती रहीं। इन गोष्ठियों में हुए विचार-विमर्श से सभी देश इस पर एक मत थे कि विश्व में बढ़ती खाद्य असुरक्षा, कुपोषण, लिंग असमानता व पर्यावरण संबंधी परिस्थितियां बहुत व्यापक हैं। उनकी गंभीरता को देखते हुए वर्ष 2015 में संयुक्त राष्ट्र संघ के तत्वावधान में सतत विकास गोष्ठी (UN Sustainable Development Summit) न्यूयार्क में हुई जिसमें भारत सहित सभी 193 सदस्य देशों ने भाग लिया और सतत विकास की कार्यसूची (Agenda & Action Plan) 2030 तक पूरा करने के लिए तैयार की गई। जिसको अमल में लाने के लिए 17 सतत विकास लक्ष्य निर्धारित किए गए। ये

> *दुनिया में भुखमरी व कुपोषण खत्म करके स्वस्थ व खुशहाल जीवन बनाने के लिए संयुक्त राष्ट्र संघ के प्रयासों में जलवायु की समस्या हल करने पर जोर दिया है।*

लक्ष्य हैं: 1) गरीबी खत्म करना, 2) भुखमरी समाप्त करना, 3) अच्छे जनस्वास्थ्य के लिए विकास करना, 4) गुणवत्ताआधारित शिक्षा व्यवस्था करना, 5) लिंग समानता देना, 6) स्वच्छ पानी उपलब्ध कराना, 7) सस्ती व स्वच्छ ऊर्जा की उपलब्धता बढ़ाना, 8) शालीन रोजगार व आर्थिक विकास करना, 9) औद्योगिक विकास के लिए आधारभूत ढांचे व नवाचार को बढ़ावा देना, 10) सामाजिक असमानताएं कम करना, 11) शहरों का सतत विकास करना, 12) उपभोक्ता व उत्पादनकर्ता की जवाबदेही निश्चित करना, 13) जलवायु संरक्षण संबंधित ठोस कार्यक्रम लागू करना, 14) जमीन के नीचे व समुद्र के जीवधारियों की सुरक्षा व विकास करना, 15) पृथ्वी पर जीवन सुरक्षा व विकास करना, 16) शांति व न्याय व्यवस्था के लिए सशक्त संस्थाओं का विकास करना तथा 17) सतत विकास लक्ष्यों को प्राप्त करने के लिए साझेदारी व भागीदारी करना। इन सभी लक्ष्यों में से कुछ लक्ष्यों को अन्य देशों के साथ आपसी तालमेल के बिना प्राप्त नहीं किया जा सकता। ये लक्ष्य प्राप्त करने के लिए देशों को आपस में ज्ञान, सूचना व तकनीकों की जानकारियों की साझेदारी करके योजनाओं व रणनीतियों को बनाने तथा अमल में लाने का सुझाव दिया गया है ताकि बदलती जलवायु के दुष्प्रभावों को रोका जा सके। इसी तरह देश के अंदर भी इन लक्ष्यों की प्राप्ति के लिए विभिन्न राज्यों व विभागों के साथ तालमेल व जनभागीदारी करना सुनिश्चित करनी होगी।

वास्तव में संयुक्त राष्ट्र द्वारा निर्धारित ये सतत विकास लक्ष्य सार्वभौमिक हैं और इनको सफलतापूर्वक प्राप्त करने का अर्थ यह होगा कि जो देश व

समाज विकास की दौड़ में पीछे रह गए हैं वह भी विकसित होंगे, गरीबी व कुपोषण से छुटकारा मिलेगा, दुनिया में शांति व खुशहाली बढ़ेगी तथा पर्यावरण सुरक्षित रहने से भविष्य भी सुरक्षित रहेगा। भारत सरकार इन लक्ष्यों को गंभीरता से ले रही है और कृषि, उद्योग, ऊर्जा, जल, ग्रामीण, शहरी, परिवहन, निर्माण आदि क्षेत्रों में उपरोक्त लक्ष्यों को ध्यान में रखकर योजनाएं लागू करती जा रही है।

भारत में कृषि क्षेत्र का आधुनिक परिपेक्ष्य में सशक्तिकरण करने के लिए सुझाव देने वाली डा० आरएस परोदा कमेटी 2019 ने पाया कि संयुक्त राष्ट्र संघ द्वारा निर्धारित 17 सतत विकास लक्ष्यों में से 10 लक्ष्य सीधे हमारी कृषि से संबंधित हैं। कृषि क्षेत्र को यदि स्थाई आर्थिक मजबूती प्रदान करनी है तो हमारे कृषि क्षेत्र को इन 10 लक्ष्यों को प्राप्त करने के लिए समग्र प्रयास करने होंगे। इन सभी 10 लक्ष्यों में जलवायु संरक्षण एक बहुत बड़ा मुद्दा है। यह एक ऐसी समस्या है जो जीवन के हर क्षेत्र को प्रभावित करने की दिशा में बढ़ती जा रही है। इसीलिए संयुक्त राष्ट्र संघ ने आह्वान किया है कि इस समस्या से निपटने के लिए देशों को संयुक्त प्रयासों में तेजी लानी चाहिए।

3.3 जलवायु संकट के आपतकाल का आगाज

जलवायु परिवर्तन के कारण उत्पन्न होने वाली विषम परिस्थितियों के दृष्टिगत बहुत सी महत्वपूर्ण रिपोर्ट्स भी लिखी जा चुकी हैं। कई अनुभवी वैज्ञानिकों द्वारा लिखित "World Scientist's Warning of a Climate

Emergency" एक बहुचर्चित आलेख है जो बायोसाइंस पत्रिका में 2020 में प्रकाशित हुआ। इसके अनुसार भूमंडलीय तापक्रम में बढ़ोत्तरी के कारण जलवायु परिवर्तन एक खतरनाक मोड़ की ओर बढ़ रहा है । इस जलवायु संकट (Climate Crisis) के कारण मानवता को असीमित कष्टों का सामना करना पड़ेगा। आलेख में यह भी बताया गया कि इस संकट को पैदा करने में सबसे बड़ी भूमिका उन देशों व वर्गो की है जो साधन संपन्न हैं। उनकी बदलती प्रगति की रफ्तार, जीवनशैली व खानपान के कारण पृथ्वी पर तापमान बढ़ाने वाली हानिकारक गैसों का उत्सर्जन बहुत ज्यादा हो रहा है।

लेकिन इसका अर्थ यह नहीं है कि हम इस समस्या को नहीं बढ़ा रहे। हमारे देश में भी लगभग 70% ऐसी हानिकारक गैसें बिजली पैदा करने वाले संयंत्रों, स्टील उत्पादन, उड्डयन उद्योग, मोटरवाहन उद्योग, सीमेंट उद्योग व कृषि क्षेत्र से निकलती हैं। भारत की अर्थव्यवस्था तेजी से बढ़ रही है इसलिए ऐसा अनुमान लगाया जा रहा है कि अगले दस साल में उपरोक्त क्षेत्रों के उत्पादों की मांग कई गुना बढ़ेगी और मांग पूरी करने के लिए जैसे-जैसे उत्पादन बढ़ाया जाएगा वैसे-वैसे कोयला, डीजल, पैट्रोल की खपत बढ़ने के साथ-साथ फर्टिलाइजर्स, पेस्टीसाइड्स का इस्तेमाल भी बढ़ेगा। यही नहीं जैव अपशिष्ट व औद्योगिक अपशिष्ट (कचरा) बढ़ेगा। जिससे उन सभी गैसों का उत्सर्जन कई गुना बढ़ जाएगा जो ग्लोबल वार्मिंग को बढ़ावा देती हैं।

ग्लोबल वार्मिंग से बढ़ती चिंता इसी बात से आंकी जा सकती है कि इंग्लैंड के ग्लासगोव में नवम्बर 2021 में लगभग 200 सदस्य देशों की गोष्ठी 13 दिन

चली जिसमें वायुमंडलीय तापमान को बढ़ने से रोकने के बहुत ही गहन विचार विमर्श हुए। सदस्य देशों की यह 26वीं गोष्ठी थी इसलिए इसका नाम COP26 (Conference of Parties 26) दिया गया। इस गोष्ठी में लिए गए निर्णयों से पेरिस समझौता 2015 के आधार पर बनी कार्ययोजना को जमीन पर उतारने में तेजी आएगी।

जलवायु परिवर्तन एक गंभीर मुद्दा है लेकिन किसान भाइयों, युवाओं, व कृषि से जुड़े व्यवसायियों के बीच यह जलवायु परिवर्तन विचार-विमर्श का मुद्दा अभी तक उस स्तर का नहीं बन पाया है जितना होना चाहिए।

3.4 ग्लोबल वार्मिंग और कृषि

ग्लोबल वार्मिंग में कृषि की भी बड़ी भूमिका आंकी गई है। आधुनिक व सघन खेती में बढ़ रहा जीवाश्म ईंधन (Fossils fuel) का प्रयोग तथा पशु पालन, मुर्गी पालन, सुअर पालन, खाद्य परिष्करण व मांस आदि उत्पादनों में की जा रही अनियमितताओं के साथ-साथ जैव-अपशिष्ट (Bio-waste) व उद्योगों के कचरे आदि के सड़ने से पृथ्वी का तापमान बढ़ाने वाली गैसों का उत्सर्जन बढ़ रहा है। शहरों का विस्तार होते जाना और पेड़-पौधों व वनों का कम होते जाना इस समस्या को और गम्भीर बना रहा है। ऐसा देखा जा रहा है कि ग्रामीण क्षेत्रों में भी पेड़ पौधों की संख्या में कमी हो रही है और जल संरक्षण पर ध्यान बहुत कम है। कृषि उत्पादन भी बढ़ता रहे और जलवायु संरक्षण भी होता रहे इसको समझ कर उत्पादन करना होगा।

3.5 यह गंभीर विषय विचार-विमर्श का मुद्दा बने

ऐसा अनुभव किया गया है कि किसान भाइयों, युवाओं, व कृषि से जुड़े व्यवसायियों के बीच यह जलवायु परिवर्तन विचार-विमर्श का मुद्दा अभी तक उस स्तर का नहीं बन पाया है जितना होना चाहिए। उसका प्रमुख कारण इस विषय पर जागरूकता की कमी है। प्राख्यात "येल विश्वविश्वविद्यालय" यू०एस०ए० के सीनियर रिसर्च साइंटिस्ट एन्थोनी लीजरोविज़ ने साल 2022 में अपने एक महत्वपूर्ण अध्ययन में पाया कि भारत में सिर्फ 9% लोगों को इस विषय पर अच्छी जानकारी है जबकि 54% को बहुत ही कम जानकारी है। उन्होंने यह भी पाया कि 84% लोग अपने आसपास हो रहे मौसम परिवर्तनों को जानते तो हैं लेकिन उसके वृहत प्रभावों को नहीं समझते। जलवायु परिवर्तन के दुष्प्रभावों से बचना है तो प्रचार-प्रसार से जुड़ी संस्थाओं को किसानों सहित समाज के विभिन्न वर्गों व समुदायों को जलवायु परिवर्तन संबंधित प्राथमिक ज्ञान देना होगा तथा इस विषय को रोजमर्रा के विचार-विमर्श में लाने के लिए भरपूर प्रयास करने होंगे या यूं कहें कि जलवायु आधारित प्राथमिक शिक्षा (Primary Education on Climate) के लिए जनअभियान चलाने का समय आ गया है, क्योंकि जब समस्या पर साधारण जानकारी बढ़ेगी तो विचार-विमर्श और उसका विश्लेषण होगा जिससे समाधान के रास्ते खोजने में मदद मिलेगी। समस्या से निवारण के लिए बहुत सी तकनीकों की पहचान भी की गयी है तथा सटीक व अधिक उन्नत तकनीकों की खोज के लिए वैज्ञानिकों व संस्थाओं द्वारा अथक प्रयास भी किए जा रहे हैं। इन प्रयासों से किसानों व समुदायों को अवगत

कराकर उनमें इस विषय के बारे में विचार-विमर्श का माहौल बनाना अत्यंत आवश्यक है।

3.6 जलवायु परिवर्तन क्या है ?

किसी क्षेत्र के सामान्य मौसम व पृथ्वी के तापमान में बदलाव को ही जलवायु परिवर्तन (Climate Change) कहा जाता है। यह परिवर्तन मुख्य रूप से वायुमंडल व भूमंडलीय तापमान से प्रभावित होता है। पृथ्वी के तापमान में बदलाव होना एक निरंतर चलनेवाली प्रक्रिया है। हजारों साल पहले पृथ्वी बहुत गर्म थी तब यहां जीवन संभव नहीं था । एक समय ऐसा भी आया जब पृथ्वी अधिक ठंडी थी तब भी पृथ्वी पर सीमित जीवन रहा होगा। लेकिन कालांतर में भू-मंडलीय वातावरण ऐसा बना कि हर तरह के जीवधारियों, पेड़ पौधों, सूक्ष्मजीवों व जलचरों का जीवन संभव हो गया। अलग-अलग क्षेत्रों में विभिन्न मौसम होने से जैवविविधता को बढ़ावा मिला। पृथ्वी के तापमान में थोड़ा सा परिवर्तन हमारे जीवन पर बहुत बड़ा नकारात्मक प्रभाव डालता है। जब इस परिवर्तन का दायरा बढ़ता है तो पृथ्वी पर जीवन सुरक्षित रहने की चिंता उभरती है। वास्तव में इक्कीसवीं सदी में दुनिया के समक्ष जलवायु परिवर्तन सबसे बड़ी समस्या व चिंता का विषय बन गया है।

बीसवीं सदी के मध्य से या कहें कि औद्योगिक विकास के समय के पूर्व (1850-1900) की तुलना में जलवायु के स्वरूप (Pattern) में क्षेत्रीय व वैश्विक स्तर पर अनेकों बदलाव दिखाई दे रहे हैं। **अब तक पृथ्वी का औसत तापमान**

औद्योगिक समय पूर्व के स्तर के मुकाबले 1.2 °C से अधिक बढ़ चुका है। सिर्फ इतनी ही बढ़त से जो जलवायु परिवर्तन हुआ है उसके दुष्प्रभाव दुनिया भर में दिखाई दे रहे हैं। इसीलिए इस सदी में इस तापमान में 1.5°C से अधिक वृद्धि न होने पाए इसके लिए विश्व स्तर पर प्रयास किए जा रहे हैं जिसमें सबसे अधिक जोर ग्रीनहाउस गैसों के उत्सर्जन को रोकने पर है।

3.7 ग्रीन हाउस गैसें क्या हैं?

संयुक्त राष्ट्र अमेरिका की वातावरण संरक्षण संस्था (US Environment Protection Agency) के अनुसार पृथ्वी पर तापमान बढ़ाने में प्रमुख रूप से कार्बन डाइआक्साइड का 79%, मिथेन का 11%, नाइट्रस आक्साइड का 7% तथा फ्लोरीनेटिड गैसों का 3% योगदान होता है। इन्हीं गैसों को ग्रीन हाउस गैसें (GHGs) कहा जाता है। ये गैसें आपस में मिलकर वायुमंडल में एक ऐसी परत बना देती हैं जो पृथ्वी से उत्सर्जित होने वाली ऊष्मा को वायुमंडल में जाने से रोके रखती हैं और वापस पृथ्वी पर लौटा देती हैं, जिससे धरती का तापमान बढ़ जाता है। यही क्रिया लगातार होने से पृथ्वी के तापमान में वृद्धि होती है। यह वैसी ही प्रक्रिया है जैसे ग्रीन हाउस में प्राकृतिक रूप से तापमान बढ़ाया जाता है। इसीलिए इनको ग्रीन हाउस गैसिस कहते हैं।

कोयला, डीजल, पैट्रोल,लकड़ी आदि (Fossils fuel) के बढ़ते इस्तेमाल से बड़ी मात्रा में कार्बनडाइऑक्साइड पैदा होती हैं। जबकि मिथेन गैस विभिन्न कृषि क्रियाओं विशेषकर धान की खेती, डेरी उद्योग, बायोमास के सड़ाने से

पैदा होती है। क्लाइमेट वाच (Climate Watch) तथा इंडिया स्पेंड (IndiaSpend) द्वारा 2022 में दिए आंकड़ों के अनुसार मिथेन गैस तो कार्बनडाइऑक्साइड की अपेक्षा पृथ्वी का तापमान बढ़ाने में 28 गुना अधिक दुष्प्रभावी है। नाइट्रस आक्साइड गैस कृत्रिम/रासायनिक खादों व अन्य रसायनों के अत्यधिक प्रयोग से तथा फ्लोरीनेटिड गैसें रैफ्रीजनेटर्स, एयर कंडीशनरों, फोम आदि से उत्सर्जित होती हैं।

पृथ्वी पर तापमान बढ़ाने में कार्बन डाइआक्साइड, मिथेन, नाइट्रस आक्साइड तथा फ्लोरीनेटिड गैसों का योगदान होता है। इन्हीं गैसों को ग्रीन हाउस गैसें कहा जाता है।

3.8 जलवायु परिवर्तन के दुष्प्रभाव

जलवायु परिवर्तन का अर्थ सिर्फ तापमान में बदलाव तक ही सीमित नहीं है। हमें इससे जुड़े प्रभावों के बारे में भी जानना व समझना है। तापमान में बढ़त के कारक कौन-कौन हैं तथा तापमान बढ़ने के दूरगामी दुष्प्रभाव व परिणाम क्या-क्या हो सकते हैं इसके लिए जनसाधारण व कृषि से जुड़े मानव संसाधनों में जागरूकता करना आवश्यक हो गया है। यह जान कर शायद किसानों व युवाओं को आश्चर्य हो सकता है कि पृथ्वी के तापमान की कुल बढ़त में कृषि का योगदान विभिन्न देशों में अलग-अलग अध्ययनों में 11 से 24% तक का आंका गया है। इसे कैसे कम किया जाए यह एक चुनौती है।

पृथ्वी पर तापमान परिवर्तन से वर्षा का बहुत कम या अत्यधिक होने

लगना, समय पर वर्षा न होना, सूखा पड़ना, असमय आवश्यकता से अधिक गर्म या ठंडी हवाओं का चलना, तूफानी हवाएं चलना, नदियों में बाढ़ आना, पीने व सिंचाई के लिए पानी की उपलब्धता कम होने लगना, जंगलों व पकी फसलों में स्वयं आग लगना, पहाड़ों पर बर्फ पिघलने लगना, समुद्र का जलस्तर बढ़ना, जैवविविधता कम होते जाना, बीमारियों व कीटों का प्रकोप बढ़ना, पशुओं व फसलों की उत्पादकता में कमी होते जाना, खेती योग्य भूमि का खराब होना आदि-आदि ज्वलंत समस्याएं हैं। अतः स्पष्ट है कि कार्बनडाइऑक्साइड की अधिकता से फसलों को फायदा कम बल्कि संपूर्ण कृषि को नुकसान होने की संभावना बहुत अधिक है। इसीलिए पृथ्वी पर जीवन बचाए रखने के लिए इन तापमानजनित समस्याओं का निवारण करना आवश्यक है। इस चुनौती को स्वीकार करके समाधान खोजते हुए आगे बढ़ना है। यद्यपि कुछ अध्ययन यह भी बताते हैं कि वातावरण में कार्बनडाइऑक्साइड अधिक होने से कुछ फसलों की पैदावार बढ़ सकती है लेकिन ग्लोबल वार्मिंग का दुष्प्रभाव इससे कहीं अधिक नुकसानदायक है।

3.9 भारत में जलवायु परिवर्तन का कृषि पर असर

उपरोक्त सभी समस्याएं अगर विकराल रूप लेने लगेंगी तो परिणाम भी भयंकर होंगे। "डाउन टु अर्थ" पत्रिका के अनुसार जलवायु परिवर्तन के कारण कृषि को जो नुकसान होता है वह इतना बड़ा होता है कि प्रतिकूल जलवायु वाले वर्ष में देश के सकल घरेलू उत्पाद (GDP) में कम से कम 1.5% की कमी हो जाती है। इसका अर्थ यह हुआ कि यदि जलवायु परिवर्तन को नहीं रोका

गया और बदलते जलवायु की स्थिति में कृषि व्यवसाय का सही तरीके से प्रबंधन नहीं किया गया तो हमारी खाद्य व पोषण सुरक्षा (Food & Nutritional Security) चरमरा जाएगी और देश की अर्थव्यवस्था भी कमजोर होती जाएगी।

भारत में अब अक्सर देखा जाता है कि फरवरी व मार्च के महीनों में तापमान अधिक होने या गरम हवाओं के चलने से गेहूँ की फसल को बहुत नुकसान हो जाता है। WORLD-GRAIN.com के अनुसार भारत में जलवायु परिवर्तन के प्रभाव के कारण 2014-15 में इससे पिछले साल की अपेक्षा 12.36 मिलियन टन खाद्यान्न कम पैदा हुआ था। एक अन्य ज्वलंत उदाहरण के रूप में 2021-22 में उत्पन्न हुई नीबू उत्पादन समस्या को देखा जा सकता है। नीबू उत्पादक इलाकों में नीबू पर फूल आने के समय अधिक तापमान होने से फूल ही नहीं आए और कुछ इलाकों में अधिक बरसात होने से फूल झड़ गए। इसका परिणाम यह हुआ कि नीबू उत्पादन बहुत ही कम होगया, आम आदमी के भोजन से नीबू बाहर हो गया था क्योंकि एक किलो नीबू की कीमत भारत में 400-600 रुपये के बीच पहुंच गयी थी।

भारतीय संसद के 2022 के मानसून सत्र में पृथ्वी विज्ञान मंत्रालय द्वारा प्रस्तुत की गयी रिपोर्ट के अनुसार साल 2021 की तुलना में 2022 में गर्म हवाओं की तरंगें (Heatwaves) पांच गुना अधिक आईं। जिससे फसलों विशेषकर गेहूँ की उत्पादकता प्रभावित हुई। खरीफ 2022 में भारत में वर्षा की अनियमितता व कम वर्षा के कारण धान की रोपाई कम क्षेत्रफल पर हुई। भारतीय मौसम विभाग की अगस्त 2022 की रिपोर्ट के अनुसार पश्चिमी उत्तर प्रदेश में 36%,

पूर्वी उत्तर प्रदेश में 43%,बिहार में 38%, झारखंड में 45% तथा बंगाल में 46% वर्षा कम हुई। कृषि मंत्रालय की राष्ट्रीय खाद्य सुरक्षा मिशन की वैबसाइट के अनुसार चालू वर्ष के खरीफ मौसम में 12 अगस्त 2022 तक धान, अरहर व उर्द की बिजाई सिर्फ 46.9% क्षेत्रफल पर ही हो सकी। अतः कम क्षेत्रफल पर धान की रोपाई होने से उत्पादन कम होगा जिससे घरेलू आवश्यकता पूर्ति के अलावा अंतर्राष्ट्रीय बाजार में हमारी जो 40% की हिस्सेदारी है उस पर भी असर पड़ेगा। मौसम के इस बदलाव के दुष्प्रभावों से पशुपालन, बागवानी, मत्स्य पालन, मधुमक्खी पालन आदि भी अछूते नहीं हैं। जलवायु का यह बदलाव वैज्ञानिकों, किसानों व नीति निर्धारकों के लिए बड़ी चिंता का विषय हो गया है क्योंकि खाद्यान्नों व अन्य कृषि उत्पादों की कमी का नकारात्मक प्रभाव देश की खाद्य सुरक्षा, विकास कार्यो और अर्थव्यवस्था पर पड़ता है।

> *विश्व में वर्ष 1970 की तुलना में प्राकृतिक आपदाओं की संख्या में अब तक पांच गुना वृद्धि हो चुकी है। मानव द्वारा प्रकृति से अत्यधिक हस्तक्षेप व अनेकों विकास से जुड़ी गतिविधियों के कारण 20वीं सदी में सबसे तेजी से पृथ्वी का तापमान बढ़ा। यह आंकलन कृषि से जुड़े लोगों के लिए तो बहुत ही चिंताजनक है।*

3.10 अन्य देशों में जलवायु परिवर्तन का प्रभाव

इस जलवायु परिवर्तन के नकारात्मक प्रभावों से अन्य देश भी अछूते नहीं हैं। तापमान के बढ़ने से अमेरिका में भी 2021-22 में कृषि उत्पादन विशेषकर कपास व मक्का का उत्पादन बहुत प्रभावित हुआ। उत्तरी अमेरिका में 2019 में बहुत ही विषम मौसम के कारण 10 मिलियन एकड़ में फसलें नहीं उगाई

जा सकीं। ग्रीन लैंड पर तापमान वृद्धि के कारण बर्फ पिघलने से समुद्र का जल स्तर बढ़ गया जिससे सन् 2000 से अब तक लूइजियाना (अमेरिका) में पंद्रह में से आठ टापू समुद्र में डूब गए फलस्वरूप बहुत से समुद्री पक्षियों की वंशवृद्धि हो पाना दुर्लभ हो रहा है। यूरोप के कई देशों में तापमान बढ़ने से वनों में आग लगने व स्वास्थ्य संबंधी बहुत बड़ी समस्याएं खड़ी हुईं तथा 2022 में यूरोप के लगभग आधे देश सूखे की चपेट में आ गए। जलवायु परिवर्तन के असर से ही इसी वर्ष लंदन का तापमान अप्रत्याशित रूप से 40°C पहुंच गया । यह हाल तो तब है जब पृथ्वी का औसत तापमान औद्योगिक समय पूर्व (1850-1900) के स्तर के मुकाबले 1.2 °C ही बढ़ा है। वैज्ञानिकों ने बार-बार अपने मत व्यक्त किए हैं कि इस बढ़त को अगर रोका न गया तो परिणाम कितने भयानक होंगे यह अनुमान लगा पाना मुश्किल है। इसीलिये अब उन कोशिशों को तेज किया जा रहा है जिनसे पृथ्वी के तापमान की बढ़त को रोका जा सके।

3.11 गैसों के उत्सर्जन को रोकने के अंतर्राष्ट्रीय प्रयास

जलवायु परिवर्तन के दुष्प्रभावों को देखकर समझ आता है कि इस विश्वव्यापी समस्या से निपटने के लिए गंभीर प्रयास करने होंगे। संयुक्तराष्ट्र संघ द्वारा प्रकाशित जलवायु आंकलन रिपोर्ट "Our World at Risk: Transforming Governance for a Resilient Future" (bit.ly/3P3FOeh) के अनुसार विश्व में वर्ष 1970 की तुलना में प्राकृतिक आपदाओं की संख्या में अब तक पांच गुना वृद्धि हो चुकी है। एक अन्य आंकलन में यह भी बताया गया

कि मानव द्वारा प्रकृति से अत्यधिक हस्तक्षेप व अनेकों विकास से जुड़ी गतिविधियों के कारण 20वीं सदी में सबसे तेजी से पृथ्वी का तापमान बढ़ा। यह आंकलन कृषि से जुड़े लोगों के लिए तो बहुत ही चिंताजनक है क्योंकि कृषि एक प्रकृति/जलवायु आधारित व्यवसाय है और वातावरण में होने वाले परिवर्तनों का सीधा असर हमारी कृषि की क्षमताओं पर पड़ता है।

पृथ्वी के तापमान में वृद्धि को रोकने संबंधित मानकों को पूर्णरूप से अपनाने के लिए अंतर्राष्ट्रीय बाजार में कृषि उत्पादों व परिष्कृत उत्पादों के उत्पादन के बारे में भी यह जानकारी देना अब आवश्यक होगा कि उत्पादन करते समय कौन-कौन सी अच्छी कृषि पद्धतियों को अपनाया गया है और पर्यावरण संरक्षण के लिए कौन-कौन से कदम उठाए गए हैं।

इसीलिए दुनिया भर के वैज्ञानिकों, योजनाकारों, सरकारों के साथ-साथ संयुक्त राष्ट्रसंघ का ध्यान इस गंभीर तथा निरंतर उग्र होती हुई समस्या को बढ़ने से रोकने तथा बदली परिस्थितियों का सामना करने के लिए प्रभावी उपाय करने की ओर आकर्षित हुआ है। इस बढ़ोत्तरी को कैसे नियंत्रित किया जाए इसके लिए संयुक्त राष्ट्र संघ के 192 सदस्य देशों तथा यूरोपीय यूनियन ने गहन अध्ययन करके "पेरिस समझौता 2015" किया। समझौते को मानने के लिए सभी सदस्यों के लिए कानूनी बाध्यता कर दी गयी और फिर उसे नवम्बर 2016 में लागू कर दिया गया। इस समझौते के अंतर्गत सबसे महत्वपूर्ण बिन्दु यह है कि पृथ्वी के तापमान की बढ़त औद्योगिक समय पूर्व (1850-1900) के स्तर के मुकाबले इस सदी में 1.5°C तक सीमित रखने के उपायों को प्राथमिकता

देना होगा तथा ग्रीन हाउस गैसों के उत्सर्जन को विश्वस्तरीय मानकों के अनुसार रखना होगा। इसके लिए विकसित देशों से आग्रह किया गया है कि वो जरूरतमंद देशों को क्षमता व कौशल विकास के लिए आवश्यक वित्तीय व तकनीकी सहायता करें।

जलवायु परिवर्तन की समस्या को बढ़ने से रोकने के लिए उधार धन उपार्जन कराने वाली संस्थाओं विशेषकर राष्ट्रीय, अंतर्राष्ट्रीय स्तर की बैंकों ने अपने-अपने स्तर पर इस समस्या से उत्पन्न जोखिमों (Climate Risks) का अध्ययन करके ही प्रोजेक्ट्स को धन आवंटित करने का फैसला किया है। अब आधारभूत संरचना (Infrastructure), कृषि, उद्योगों, सेवाओं आदि से संबंधित सभी परियोजनाओं को इस तरह बनाना होगा कि जिनमें पर्यावरण सुरक्षा तथा पृथ्वी के तापमान में वृद्धि को रोकने संबंधित मानकों को पूर्णरूप से अपनाने के लिए प्रावधान होगा तभी उन प्रोजेक्ट्स को वित्तीय सहायता निधि का अनुमोदन किया जाएगा।

इसी तरह अंतर्राष्ट्रीय बाजार में कृषि उत्पादों व परिष्कृत उत्पादों के उत्पादन के बारे में भी यह जानकारी देना अब आवश्यक होगा कि उत्पादन करते समय कौन-कौन सी अच्छी कृषि पद्धतियों (Good Agricultural Practices) को अपनाया गया है और पर्यावरण संरक्षण के लिए कौन-कौन से कदम उठाए गए हैं। बिना इसकी जानकारी दिए अंतर्राष्ट्रीय बाजार में अपने उत्पादों को पहुंचाना संभव नहीं होगा। अतः अब किसान भाइयों तथा कृषि से जुड़े युवाओं व व्यवसायियों को इस संबंध में सारी जानकारियां प्राप्त करके

राष्ट्रीय व अंतर्राष्ट्रीय बाजार के हिसाब से तैयार होना होगा।

ग्लासगोव में 2021 में हुई महत्वपूर्ण गोष्ठी "COP26" में बहुत विस्तृत चर्चा के बाद भू-मंडलीय तापमान को बढ़ने से रोकने के लिए अनेकों सारगर्भित निर्णय लिए गए। उन निर्णयों में प्रमुख हैं: 1) वैकल्पिक ऊर्जा के उत्पादन व प्रयोग को प्राथमिकता दी जाए, 2) वनों को सुरक्षित किया जाए, 3) वृक्षारोपण पर बल दिया जाए, 4) मिथेन गैस उत्सर्जन रोकने के लिए कठोर नीतियों को लागू किया जाए, 5) सड़क परिवहन को 2030 तक पूर्णतया वैकल्पिक ऊर्जा आधारित बनाया जाए, 6) पेरिस समझौते को पूर्ण रूप से समयबद्ध तरीके से लागू किया जाए।

3.12 भारत के प्रयास

हमारा देश युनाइटेड नेशंस फ्रेमवर्क कन्वेंशन आन क्लाइमेट चेंज (UNFCCC) का सदस्य है और क्योटो मसविदा व पेरिस समझौता का पालन करने के लिए सहमत हो चुका है। उसी के अनुसार भारत ने लघु अवधि व दीर्घकालिक योजनाएं बनाकर काम करना शुरू कर दिया है। संयुक्तराष्ट्र द्वारा गठित इंटर्गवर्नमेंटल पैनल आन क्लाइमेट चेंज ने अनुशंसाओं के दृष्टिगत जीवाश्मों से प्राप्त ऊर्जा (Fossil fuel) की खपत में कमी की जाएगी और वैकल्पिक ग्रीन ऊर्जा को बढ़ावा दिया जाएगा। भारत सरकार ने 2070 तक ग्रीन हाउस गैसों का उत्सर्जन शून्य स्तर पर लाने के लिए जलवायु कार्य योजना (Climate Action Plan) जिसे हम राष्ट्रीय निर्धारित योगदान (Nationally

Determined Contribution-NDC) कहते हैं उसे अगस्त 2022 को मंजूरी दे दी गई है और कृषि, ट्रान्सपोर्ट, उद्योगों सहित आठ क्षेत्रों को चिह्नित करके उनको योजनाबद्ध तरीके से तत्काल कदम उठाने को कहा है। इसके अंतर्गत ऊर्जा के वैकल्पिक स्रोत को अधिक विकसित किया जाएगा तथा कम खर्च वाली लेकिन प्रभावी तकनीकों को विकसित देशों से प्राप्त करके हितधारकों को उपलब्ध कराया जाएगा। ग्रीन हाउस गैसों के उत्सर्जन को शून्य स्तर पर लाने के लिए तकनीकों के विकास व प्रसार के लिए संयुक्तराष्ट्र संघ से धन उपलब्ध कराने के लिए भी योजना भेजी जाएगी।

मिथेन गैस उत्सर्जन के दृष्टिकोण से हमारा देश अमेरिका, चीन, रूस के बाद चौथे नम्बर पर है। संयुक्तराष्ट्र संघ ने 2020 की तुलना में 2030 तक मिथेन के उत्सर्जन में 30% कमी लाने के लिए कहा है। लेकिन भारत के कृषि क्षेत्र के सामने बड़ी समस्या यह है कि यहां लगभग 86% छोटे किसान हैं उनको ग्रीन हाउस गैसों के उत्सर्जन को कम करने की तकनीकों के बारे में जागरूक करना और उनको अपनाने के लिए प्रेरित करने में समय लगेगा। इस मिथेन गैस के उत्सर्जन की निगरानी के लिए "इंडिया स्पेंड व क्लाइमेट ट्रेंड्स" ने मिलकर मिथेन गैस के उत्सर्जन पर नजर रखने वाली एक परियोजना "मिथेन ट्रैकिंग" शुरू की है जिसमें आधुनिक तकनीकों का प्रयोग करके मिथेन उत्सर्जन के स्थानों, क्षेत्रों व सैक्टर्स की सटीक जानकारी उपलब्ध होगी।

3.13 किसानों तक जानकारियां पहुंचनी होगी

वैज्ञानिक रूप से यह सिद्ध हो चुका है कि अगर प्रचुर संख्या में वृक्ष (वन) हों, जलाशय हों व मिट्टी में आवश्यक नमी व जीवांश (Humus) हों तो उत्सर्जित सीओ2 व अन्य हानिकारक गैसों का लगभग 50% भाग वृक्षों, जल व मिट्टी द्वारा सोख लिया जाता है। शेष 50% को अन्य तकनीकों के माध्यम से रोकने के उपाय करने होंगे। अतः गांव पंचायतों को वृक्षारोपण, जलाशय पुनर्जीवीकरण व जमीन में जीवांश संरक्षण की ओर जागरूकता अभियान चलाते रहना चाहिए।

"अर्थ डे नेटवर्क इंडिया ट्रस्ट" 2010 में शुरू हुआ इसका उद्देश्य भारत के कोने-कोने तक जलवायु परिवर्तन से उपज रही गंभीर परिस्थितियों व उनका सामना करने के उपायों के बारे में जागरूकता अभियान चलाना है। यह ट्रस्ट हर भारतवासी को इस अभियान से जुड़ने की अपील करते हुए कि वृक्षारोपण करने, वन्यजीव संरक्षण, जल संरक्षण व जलवायु शिक्षा पर जोर देता है। किसान भाइयों को जलसंरक्षण की विभिन्न तकनीकों को अपनाने के साथ-साथ निम्नांकित विषयों पर भी जानकारी प्राप्त करके फायदा उठाना चाहिए।

(i) सौर ऊर्जा अपनाएं: जलवायु परिवर्तन की स्थिति को देखते हुए अब किसान भाइयों तथा कृषि से जुड़े युवाओं व उद्यमियों को अधिक से अधिक पर्यावरण/ जलवायु परिवर्तन संबंधी जानकारियों तथा उनसे जुड़ी समस्याओं के निवारण के लिए उपायों व मानकों की जानकारी होनी चाहिए। इस समस्या

से संबंधित नई-नई दक्षतापूर्ण तकनीकों की जानकारी हासिल करके उन्हें अपनाना होगा। खेती की विभिन्न क्रियाओं, भंडारण, मूल्य संवर्धन, ट्रांसपोर्टेशन आदि में आधुनिक तकनीकों के बढ़ते इस्तेमाल के साथ-साथ ऊर्जा की खपत तथा उत्पादन लागत बढ़ रही है अतः डीजल, पैट्रोल, कोयला से प्राप्त ऊर्जा की जगह वैकल्पिक ऊर्जा जिसे ग्रीन ऊर्जा के नाम से जाना जाता है जैसे कि सौर ऊर्जा, बिजली व एथनॉल के इस्तेमाल करने के लिए आगे आना होगा इसके इस्तेमाल के लिए सरकार द्वारा प्रोत्साहन भी दिया जा रहा है।

(ii) जैव-अपशिष्ट निस्तारण: कृषि में जैव-अपशिष्ट के सही तरह से भी निस्तारण न होने से ग्रीन हाउस गैसें पैदा होती हैं। लेकिन अब ऐसे अपशिष्टों के निस्तारण के लिए सघन प्रयास हो रहे हैं। इसी संदर्भ में बहुत से अनुसंधान संस्थान भी तकनीकों के विकास के लिए प्रयासरत हैं। कानपुर स्थित राष्ट्रीय शर्करा संस्थान (National Sugar Institute) ने गन्ने से इथेनॉल बनाए जाने के बाद बची राख से पोटाश बनाने में सफलता पाई है। इस तकनीकी का इस्तेमाल करके बलरामपुर व शाहजहांपुर के चीनी मिलों ने पोटाश का उत्पादन व विपणन शुरू कर दिया है। यह पोटाश आयातित पोटाश से 75% सस्ती होती है और राख से होने वाले प्रदूषण से भी छुटकारा मिल गया।

कई संस्थानों ने मांस उत्पादन के तरीकों को अंतर्राष्ट्रीय मानकों के अनुसार बदलने तथा जैव-अपशिष्ट (Bio-waste) का वैज्ञानिक तरीकों से निस्तारण किए जाने के लिए तकनीकों का विकास किया है। कृषि व पशुपालन में प्राप्त अवशेषों को जलाने के बजाय उनका वैज्ञानिक तरीकों से प्रबंधन व

निस्तारण करने के लिए सरकारी योजनाओं से जुड़कर तकनीकी जानकारी व वित्तीय सहायता ली जा सकती है।

निजी क्षेत्र ने भी जैव-अवशेषों से ग्रीन ऊर्जा उत्पन्न करने के लिए सफल कोशिशें की हैं। इन कोशिशों का एक उदाहरण लुधियाना से 40 किमी दूर खन्ना कस्बे में देखा जा सकता है जहां धान, मक्का, गेहूं, धान की भूसी, गन्ने के अवशेषों का इस्तेमाल करके बिजली व भाप बनाई जा रही है। यह ऊर्जा उस ऊर्जा से तीन गुना सस्ती पड़ती है जो डीजल प्रयोग करके जैनसैट की सहायता से पैदा की जाती है। इस कार्य में लगे व्यवसायियों का मानना है कि जैसे-जैसे तकनीकों व मशीनों में सुधार होता जाएगा फसल के अवशेषों से बिजली उत्पादन सस्ता होता जाएगा।

फसल अवशेषों को खाद में परिवर्तित करने या उनसे कई नये उत्पाद बनाने की तकनीकों को भी बढ़ावा दिया जा रहा है । उदाहरण के लिए धान की पराली को जलाने से रोकने की कोशिशों के अंतर्गत कई वस्तुओं का निर्माण करने के लिए वैज्ञानिकों व जनसाधारण द्वारा नवाचार किए गए हैं। ऐसे नवाचारों को अपनाने की ओर ध्यान देना होगा। हरियाणा में पानीपत में धान की पराली व अन्य फसल अवशेषों से एथेनॉल व कोलतार (Bitumen) बनाने का बड़ा प्लांट पानीपत रिफाइनरी में शुरू किया गया है। अतः किसान भाइयों को अपनी पराली जलाने की आवश्यकता नहीं है बल्कि उससे आय अर्जित करें।

(iii) कार्बन पृथक्करण प्रोत्साहन स्कीम: कृषि में कार्बन पृथक्करण

(Carbon Sequestration) की तकनीकों को अधिक स्थान देने की आवश्यकता है। कृषि में कार्बन पृथक्करण का अर्थ है "कृषि की उन क्षमताओं को बढ़ावा देना जिनके द्वारा वायुमंडल से अधिक से अधिक कार्बनडाइऑक्साइड को सोखा जा सके"। भारत में हर साल लगभग 2.7 गीगा टन कार्बनडाइऑक्साइड उत्सर्जित होती है। इसको सोखने का काम पेड़, पौधों के अलावा जमीन भी वायुमंडल की कार्बनडाइऑक्साइड को सोखती है इसके लिए वृक्षारोपण करना, फोरेस्ट कवर बढ़ाना तथा जमीन में समुचित मात्रा में जैव पदार्थ, खनिज व नमी मौजूद होनी चाहिए। जमीन में जैव पदार्थों को हरी खाद व कम्पोस्ट के प्रयोग से बढ़ाया जा सकता है। खाली जमीन पर घास का कवर लगाने से बड़ी मात्रा में वातावरण की कार्बन कम करने में सहायता मिलती है। कार्बन पृथक्करण के लिए भारत सहित अनेक देशों ने प्रोत्साहन योजनाएं (Incentive Schemes) भी शुरू की हैं। जिनका लाभ किसान भाइयों को उठाने के लिए जानकारी रखने की आवश्यकता है।

3.14 पर्यावरण सुरक्षा से जुड़े मिशन: इसी तरह मिथेन व नाइट्रस आक्साइड गैसों के उत्सर्जन को पशुपालन व दुग्ध उत्पादन की आधुनिक तकनीकों को अपनाकर, खेती में रसायनों व फर्टिलाइजर्स के उचित प्रयोग से कम किया जा सकताहै। पैप्पसिको की "व्यर्थ से धन उपार्जन" (Waste-to -wealth initiative) जैसी योजनाएं , सतत कृषि विकास मिशन, जलवायु परिवर्तन संबंधित ज्ञान प्रसार मिशन, हराभरा भारत मिशन, ऊर्जा की क्षमता/दक्षता बढ़ाने का मिशन, राष्ट्रीय जल मिशन, हिमालय बचाओ मिशन, वैकल्पिक ऊर्जा

के इस्तेमाल को बढ़ावा देने वाली योजनाओं आदि सभी प्रयासों से जुड़कर हम जलवायु परिवर्तन की समस्या से लड़ने व पर्यावरण सुरक्षा करने के साथ-साथ अपनी कृषि की कार्य-दक्षता व क्षमताओं को बढ़ा सकते हैं।

विस्तृत जानकारीहेतु संदर्भ

https://unfccc.int/process-end-meetings/the-paris-agreement/the-paris-agreement

https://dega.un.org/goals

https://moef.gov.in/wp-content/upload/2010/09/India's-Efforts-to-Combat-Global-Climate-Change

https://www.world-grain.com/articles/5713-india

https://www.wri.org/initiatives/climate-watch

https://www.indiaspend.com/explainers/chasing-methane

https://academic.oup.com/bioscience/article

https://www.nfsm.gov.in

https://www.nasa.gov/audience./forstudents/k-4/stories/nasa-knows/what-is-climate-change-k4

https://www.downtoearth.org.in/news/agriculture/climate-change

https://economictimes.com/epaper/delhicapital/2022/may/

09/

https://www.ipcc.ch/2022/06/10/keynote-address

https://news.un.org/en/story/2022/04/1115452

https://medium.com/climate-conscious

https://www.climate-policy-watcher.org/agriculture-organization/incentive-mechanisms

https://mausam.imd.gov.in/contents/departmentalweb.php

https://www.youthkiawaaz.com/2019

अध्याय-4
जल संरक्षण करना हमारी प्राथमिकता हो

4.1 उभरता जल संकट

भारत में उपलब्ध पीने योग्य पानी का लगभग 80% खेती में प्रयोग होता है। अच्छी गुणवत्ता के पानी का लापरवाही से इस्तेमाल करने व अत्यधिक दोहन करने के कारण इस जीवन रक्षक बहुमूल्य संपदा के भंडारों की कमी अनेक क्षेत्रों में खतरनाक स्तर तक पहुंच चुकी है।

"जल है तो कल है" और "जल ही जीवन है" जैसे नारे तथा "बिन पानी सब सून" की पृष्ठभूमि में अनेकों कविताएं व आलेख जल संरक्षण के प्रति जागरूकता पैदा करने के लिए ही लिखे गए हैं और बचपन से ही हम इनको सुनते भी आ रहे हैं। जल संरक्षण और रखरखाव को लेकर भारत सहित दुनिया भर में लोगों में जागरूकता फैलाने के लिए प्रतिवर्ष 22 मार्च को "विश्व जल दिवस" मनाया जाता है, लेकिन फिर भी हम उतने जागरूक नहीं हुए हैं जितना जल हमारे जीवन में महत्व रखता है। हमारे पूर्वज इस संपदा के संरक्षण के प्रति जागरूक थे इसीलिए उन्होंने प्राकृतिक संपदाओं विशेषकर जलस्रोतों, वनों, वन्यजीवों आदि को संरक्षित रखने के लिए विशेष ध्यान दिया। समाज व धर्म के साथ इन स्रोतों को बांध कर स्वामित्व का अहसास कराया जाता था ताकि ये प्राकृतिक स्रोत सुरक्षित बने रहें। जलाशयों व नदियों के जल को स्वच्छ रखने के लिए उनके प्रयत्न अनंतकाल से सफलतापूर्वक चलते आ रहे थे।

विशेषज्ञों के अनुसार भारत में उपलब्ध कुल मीठे/पीने योग्य पानी का लगभग 80% खेती में प्रयोग होता है। खेती व पीने के लिए प्रयुक्त होने वाले अच्छी गुणवत्ता के पानी का लापरवाही से इस्तेमाल (non-judicious use) करने व अत्यधिक दोहन करने के कारण इस जीवन रक्षक व बहुमूल्य प्राकृतिक संपदा के भंडारों की कमी अनेक क्षेत्रों में खतरनाक स्तर तक पहुंच चुकी है। भारतीय मौसम विज्ञान विभाग (India Meteorological Department) की 2021 की रिपोर्ट के अनुसार भारत में 733 जिलों में से 673 जिलों में शुष्क जलवायु (Arid Climate) की स्थिति बढ़ती जा रही है। वैज्ञानिक दृष्टिकोण से उस क्षेत्र को शुष्क कहा जाता है जहां साल भर में सिर्फ 25 से०मी० या इससे कम वर्षा होती है। जबकि उन क्षेत्रों में जहां 25 से०मी० से अधिक लेकिन 50 से०मी० से कम वर्षा होती है उन्हें अर्ध-शुष्क (Semi-arid) की श्रेणी में रखा जाता है। इस रिपोर्ट से स्पष्ट है कि पानी की कमी कृषि, उद्योगों व संपूर्ण जीवधारियों के लिए एक बड़ी चुनौती खड़ी करने की ओर बढ़ रही है।

बीसवीं सदी के मध्य से शुरू हुए औद्योगिकीकरण व आधुनिक खेती के प्रयासों के साथ ही प्रारंभ हुआ प्रकृति के स्रोतों का अंधाधुंध दोहन और इस अविवेकपूर्ण दोहन ने अब मानवता के अस्तित्व को बनाए रखने के लिए ही खतरा पैदा कर दिया है। इस तेजी से उभरते संकट के बारे में जानकारी के संकलन का उद्देश्य कृषि से जुड़े हितधारकों में जलवायु से जुड़ी समस्याओं के बारे में जागरूकता पैदा करना है ताकि समस्या निवारण के लिए एक मानसिक मंथन व जन-विमर्ष का माहौल तैयार किया जा सके।

4.2 हमारी जागरूकता पर प्रश्नचिह्न

हमारी जागरूकता की कमी से नदियां, तालाब व भू -जल भी प्रदूषित हो चुके हैं जिससे मनुष्यों व पशुओं को असाध्य बीमारियां होने का जोखिम पैदा हो गया है। दुनिया की सबसे बड़ी नदियों में से एक व हमारी आस्था की दृष्टि से पवित्र गंगा नदी की लम्बाई 2525 कि०मी० है। इसमें सैकड़ों छोटी बड़ी नदियां मिलती हैं। यद्यपि हम इसे पवित्र मानते हैं परन्तु इसे पवित्र बनाए रखने की कोशिश नहीं करते। गंगा सफाई के लिए भारत सरकार के अनेकों सघन प्रयत्न लगातार चल रहे हैं लेकिन जब तक हम सब इसे साफ रखने में अपनी भूमिका नहीं निभाएंगे तब तक सरकारी प्रयासों से इच्छित सफलता नहीं मिलेगी।

यह एक वास्तविकता है कि जब हम किसी वस्तु पर अपना स्वामित्व नहीं समझते तो उसके प्रयोग में लापरवाही करते हैं। प्रकृति द्वारा दी गई जीवनदायिनी बहुमूल्य संपदाओं जैसे कि जल, पेड़-पौधे, जमीन, हवा के प्रति अपनत्व की भावना की कमी और सदैव इफरात में यूं ही मिलते रहने के भ्रम के कारण ही हमने अपनी इन प्राकृतिक संपदाओं को इतना बरबाद कर दिया कि अब पृथ्वी पर जीवन बचाने के लिए मुहिम चलाई जा रही है। जल संपदा को सुरक्षित रखने के प्रति हमारी बेखबरी का आलम यह है कि देश भर में गांव, शहरों, मैदानों, पहाड़ों आदि पर छोटे व बड़े लगभग सभी जलाशयों/तालाबों का अस्तित्व लगभग खत्म होता जा रहा है और जो बचे हैं उनमें अधिकांश में जलकुंभी (Water Hyacinth) व भयंकर गंदगी अपनी

उपस्थिति दर्ज करा रहे हैं। थोड़े बहुत पौधों की उपस्थिति से शुरुआत करके यह जलकुंभी बहुत कम समय में पूरे जलाशय पर छा जाती है तथा उस जलाशय की आक्सीजन खत्म करने लगती है जिससे जलीय जीवधारियों व पौधों का जीवन खत्म होने लगता है। ऐसे जलाशय बीमारियां फैलाने वाले मच्छरों के आश्रय केन्द्र बन जाते हैं तथा पानी बदबूदार हो जाने से वायु प्रदूषण होने लगता है। दूसरी ओर जलकुंभीयुक्त जलाशयों के पानी का वाष्पीकरण (Evaporation) लगभग तीन गुना बढ़ जाता है और जलाशय सूख जाते हैं। जलाशय जल्दी सूखने से जमीन में पानी नहीं जा पाता। इस समस्या को समाज व गांव के स्तर पर ही थोड़ी सी जागरूकता करके बिना किसी खर्च के सहकारिता व जनभागीदारी से खत्म किया जा सकता है। हम इस बड़े नुकसान को होता हुआ देखते रहते हैं और सरकार के कार्यक्रमों का इंतजार करते हैं। हमें स्वयं भी इस विषय पर जागरूक होना पड़ेगा।

4.3 पानी की बढ़ती आवश्यकता

भारत की आबादी सतत बढ़ती ही जा रही है। ऐसा अनुमान है कि सन् 2050 तक भारत की आबादी 160 करोड़ हो जाएगी। उसके लिए खाद्य आपूर्ति के साथ-साथ अर्थव्यवस्था को सुदृढ़ बनाने के लिए विभिन्न फसलों, पशुपालन, मछली पालन, कुक्कुट पालन आदि को लगातार विस्तार देना भी आवश्यक हो गया है। दूसरी ओर औद्योगिकीकरण को भी विस्तार दिया जाना हमारी आवश्यकता है। जिसके कारण अच्छे पानी की आवश्यकता भी तेजी से बढ़

रही है। पानी की मांग और पूर्ति के बीच खाई बढ़ रही है। मांग बढ़ रही है और पूर्ति कम होती जा रही है। इस समस्या को और अधिक बड़ा होने से पहले ही इसको गंभीरता से समझा जाए, इस संबंध में जागरूकता पैदा की जाए तथा विशेषज्ञों द्वारा बताए जा रहे रास्ते का अनुसरण किया जाए तो हम पानी की कमी की समस्या से सफलतापूर्वक लड़ सकते हैं। इसी को ध्यान में रख कर कुछ तथ्य यहां रखना आवश्यक है।

पानी की मांग और पूर्ति के बीच खाई बढ़ रही है। मांग बढ़ रही है और पूर्ति कम होती जा रही है। इस समस्या को और अधिक बड़ा होने से पहले ही इसको गंभीरता से समझा जाए, इस संबंध में जागरूकता पैदा की जाए तथा विशेषज्ञों द्वारा बताए जा रहे रास्ते का अनुसरण किया जाए।

विशेषज्ञों के अनुसार भारत में वर्तमान काल में उपलब्ध कुल स्वच्छ पानी का लगभग 80% कृषि व पशुपालन में इस्तेमाल होता है। पानी की उपलब्धता जिस तेजी से घट रही है उसे देखते हुए विशेषज्ञों का मत है कि इस समय उपलब्ध अच्छे पानी की तुलना में सन् 2030 में यह उपलब्धिता लगभग 50% ही रह जाएगी। ऐसी स्थिति में कृषि क्षेत्र सबसे बुरी तरह प्रभावित होगा। सभी जीवधारियों की खाद्य, पोषण व स्वास्थ्य की सुरक्षा बनाए रखने के लिए पीने योग्य पानी (Potable Water) की प्रचुर मात्रा में उपलब्धता बनी रहना आवश्यक है।

4.4 पानी की कमी से बढ़ती आशंकाएं

पृथ्वी का तापमान बढ़ने के साथ ही जलस्रोत भी सिकुड़ते जा रहे हैं। इसके कारण मानव जीवन, खेती, पशुपालन, वन्यजीवन पर्यावरण आदि सब कुछ प्रभावित होने लगा है। जैसे-जैसे पानी की कमी की गंभीरता बढ़ेगी वैसे-वैसे स्थिति और भी खराब होती जाएगी। अतः इस तेजी से उभरते जल संकट तथा संरक्षण संबंधित तकनीकों को भलीभांति जानना व अपनाना अति आवश्यक है।

वायुमंडलीय तापमान के बढ़ने के कारण बरसात के स्वरूप व समय में व्यापक परिवर्तन आया है। नदियों में पानी का बहाव कभी बहुत कम तो कभी बहुत ज्यादा हो रहा है। कृषि, पशुपालन व उद्योगों में पानी की मांग बढ़ रही है इसलिए भू-जल का दोहन बहुत ज्यादा हो रहा है। आम जनता में पानी के समुचित उपयोग व प्रदूषण से बचाने के प्रति जागरूकता का अत्यंत अभाव है। इस सब के कारण जल संकट और भी तेजी से उभर रहा है। भारत में प्रति वर्ष वर्षा से जो पानी प्राप्त होता है उसका 75% पानी जुलाई से सितंबर के बीच ही प्राप्त हो जाता है। इस पानी को बचाने के लिए सघन प्रयत्नों की आवश्यकता है ताकि हम सालभर अपनी आवश्यकता की पूर्ति कर सकें। धान, गेहूँ व गन्ना जैसी अधिक पानी चाहने वाली फसलों की खेती वाले इन क्षेत्रों में यदि पानी के समुचित उपयोग, जल संरक्षण व फसल विविधीकरण पर ध्यान न दिया गया तो देश की खाद्य सुरक्षा को तो खतरा हो ही जाएगा साथ ही पानी के अभाव में ग्रामीण अर्थव्यवस्था चरमरा जाएगी।

4.5 जल संकट की गंभीरता पर रिपोर्ट्स

विश्व बैंक के अनुसार भारत में दुनिया की 18% आबादी रहती है लेकिन भारत के पास दुनिया के कुल स्वच्छ पानी की मात्रा का सिर्फ 4% ही है। यह पानी भी समान रूप से देश भर में वितरित नहीं है। किसी क्षेत्र में बहुत कम है और कहीं अधिक है।

संयुक्त राष्ट्र जल सम्मेलन 2023 (UN-Water Conference 2023) की सारांश रिपोर्ट में बताया गया है कि भारत उन चुनिंदा देशों में से एक है जहां भू-जल का दोहन बहुत ज्यादा हुआ है। भारत में पंजाब व अन्य बहुत से क्षेत्र ऐसे हैं जहां जमीन से बार-बार बहुत अधिक पानी निकाला जाता है लेकिन बदले में जमीन में उस पानी की भरपाई (Recharge) नहीं हो रही। जिससे ऐसे क्षेत्रों की जमीनें शुष्क होती जा रही हैं और पेड़-पौधों सहित सभी जीवधारियों (Flora & Fauna) के अस्तित्व को बनाए रखने के लिए चुनौती उत्पन्न हो रही है।

विश्व की जानी-मानी संस्था "वर्ड रिसोर्सेज़ इंस्टीट्यूट" (wri.org/insights)" की 2015 की रिपोर्ट के अनुसार भारत का 54% इलाका ऐसा है जहां पानी की अत्यधिक कमी है। पानी के अंधाधुंध दोहन व कुप्रबंधन के कारण यह स्थिति पैदा हुई है। इस अत्यधिक कम पानी के क्षेत्र में उत्तर-पश्चिमी भारत के राज्य आ जाते हैं। ये वो क्षेत्र हैं जहाँ से भारत की हरितक्रांति का उद्भव हुआ है। अतः देश की खाद्य सुरक्षा की दृष्टि से ये क्षेत्र बहुत ही

महत्वपूर्ण हैं। लेकिन पानी की घटती उपलब्धता अब खतरे की घंटी बजा रही है। हम अगर अब भी इस संकट को नहीं समझेंगे और अनदेखा करते रहेंगे तो कृषि व पशु पालन के अनुकूल परिस्थितियां नहीं रहेंगी। जिससे हमारा अस्तित्व ही खतरे में आ जाएगा।

भारत में पानी के उभरते संकट की गहराई को टाइम्स स्पेशल मार्च 2023 में छपी उस रिपोर्ट से भी समझा जा सकता है जिसके अनुसार अगले चालीस साल में भारत की नदियों, धाराओं, तालाबों, बांधों, झीलों में पानी की मात्रा में बहुत ही अनिश्चितता व कमी हो जाएगी, साथ ही भू-जल की उपलब्धता कम हो जाएगी। यह रिपोर्ट भविष्य में उत्पन्न होने वाली एक भयावह परिस्थिति का संकेत दे रही है। भारत के कुछ राज्यों में किसानों द्वारा आत्महत्या करने की जानकारियां अक्सर आती रहती हैं। इन आत्महत्याओं के पीछे अक्सर पानी की कमी से उत्पन्न भयानक परिस्थिति ही होती है।

> *"पानी-ऊर्जा-खाद्य" का आपस में सीधा व अटूट संबंध है। अतः पानी का समग्र प्रबंधन करने के लिए व्यापक कदम उठाए जाने चाहिए।*

डा० आरएस परौदा कमेटी 2019 का कहना है कि अगर Climate change और प्राकृतिक संसाधनों के दोहन को रोकने के उचित प्रबंधन अभी से नहीं किए गए तो हरित क्रांति गलियारा (Indo-Gangetic Corridor) का 51% क्षेत्र 2050 तक गेहूँ उगाने योग्य नहीं रहेगा। कमेटी ने अध्ययन के आधार पर पाया है कि भारत का 54% हिस्सा अत्यधिक पानी की कमी का सामना कर रहा है।

संयुक्त राष्ट्र संघ विश्व जल विकास रिपोर्ट 2023 (United Nations World Water Development Report 2023) के अनुसार वर्ष 2050 तक पानी की अत्यधिक कमी से जूझने वाले कुछ देशों में भारत सबसे आगे होगा। संयुक्त राष्ट्र संघ के महासचिव ने विश्व जल दिवस 2023 के अवसर पर विभिन्न अध्ययनों के आधार पर चेतावनी दी है कि पृथ्वी पर बढ़ते तापमान के कारण हिमालय के पहाड़ों पर ग्लेशियर व बर्फ की चादर में कमी हो रही है जिससे हिमालय से निकलने वाली प्रमुख नदियों गंगा, ब्रह्मपुत्र, सिंधु जैसी दस महत्वपूर्ण नदियों में पानी कम हो जाएगा जिससे भारत में पानी का संकट गहरा जाने की संभावनाएं बढ़ रही हैं।

संयुक्त राष्ट्र संघ की रिपोर्ट में कहा गया है कि पानी की समस्या एक उलझा हुआ मुद्दा (Cross-cutting issue) है क्योंकि इसकी कमी का प्रभाव हर क्षेत्र पर पड़ेगा। "पानी-ऊर्जा-खाद्य" (Water-Energy-Food) का आपस में सीधा व अटूट संबंध है। अत: पानी की कमी की समस्या का सामना करने के लिए पानी का समग्र प्रबंधन (Collective Management) करने के लिए व्यापक कदम उठाए जाने चाहिए। इसके लिए सुझाव यह भी दिया गया है कि पानी के संरक्षण, समुचित उपयोग व जल प्रदूषण को रोकने के लिए परंपरागत ज्ञान व महिलाओं के योगदान तथा आधुनिक तकनीकों में सामंजस्य बनाकर पानी के प्रबंधन के लिए सशक्त कदम उठाने चाहिए।

4.6 भारत सरकार द्वारा उठाए जा रहे कदम

भारत में "राष्ट्रीय जल नीति" सन् 1987 में बनी जिसे 2002 व 2012 में संशोधित किया गया। इस नीति को समय की मांग को पूरा करने के उद्देश्य से तथा अधिक प्रभावी बनाने के लिए पुनः संशोधित करने के लिए 2019 में जल शक्ति मंत्रालय द्वारा विशेषज्ञों की एक कमेटी का गठन किया गया और उस कमेटी ने प्रारूप तैयार किया। उस नीति के अंतर्गत जल संरक्षण का कार्य बहु-विभागीय व बहु-हितधारकों के समन्वय के साथ करना होगा तथा पानी की सप्लाई व मांग को ध्यान में रखकर योजना बनाकर कार्यान्वित करना होगा। इसी आधार पर सरकार के अनेकानेक प्रोग्राम चल रहे हैं। बूंद-बूंद पानी से ज्यादा फसल (Per Drop More Crop) जैसी महत्वपूर्ण योजना 2015-16 में ही शुरू करदी गई थी इसके बाद भी "हर खेत को पानी", "प्रधानमंत्री सिंचाई योजना", "जल जीवन मिशन", "सही फसल कैम्पेन", "मिशन अमृत सरोवर", गंगा एक्शन प्लान जैसी कई योजनाएं राज्य सरकारों के सहयोग से लागू की गईं हैं। "अटल मिशन" जल संरक्षण के लिए जनभागीदारी वाली भारत की सबसे बड़ी योजना है इसे उन राज्यों में पहले लागू किया गया है जहां भू-जल स्तर बहुत नीचे चला गया है। उभरते जल संकट से निपटने के लिए भारत सरकार ने जलसंरक्षण, जल वितरण, सामुदायिक जलस्वामित्व, नदी व तालाबों की सफाई व पुनर्जीवीकरण तथा बांधों की सफाई आदि शामिल करके एक वृहत योजना लागू की है। इन योजनाओं में जैसे-जैसे जनभागीदारी बढ़ेगी उतनी ही तेजी से सकारात्मक परिणाम आने लगेंगे। हमें गाँव व शहरों में बड़े

स्तर पर जल संरक्षण व समुचित उपयोग से संबंधित जागरूकता अभियान तेजी से चलाने व जल संरक्षण योजनाओं से जुड़ने की आवश्यकता है।

4.7 जल संरक्षण के लिए भारतीय अनुसंधान संस्थानों की सक्रियता

> *"More Crop per Drop" के नारे को सफल बनाने तथा सटीक कृषि के लिए वैज्ञानिकों द्वारा निकाली गयी फसलों की किस्मों व तकनीकों को अपनाना होगा।*

"भारतीय कृषि अनुसंधान परिषद- भारतीय जल प्रबंधन संस्थान (ICAR-IIWM) भुवनेश्वर- ओडीसा" तथा "जल व भूमि व्यवस्थापन संस्थान (WALMI), औरंगाबाद -महाराष्ट्र" ने भारत में पानी की समस्याओं का गहन अध्ययन करके उन समस्याओं के निवारण के लिए तकनीकों का विकास किया है और उन तकनीकों को समझाने व अपनाने के लिए किसानों व कृषि से जुड़े हितधारकों के लिए प्रशिक्षण आयोजित किए जाते हैं। इसी तरह कृषि विश्वविद्यालयों में भी प्रशिक्षण के आयोजन होते हैं। इस संबंध में इंटरनेट के माध्यम से इन संस्थानों की वैबसाइट पर जाकर जानकारी प्राप्त हो जाती है। वैज्ञानिकों द्वारा फसलों की ऐसी उन्नत किस्मों व तकनीकों को विकसित किया जा रहा है जिनको कम पानी की आवश्यकता होती है, अधिक या कम तापमान का सफलतापूर्वक सामना किया जा सकता है तथा बीमारियों व कीटों से फसलों को बचाने के लिए कीटनाशकों व रसायनों का कम से कम प्रयोग करना होता है। "More Crop per Drop" के नारे को सफल बनाने तथा सटीक कृषि (Precision farming) के लिए वैज्ञानिकों द्वारा निकाली गयी फसलों की किस्मों व तकनीकों को अपनाना होगा।

सटीक कृषि को साधारण रूप में खेती में प्रबंधन की उस रणनीति को कहते हैं जिससे जानकारी संग्रह करने, निरीक्षण करने, मापने व विश्लेषण करने के बाद निर्णय करके संसाधनों का सटीक प्रयोग किया जाता है। अर्थात जितने संसाधन की आवश्यकता है उतना ही उसका इस्तेमाल किया जाए । उदाहरण के लिए आधुनिक तकनीकों का इस्तेमाल करके यह पता लगाया जा सकता है कि किस खेत में कितनी खाद डालनी है, फसल को कितना पानी देना पर्याप्त है, कीट व बीमारियों के आने की क्या संभावना है और कितने कम कीटनाशक से कीटों से बचाव हो जाएगा। इस जानकारी से कम से कम संसाधनों का उपयोग करके अधिक अच्छे परिणाम प्राप्त किए जा सकते हैं। सटीक खेती को तकनीक आधारित प्रबंधन (Tech-enabled approach to farm management), सैटेलाइट फार्मिंग, स्मार्ट फार्मिंग भी कहा जाता है। विश्व आर्थिक मंच (World Economic Forum) के अनुमान के अनुसार यदि विश्व में सिर्फ 15% क्षेत्रफल पर अगले पंद्रह साल में सटीक खेती शुरू हो जाए तो विश्व की कृषि में पानी के इस्तेमाल में 20% की कमी आ जाएगी और ग्रीन हाउस गैसों के उत्सर्जन में 10% कमी हो जाएगी।

> *भारतीय कृषि अनुसंधान परिषद व राज्यों के कृषि विश्वविद्यालयों ने पानी की समस्याओं का सामना करने के लिए जलवायु लचीली तकनीकों के विकास व प्रसार पर जोर दिया है। किसानों व सभी हितधारकों को उन तकनीकों को जानने के लिए कृषि विज्ञान केन्द्रों के सम्पर्क में रहना चाहिए।*

आस्ट्रेलिया-भारत जल केन्द्र (Australia India Water Centre) भी

स्थापित किया गया है जिसमें जल प्रबंधन संबंधित शिक्षा, अनुसंधान, प्रशिक्षण व प्रसार के लिए आस्ट्रेलिया के छः विश्वविद्यालय तथा भारत के 14 प्रमुख संस्थान शामिल हैं। भारत के इन संस्थानों में भारतीय विज्ञान संस्थान, भारतीय प्रौद्योगिकी संस्थान, कृषि विश्वविद्यालय तथा सूचना तकनीक से संबंधित संस्थान भागीदार हैं।

आदिवासीबहुल झाबुआ जिले में पर्यावरण व जल संरक्षण अभियान को तेजी से आगे बढ़ाने में महिला-शक्ति के सामूहिक प्रयास एक उदाहरण बन चुके हैं।

जिन उद्योगों में पेयजल अधिक मात्रा में इस्तेमाल होता है और बरबाद होता है वहां भी अब जल संरक्षण की आधुनिक तकनीकों को अपनाने के लिए प्राथमिकता देने पर जोर है। उदाहरण के लिए वैज्ञानिक तथा औद्योगिक अनुसंधान परिषद के "केन्द्रीय नमक व समुद्री रसायन संस्थान" (CSIR-CSMRI) भावनगर ने "Spent Wash Management Technology" का विकास किया है जिसका प्रयोग गन्ने के मुलैसिस से अल्कोहॉल बनाने वाली फैक्ट्रीयां कर रही हैं और बड़ी मात्रा में विषैले हुए पानी को शुद्ध बना कर पुनः प्रयोग करती हैं। इससे भू-जल व शुद्ध जल का दोहन बहुत कम हो गया है।

राष्ट्रीय जल विज्ञान संस्थान (National Institute of Hydrology) रुड़की जल संरक्षण व प्रबंधन से संबंधित तकनीकों के विकास व प्रसार पर बहुत अग्रणीय भूमिका निभा रहा है। संबंधित विषयों पर देश के विभिन्न भागों में जनजागरूकता करने के लिए गोष्ठियां आयोजित की जाती हैं।

भारतीय कृषि अनुसंधान परिषद (ICAR) व राज्यों के कृषि विश्वविद्यालयों (SAUs) ने पानी की बढ़ती कमी तथा जलवायु परिवर्तन से कृषि के लिए उपजी समस्याओं का सामना करने के लिए जलवायु लचीली तकनीकों (Climate Resilient Technologies) के विकास व प्रसार पर जोर दिया है। किसानों व सभी हितधारकों को उन तकनीकों को जानने के लिए कृषि विज्ञान केन्द्रों के सम्पर्क में रहना चाहिए।

4.8 जल संरक्षण में जन-भागीदारी आवश्यक

जल संरक्षण अभियान को गति देने व जन भागीदारी बढ़ाने के लिए प्रिंट एवं इलैक्ट्रोनिक मीडिया बड़ी भूमिका निभाने के लिए आगे आ रहा है। समाचार पत्र "दैनिक जागरण " जून, 2023 के एक अंक में प्रकाशित महेश शुक्ल के "संकल्प साधते नवयुग के भागीरथ" आलेख में छोटी नदियों के महत्व के बारे में जागरूकता करने का अच्छा प्रयास है। छोटी नदियां यदि जीवित नहीं रहेंगी तो बड़ी नदियां भी खत्म हो जाएंगी और फिर बड़ा जल संकट खड़ा हो जाएगा। छोटी नदियों को पुनर्जीवित करने के लिए जल पुरुष राजेन्द्र सिंह, डाक्टर अनिल प्रकाश जोशी, नदी पुत्र रमनकांत त्यागी, वरिष्ठ वैज्ञानिक प्रो० जीवन सिंह रावत व जन को जल से जोड़ने के प्रयासों में लगे उज्जैन के सोनू गहलोत के सफल प्रयास जन-जन को उत्साहित करने वाले हैं। इनका कहना है कि इससे पहले कि बहुत देर हो जाए छोटी नदियों व तालाबों को पुनर्जीवित करने के लिए लोगों को जागरूक कीजिए और पुनर्जीवीकरण से संबंधित कामों को पूरा करने के लिए जनभागीदारी का हिस्सा बनिएः

• **महिलाएं चला रही जल संरक्षण मुहिम:** जल संरक्षण विषय पर जागरूकता तथा जनभागीदारी के परिणाम कई जगह बहुत ही उत्साहजनक मिले हैं जिससे जल संरक्षण अभियान में तेजी आएगी। इसी संबंध में कुछ उदाहरण बहुत ही प्रेरणादायक हैं। मध्य प्रदेश के आदिवासी बहुल झाबुआ जिले में पर्यावरण व जल संरक्षण अभियान को तेजी से आगे बढ़ाने में महिला-शक्ति के सामूहिक प्रयास एक उदाहरण बन चुके हैं । सन् 2004 से शुरु हुए सामूहिक श्रमदान (आदिवासी इसे सामूहिक सहकार कहते हैं) प्रयासों से अब तक जल संरक्षण के लिए 100 से अधिक तालाब बनाए जा चुके हैं, पहाड़ियों पर भी दो लाख से अधिक जल रोकने की छोटी-छोटी संरचनाओं को बनाया गया है ताकि पानी बहने के बजाय उन गड्ढों में रुके और जमीन में चला जाए । इन्हीं प्रयासों से लगभग 4500 जल स्रोत रिचार्ज किए जा चुके हैं। इसी क्रम में बड़ी संख्या में सफल वृक्षारोपण भी किया गया है। इन प्रयासों के परिणामस्वरूप इलाके में पीने के लिए स्वच्छ पानी की उपलब्धता आसान हुई और पशुपालन, मछलीपालन, फसलों के उत्पादन को प्रोत्साहन मिला। इसी तरह उत्तर प्रदेश में बुंदेलखंड के चित्रकूट में सेमरिया जगन्नाथवासी गांव की प्रधान दिव्या त्रिपाठी ने गांव को पानी के संकट से उबारने के लिए जनसहभागिता का रास्ता अपनाया और गांव के तालाबों को पुनर्जीवित किया, पहाड़ों से आ रहे

> *"जलकुम्भी कागज स्टार्टअप" जलकुंभी से कागज बनाने का काम सफलतापूर्वक कर रहा है। इस सफलता ने यह उम्मीद जगाई है कि जलकुंभी अब समस्या नहीं बल्कि आय का साधन बनेगी और पानी भी संरक्षित होगा।*

पानी को जगह-जगह रोका, बड़ी संख्या में गांव व आसपास वृक्षारोपण कराया। अब गाँव में भू-जलस्तर बढ़ गया है। पानी की समस्या का निवारण हुआ है। जल स्रोतों के महत्व को समझते हुए शिप्रा पाठक ने गोमती यात्रा शुरू की है और जनसहभागिता से नदी को बदहाली से बाहर निकालने व जल संरक्षण के महत्व पर जनजागृति करने का बीड़ा उठाया है। गोमती नदी के उद्गम स्थल पीलीभीत के माधोंटांडा से वाराणसी के निकट गोमती नदी के गंगा में मिलन स्थल सैदपुर तक वह 960 किमी की यात्रा कर रही हैं।

• **जल संरक्षण में धर्मगुरुओं की पहल:** विशेषज्ञों का मानना है कि भारत में उभरते जल संकट का निवारण बहुत हद तक नदियों व तालाबों के पुनर्जीवीकरण (Rejuvenation) में निहित है। इसी सर्वमान्य अवधारणा को सफलतापूर्वक आगे बढ़ाते हुए पंजाब में बाबा बलवीर सिंह सीचेवाल ने अपने कार सेवकों की सहायता से 160 किमी लम्बी एक मृत नदी "काली बेंन" को जीवित किया। अब यह नदी थलचर, जलचर, नभचर व पेड़ पौधों के लिए जीवनदायनी है। बाबा जी के इस महत्वपूर्ण व प्रेरणादायक योगदान के लिए विश्व भर में उनको पहचान मिली। इनके अलावा नदियों व तालाबों को पुनर्जीवित करने के लिए अनेक धर्मगुरु भी अपना योगदान दे रहे हैं। अब अनेक धर्मगुरु कथा, भागवत , रामचरितमानस आदि पर प्रवचन करते हुए व्यासपीठ से अपने अनुयायियों को जल प्रदूषण रोकने व जल संरक्षण करने पर भी जागरूक करने लगे हैं यह एक सकारात्मक व महत्वपूर्ण पहल है। इस पहल को जनआंदोलन के रूप में परिवर्तित कर देने की क्षमता हमारे

धर्मगुरुओं में है। उनकी इस क्षमता से जो परिवर्तन आएगा वह निश्चित ही स्थाई व दूरगामी होगा।

• **पंचायतों की सक्रियता:** पेयजल का महत्व व उसके समुचित इस्तेमाल के लिए घर परिवार में भी अभियान चलाने की आवश्यकता है। ऐसा अनुमान है कि शहरों में रोजमर्रा के कामों जैसे कि मंजन करने, नहाने, कपड़े धोने, फर्श धुलाई, कारों/मोटरसाइकिलों की धुलाई करने, बर्तन साफ, फ्लश करने आदि के लिए यदि पानी का विवेकपूर्ण उपयोग किया जाए तो 60 से 70% पानी को बचाया जा सकता है। ग्रामीण क्षेत्रों में भी खेती व पशुपालन में पानी के विवेकपूर्ण व वैज्ञानिक विधि से प्रयोग करने से पानी की खपत को 50-60% तक आसानी से कम किया जा सकता है। हरियाणा के गांवों में पेयजल की बर्बादी को रोकने के लिए एक बड़ी पहल की गई है। इस पहल के अंतर्गत पेयजल आपूर्ति, जल प्रदूषण रोकने एवं सीवरेज प्रबंधन की जिम्मेदारी पंचायतों को दी गई है। जल और सीवरेज प्रबंधन के लिए 16 सदस्यीय समितियां बनेंगी जिनमें महिलाओं की संख्या 50% होना अनिवार्य है। समितियों में समाज के सभी वर्गों का प्रतिनिधित्व होना भी सुनिश्चित किया गया है। ऐसी पहल अनेकों राज्यों में किसी न किसी रूप में शुरू हो चुकी हैं।

• **हरियाणा सरकार की "थ्री आर नीति":** यद्यपि सभी प्रदेश सरकारें अब जल संरक्षण मुहिम चला रही हैं और केन्द्र सरकार की योजनाओं में भागीदारी कर रही हैं लेकिन हरियाणा सरकार के द्वारा शुरू किए गए अभियान की जानकारी देना आवश्यक है। हरियाणा सरकार ने प्रधानमंत्री द्वारा जल

संरक्षण के लिए दिए गए "थ्री आर" (3R) सुझावों को अपनी जल संरक्षण नीति का हिस्सा बनाया है। इस नीति को लागू करने के लिए नौ विभाग मिलकर काम करेंगे। ये तीन सुझाव हैं: 1) Reduce-कम पानी खर्च करना, 2) Recycle-इस्तेमाल से खराब हुए पानी को साफ करके उपयोग, 3) Recharge- भू-जल स्तर ठीक रखने के लिए जमीन में जल पुनर्भरण करने के उपाय करना । इस नीति के अंतर्गत कृषि में पानी का कम से कम प्रयोग की जाने वाली तकनीकों को अपनाने तथा कृषि में विविधीकरण करके कम पानी से उगाई जाने वाली फसलों की खेती पर जोर देना होगा। साथ ही गन्ना, आलू व कपास में शतप्रतिशत सूक्ष्म सिंचाई तकनीकों को अपनाना होगा। गेहूं, धान व अन्य फसलों में खुल्ला सिंचाई (Flood Irrigation) को रोका जाएगा। बर्षा जल तथा बरसात में छतों के पानी के संरक्षण पर विशेष जोर दिया जाएगा। अपशिष्ट जल का बगीचों, पार्कों में प्रयोग तथा खारे पानी वाले क्षेत्रों में मत्स्य पालन पर जोर होगा। इस कार्य को सफल बनाने के लिए प्रोत्साहन योजनाओं को चलाया जा रहा है। उद्योगों व अन्य क्षेत्रों में भी "थ्री आर" नीति अपनानी होगी।

• **स्टार्टअप्स द्वारा जल संरक्षण :** यह बड़े उत्साह की बात है कि जल संरक्षण के क्षेत्र में काम करने के लिए कई स्टार्टअप्स आगे आ रहे हैं। स्टार्टअप्स का अर्थ है कि एक ऐसा व्यावसायिक विचार जिसे लेकर लगता है कि इसको बड़े व्यवसाय में बदला जा सकता है और उस विचार के आधार पर काम करके एक कंपनी बनाना ही स्टार्टअप होता है। "लिव-एन-सेंस स्टार्टअप" आर्टीफिशियल इंटैलीजैन्स व मशीन लर्निंग पर आधारित है जो पानी की

बरबादी को रोकने तथा पानी के वितरण को प्रभावशाली तरीके से नियमित कराने में सहयोग देगा। इसी तरह “फ्लेक्सजेन स्टार्टअप्स” की तकनीक पानी को मितव्ययिता के साथ प्रयोग करने में सहायक होगी । तकनीकों के आधार पर पानी के संरक्षण, उचित उपयोग, पुनर्चक्रण से जुड़े स्टार्टअप्स भविष्य जल संरक्षण के लिए बड़ी उम्मीद बन रहे हैं। उत्साहजनक बात यह है कि "जलकुम्भी कागज स्टार्टअप" जलकुंभी से कागज बनाने का काम सफलतापूर्वक कर रहा है। इस सफलता ने यह उम्मीद जगाई है कि जलकुंभी अब समस्या नहीं बल्कि आय का साधन बनेगी और पानी भी संरक्षित होगा।

"आओ हम जल संरक्षण के लिए मुहिम का हिस्सा बनें"

विस्तृत जानकारीहेतु संदर्भ

http://nihroorkee.gov.in/research-consultancy-activities/technology-transfer

https://www.downtoearth.org.in/news/water/punjab-is-a-bleak-example

http://www.wri.org/blog/2015/02/3-maps-explain-india%E2%80%99s-growing-water-risks

https://www.unesco.org/reports/wwdr/2023

https://www.pib.gov.in Press Information Bureau

https://www.sciencedirect.com/topics/earth-andplanetary-sciences/water-hyacinth

https://www.bing.com water problems in india

Clean drinking water (http://www.unicef.org/India)

https://www.bing.com/search?q=WALMI+Aurangabad&form

ICAR-Indian Institute of Water Management, Bhubaneswar (iiwm.res.in)

https://iitg.ac.in/aiwc/aboutus

https://timesofindia.indiatimes.com/india/how-serious-is-indias-water-crisis/articleshow/98887141.cms

https://www.csmcri.res.in/

https://www.csir.res.in/converting-waste-wealth-csir-csmcri%E2%80%99s-spent-wash-management-technology

https://www.earthday.org/cleanup-removes-more-than-10000-kilograms-of-waste-from-river-ganga/

https://www.jagran.com/

अध्याय-5
वैकल्पिक ऊर्जा लेगी जीवाश्म ईंधन की जगह

5.1 वैकल्पिक ऊर्जा ही भविष्य की ऊर्जा

भारत को वैकल्पिक (Alternative) व नवीनीकरणीय (Renewable) ऊर्जा स्रोतों की बहुत बड़ी सौगात प्रकृति ने दी है लेकिन जीवाश्म ईंधन (तेल, कोयला) की जगह इनका उपयोग करने की ओर हमारे देश ने वास्तविक पहल तब शूरू की जब संयुक्त राष्ट्र द्वारा 2015 में निर्धारित "सतत विकास लक्ष्य" प्राप्त करने व "पेरिस समझौता 2015" अपनाने के लिए हम बाध्य हुए क्योंकि जीवाश्म ईंधन के प्रयोग से निकलने वाली गैसों को भूमंडलीय तापमान बढ़ाने में सबसे बड़ा दोषी पाया गया।

> *"सतत विकास लक्ष्य प्राप्त करने के लिए वैकल्पिक/नवीनीकरणीय ऊर्जा जैसे कि सौर ऊर्जा, पवन ऊर्जा, बायोगैस, हाइड्रोजन, परमाणु बिजली का इस्तेमाल ज्यादा से ज्यादा बढ़ाए जाने की आवश्यकता है। " इनसे प्राप्त ऊर्जा का नामकरण "स्वच्छ ऊर्जा/ ग्रीन ऊर्जा " किया गया है क्योंकि इसके प्रयोग से प्रदूषण बढ़ाने वाली व ग्रीनहाउस गैसें नहीं निकलती हैं।*

टिकाऊ एवं समावेशी आर्थिक समृद्धि के लिए यह आवश्यक है कि सस्ते दामों पर उपलब्ध तथा पर्यावरण को सुरक्षित रखने वाली ऊर्जा से आवश्यकताओं की पूर्ति होती रहे। इसके लिए वैकल्पिक/नवीनीकरणीय ऊर्जा जैसे कि सौर ऊर्जा, पवन ऊर्जा, बायोगैस, हाइड्रोजन, परमाणु बिजली का

इस्तेमाल ज्यादा से ज्यादा बढ़ाए जाने की आवश्यकता है। वास्तव में जीवाश्म ऊर्जा पर निर्भरता को कम करने का समाधान वैकल्पिक ऊर्जा के दोहन में ही छिपा हुआ है। वैकल्पिक ऊर्जा प्राप्त करने के स्रोत सूर्य, हवा, जैविक कचरा आदि प्रकृति में प्रचुर मात्रा में उपलब्ध हैं। इनसे प्राप्त ऊर्जा का नामकरण "स्वच्छ ऊर्जा/ ग्रीन ऊर्जा " (Clean Energy/ Green Energy) किया गया है क्योंकि इसके प्रयोग से प्रदूषण व ग्रीनहाउस गैसें नहीं निकलती हैं। विश्व में ग्रीन ऊर्जा को पैदा करने के लिए बढ़ते रुझानों को देखते हुए अंतर्राष्ट्रीय ऊर्जा संस्था (International Energy Agency-IEA) का अनुमान है कि ग्रीन ऊर्जा पैदा करने की विश्वस्तरीय क्षमता 2023-2027 के बीच 2400 गीगावाट बढ़ जाएगी।

हमारी अर्थव्यवस्था 6% प्रति वर्ष से अधिक की दर से बढ़ रही है जो दुनिया में सबसे अधिक है। जब हम देश के सकल घरेलू उत्पादों (Gross Domestic Products-GDP) की बात करते हैं तो इसमें लगभग 18% का योगदान कृषि क्षेत्र से आता है। देश में तेजी से हो रहे तकनीकी विकास, इन्फ्रास्ट्रक्चर डवलपमेंट व नीतिगत सुधारों के कारण संभावना जताई जा रही है कि भारतीय उत्पादों की मांग में 2014 की तुलना में 2030 तक काफी वृद्धि हो जाएगी। अतः अन्य क्षेत्रों की तरह कृषि क्षेत्र में भी ऊर्जा की अधिक आवश्यकता बढ़ेगी।

किसानों व कृषि से जुड़े व्यवसायों को अपने कार्यों को संपन्न करने के लिए परंपरागत जीवाश्म ईंधन का प्रयोग करना होता है जिसकी कीमत अधिक

होने से उत्पादन व परिवहन लागत बढ़ जाती है। परिणामस्वरूप उत्पादों की कीमत बढ़ना स्वाभाविक है जिससे घरेलू व अंतर्राष्ट्रीय बाजारों की मूल्य प्रतिस्पर्धा में बने रहना कठिन हो जाता है। अत: कृषि, पशुपालन, बागवानी, मत्स्य पालन, कुक्कुट पालन, सुअर पालन, प्रौसैसिंग, परिवहन, भंडारण आदि अनेकानेक क्षेत्रों में वैकल्पिक ऊर्जा के इस्तेमाल के लिए किसानों व कृषि से जुड़े उद्योगों को तेजी से आगे आना चाहिए क्योंकि वैकल्पिक ऊर्जा परम्परागत जीवाश्म ईंधन जनित ऊर्जा से बहुत सस्ती तथा पर्यावरण फ्रैन्डली होती है।

5.2 भारत की ऊर्जा दृष्टि (Energy Vision)

भूमंडलीय तापमान की बढ़त व प्रदूषण को रोकने के लिए अतर्राष्ट्रीय प्रयासों के सहयोगी होने तथा बढ़ती हुई जीवाश्म ऊर्जा की कीमतों के कारण भारत ने अपनी ऊर्जा नीति में नवीनीकरणीय ऊर्जा (Renewable Energy) उत्पादन व प्रयोग पर विशेष ध्यान केन्द्रित किया है। भारत 2030 तक 500 गीगावाट ऊर्जा पैदा करने के लिए तथा 2070 तक ग्रीनहाउस गैसों का उत्सर्जन शून्य करने की दृष्टि से कदम उठा रहा है।

भारत के पास वैकल्पिक स्रोतों से 1000 गीगावाट से अधिक बिजली पैदा करने की संभावनाएं (Potential) हैं जिसके दोहन के लिए प्रयासों को बल दिया जा रहा है। ये वैकल्पिक स्रोत हैं: सौर ऊर्जा, पवन ऊर्जा, जैविक कचरा, छोटे हाइड्रोपावर, बड़े हाइड्रोपावर, परमाणु ऊर्जा आदि। सरकार इस क्षेत्र को बढ़ावा देने के लिए प्रोत्साहन योजनाएं (Incentive Schemes) भी चला रही है।

5.3 भारत सरकार की पहल

> *वैकल्पिक ऊर्जा के इस्तेमाल के लिए किसानों व कृषि से जुड़े उद्योगों को तेजी से आगे आना चाहिए क्योंकि वैकल्पिक ऊर्जा परम्परागत जीवाश्म ईंधन जनित ऊर्जा से बहुत सस्ती तथा पर्यावरण फ्रैन्डली होती है।*

ऊर्जा का सदुपयोग करने, संरक्षित करने तथा स्वच्छ ऊर्जा उत्पन्न करने के प्रति जागरूकता पैदा करने के लिए भारत में हर साल 14 दिसंबर को "राष्ट्रीय ऊर्जा संरक्षण दिवस" मनाया जाता है। सुखद व उत्साहित करने वाली बात यह है कि विभिन्न स्तरों पर चलाए जा रहे अभियानों के सकारात्मक परिणाम देखे जा रहे हैं। कृषि क्षेत्र में ग्रीन ऊर्जा पैदा करने की बहुत अधिक क्षमता है जो कृषि की आवश्यकता की पूर्ति के बाद अन्य ऊर्जा खपत वाले क्षेत्रों की भी मांग पूर्ति में बड़ा योगदान दे सकती है। लेकिन जागरूकता की कमी के कारण इस विषय पर विचार विमर्श तब शुरू हुआ जब तेल आयात पर राजकोषीय खर्च लगातार बढ़ने लगा। सरकार ने 2016 के बाद इस ऊर्जा के दोहन की ओर समग्र प्रयास भी शुरू कर दिए हैं। इस पहल से आर्थिक लाभ के साथ ही ऊर्जा स्वायत्तता भी मिलेगी।

इस समय भारत अपनी ऊर्जा जरूरतों को पूरा करने के लिए लगातार मंहगे होते हुए अरबों रुपए से आयातित तेल व कोयले पर ही अधिक निर्भर है। जिससे हमारी अर्थव्यवस्था के स्थायित्व तथा विकास योजनाओं पर प्रतिकूल प्रभाव तो पड़ता ही है साथ ही पर्यावरण पर भी प्रतिकूल प्रभाव पड़ रहा है। विशेषज्ञों की रिपोर्ट्स के अनुसार भारत सन् 2030 तक यूरोपीय संघ को पीछे

छोड़कर दुनिया का तीसरा सबसे बड़ा ऊर्जा उपभोक्ता बन जाएगा। इसका अर्थ यह हुआ कि तेल व कोयला के आयात को बढ़ाना पड़ेगा जिससे हमारी अर्थव्यवस्था पर बोझ बढ़ेगा। तेल व कोयला आयात पर होने वाले खर्च को कम से कम रखने से भारत की विकास यात्रा के कामों को करने के लिए अधिक धन उपलब्ध हो सकेगा।

मनीभाई पटेल ने 2018 में सौर ऊर्जा को कृषि में उपयोग के लिए बहुत बड़ा कदम उठाया। उन्होंने दुनिया की पहली सौर ऊर्जा सहकारिता समिति "पटलाद सोजित्रा सौरऊर्जा उत्पादक सहकारी मंडली लिमिटेड" बनाई जिसका दायरा बहुत ही कम समय में पूरा आनंद जिला हो गया।

5.4 स्वच्छ ऊर्जा उत्पादन के लिए राष्ट्रीय निर्धारित लक्ष्य (NDC)

भारत सरकार ने इस दिशा में बहुत अच्छे निर्णय लिए व योजनाएं बनाकर जमीनी स्तर पर काम करना शुरू किया है। राष्ट्रीय स्तर पर निर्धारित योगदान (Nationally Determined Contribution-NDC) पेरिस समझौते का केन्द्र बिन्दु है। इसके अनुसार हर राष्ट्र भूमंडलीय तापमान को बढ़ाने वाली गैसों के उत्सर्जन के लिए लक्ष्य निर्धारित करेगा। भारत ने ऐसी गैसों को 2005 के उत्सर्जन स्तर से 2030 तक 45% कम करने का लक्ष्य बनाया है इस लक्ष्य को प्राप्त करने के लिए भारत ने अपनी कुल ऊर्जा खपत की 50% पूर्ति वैकल्पिक ऊर्जा से करने के लिए आवश्यक कदम उठा लिए हैं। इसके अंतर्गत यातायात के साधनों को बिजली आधारित करने के लिए ठोस कदम उठाए जा रहे हैं तथा बिजली उत्पादन में सौर ऊर्जा, पवन ऊर्जा, बायोगैस, हाइड्रोपावर, परमाणु

बिजली उत्पादन व वितरण पर विशेष स्कीम्स व प्रोत्साहन दिए जा रहे हैं। इसके साथ ही बायोफ्यूल उत्पादन रणनीति के अंतर्गत विभिन्न तरह के जैवअवशेष, सोलिड वेस्ट, गोबर आदि इस्तेमाल किए जा रहे हैं।

भूमंडलीय तापमान को बढ़ाने वाली गैसों को 2005 के उत्सर्जन स्तर से 2030 तक 45% कम करने का लक्ष्य बनाया है इस लक्ष्य को प्राप्त करने के लिए भारत ने अपनी कुल ऊर्जा खपत की 50% पूर्ति वैकल्पिक ऊर्जा से करने के लिए आवश्यक कदम उठा लिए हैं।

जलवायु परिवर्तन की समस्याओं से निपटने के क्रम में सौर-ऊर्जा को वैकल्पिक ऊर्जा स्रोत के रूप में दुनिया भर में बढ़ावा देने के लिए भारत की पहल पर "अंतर्राष्ट्रीय सौर-ऊर्जा गठबंधन" (International Solar Alliance-ISA) 2016 में हुआ। इसका मुख्यालय भारत में "गुरुग्राम" में बनाया गया। इसके 106 सदस्य देशों में अधिकांश वह देश हैं जिनको "सनशाइन कंट्री" कहा जाता है अर्थात जहां प्राकृतिक रूप से सूर्य की रोशनी भरपूर व लम्बे समय तक रहती है। यह गठबंधन विश्व बैंक व सदस्य देशों से मिलकर इस क्षेत्र में अनुसंधान व प्रसार का काम करेगा। भारत ने फ्रांस से मिलकर गठबंधन के देशों से आग्रह किया है कि सोलर प्रोजेक्ट को तेजी से आगे बढ़ाने व संबंधित आधारभूत ढांचा बनाने के लिए धन उपलब्ध कराया जाए ।

5.5 सौर ऊर्जा के लिए सहकारिता समूह बनें

गुजरात में आणंद जिले के किसान महेश मनीभाई पटेल ने 2018 में सौर

ऊर्जा को कृषि में उपयोग के लिए बहुत बड़ा कदम उठाया। उन्होंने दुनिया की पहली सौर ऊर्जा सहकारिता समिति "पटलाद सोजित्रा सौरऊर्जा उत्पादक सहकारी मंडली लिमिटेड" बनाई जिसका दायरा बहुत ही कम समय में पूरा आनंद जिला हो गया। अपनी आवश्यकताओं की पूर्ति के बाद जो बिजली बचती है वह सरकार को बेच दी जाती है। चार साल के अंदर ही इस सहकारी समिति का कारोबार 12 करोड़ पहुंच गया। इसकी सफलता से उत्साहित होकर इसी तरह की आठ और सौरऊर्जा सहकारिता समितियां बन गईं। सरकार की योजनाओं से उनको तकनीकी व आर्थिक सहायता मिली। यह अनूठा सौर ऊर्जा आंदोलन किसानों व ग्रामीण अर्थव्यवस्था के सशक्तिकरण में अब बहुत बड़ा सहायक हो रहा है। इस तरह की सौर ऊर्जा सहकारिता समितियों का विस्तार पूरे देश में तभी होगा जब हमारे युवाओं में जागरूकता होगी।

5.6 बायोगैस व बायोडीजल उत्पादन एक अच्छा विकल्प

भारत में कृषि क्षेत्र से जैविक कचरा बहुत अधिक निकलता है । सभी राज्यों में तरह-तरह के जैव कचरे उत्पन्न होते हैं। पौधों, फसलों व पशुओं से उत्पन्न जैविक कचरा (Organic Waste) के अवायवीय (ऐनारोबिक) बैक्टीरिया द्वारा क्षरण से बायोगैस उत्पन्न होती है। बायोगैस में मुख्य रूप से मिथेन होती है और उसमें कार्बनडाइआक्साइड, नाइट्रोजन, कार्बनमोनोआक्साइड गैसें भी मिली रहती हैं। ये सभी गैसें ग्रीन हाउस गैसें हैं और प्रथ्वी के तापमान को बढ़ाने में भूमिका निभाती हैं। अतः इन ज्वलनशील गैसों का ऊर्जा उत्पादन में उपयोग करने से जलवायु संरक्षण भी होगा और सस्ती ऊर्जा भी मिल सकेगी।

पेट्रोलियम एवं प्राकृतिक गैस मंत्रालय का मानना है कि यदि देश में उपलब्ध कम्प्रेस्ड बायोगैस (सीबीजी) संभावनाओं का पूरी तरह दोहन करने की क्षमता प्राप्त करली जाए तो बायोगैस से प्राकृतिक गैस की मांग को पूरा किया जा सकता है। पूरी तरह दोहन करने पर इससे 6.20 करोड़ टन बायोगैस का उत्पादन हो सकेगा। इस पहल के तहत 2023 तक डेढ़ करोड़ टन सीबीजी का उत्पादन होने का लक्ष्य 2018 में रखा गया। पेट्रोलियम मंत्रालय के मुताबिक यदि डेढ़ करोड़ टन सीबीजी उत्पादन के लक्ष्य को हासिल कर लिया जाता है तो इससे मौजूदा सीएनजी खपत के 40 प्रतिशत की भरपाई कर ली जाएगी। इसी उद्देश्य को आगे बढ़ाते हुए गन्ना मिलों में व गन्ना के खेतों से प्राप्त अपशिष्ट से बायोफ्यूल पैदा करने के लिए भारत के तेरह राज्यों में 44 बायोसीएनजी लगाए जा चुके हैं।

पंजाब के संगरूर में निजी क्षेत्र की एक कम्पनी के बायो-इनर्जी प्लांट ने अक्टूबर 2022 में काम करना शुरू कर दिया है। यह प्लांट धान की पराली से "कम्प्रेस्ड बायो गैस" (CBG) का उत्पादन करेगा। इस पहल को वैकल्पिक ऊर्जा उत्पादन व प्रदूषण रोकने के क्षेत्र में क्रांतिकारी कदम बताया जा रहा है। किसान जिस पराली को मजबूरीवश जलाते थे अब वही पराली आय का साधन बन रही है। देशभर में विभिन्न तरह के जैविक कचरों से बायोगैस उत्पादन में तेजी लाने के प्रयास लगातार किए जा रहे हैं।

5.7 पवन ऊर्जा (Wind Energy)

राष्ट्रीय पवन ऊर्जा संस्थान (National Institute of Wind Energy) पवन ऊर्जा के दोहन के लिए सुगम व सस्ती तकनीकों को खोजने के क्षेत्र में अग्रणी संस्थानों में से एक है। भारत सरकार ने इसी संस्थान की मदद से 800 पवन निगरानी स्टेशन पूरे देश में लगाए हैं जिससे पवन नक्शा (Wind Map) बनाने में सुविधा रहती है। गुजरात, तमिलनाडु व राजस्थान में चलने वाली तेज हवाओं के माध्यम से बिजली बनाने की सामूहिक क्षमता 35 गीगावाट से बढ़ा कर दो गुना करने के लिए कदम उठाए गए हैं। महाराष्ट्र व कर्नाटक की क्षमताओं का भी दोहन करने के लिए सरकार काम कर रही है। Wind Maps के आधार पर सभी राज्यों में इसकी संभावनाओं को तलाशने का काम जारी है।

5.8 छोटी पनबिजली योजनाएं

भारत में छोटी पनबिजली योजनाओं से बिजली के रूप में ऊर्जा प्राप्त करने का बहुत बड़ा दायरा (Scope) है। छोटी पनबिजली योजना उसे माना जाता है जो 25 मैगावाट तक बिजली पैदा करने की क्षमता रखती हो। वैकल्पिक ऊर्जा मंत्रालय की देखरेख में ये योजनाएं लागू होती हैं। इस उत्पादन के लिए सस्ती व कुशल भारतीय तकनीकें उपलब्ध हैं। अनुमान है कि इन योजनाओं के पूर्णरूप कार्यान्वित होने पर 20 हजार मैगावाट बिजली उत्पादन किया जा सकता है।

स्वच्छ ऊर्जा उत्पादन के लिए परमाणु ऊर्जा और बड़े हाइड्रोप्रोजेक्ट्स पर भारत सरकार पहले से ही काम कर रही है। ग्रीन ऊर्जा उत्पादन में कृषि क्षेत्र की भूमिका बहुत बड़ी होने की संभावना है इसलिए हमारे युवाओं को जागरूक होकर कौशल हासिल करना चाहिए।

5.9 वैकल्पिक ऊर्जा उत्पादन में स्टार्टअप्स की सफलता

भारत में वैकल्पिक ऊर्जा उत्पादन और प्रयोग के लिए छोटे-बड़े सभी स्तरों पर जागरूकता बढ़ी है। गुजरात के आणंद जिले में सौर ऊर्जा दोहन के लिए जो सहकारिता समूह बने हैं वह जागरूकता का एक महत्वपूर्ण उदाहरण है। हम सबके लिए विशेषकर उद्यमशील युवाओं के लिए उत्साहित करने वाली बात यह है कि इस क्षेत्र में "स्टार्टअप्स" भी आगे आ रहे हैं और बड़ी सफलता प्राप्त कर रहे हैं। सुमंत सिन्हा, आई आई टी दिल्ली द्वारा 2011 में स्थापित "रिन्यू पावर" (ReNew Power) नामक एक ऐसा ही स्टार्टअप है जो पिछले एक दशक में वैकल्पिक ऊर्जा उत्पादन में अपना बड़ा स्थान बना चुका है। इस स्टार्टप ने पहला विंडफार्म (Wind-Farm) गुजरात के राजकोट में स्थापित करके बिजली पैदा करना शुरू किया था। यह कंपनी देशभर में पवन, सौर, बायोमास, हाइड्रो ऊर्जा के संयंत्र (Plants) लगाती है और 2017 में यह कंपनी यूनीकोर्न (Unicorn) बन चुकी थी। कोई भी प्राइवेट कंपनी जिसका मूल्यांकन एक बिलियन डालर या इससे अधिक होता है तो उसे यूनीकार्न कंपनी कहा जाता है। वैकल्पिक ऊर्जा उत्पादन क्षेत्र में बढ़ती संभावनाओं और विस्तृत होते दायरे के कारण इस क्षेत्र में काम करने के लिए भारत में अनेकों संस्थानों व

प्राइवेट कंपनियों ने पहल शुरू की है और उत्साहवर्धक परिणाम आ रहे हैं।

5.10 अनुसंधान संस्थाओं व उत्पादन कंपनियों के बीच समन्वय आवश्यक

डेरी व कृषि क्षेत्र में उत्पन्न गोबर, फसल अवशेषों व कचरे से हाइड्रोजन सल्फाइड, कार्बनडाइआक्साइड व मिथेन गैसों का लगातार उत्सर्जन होता रहता है। मिथेन व कार्बनडाइआक्साइड गैसें पृथ्वी के तापमान को बढ़ाने में बहुत बड़ी भूमिका निभाती हैं अतः इस समस्या से छुटकारा पाने के उपाय भी विश्वस्तर पर किए जा रहे हैं। यूएसए में डेरी उद्योग से निकलने वाले गोबर व अन्य कचरे से बड़ी मात्रा में निकलने वाली मिथेन व कार्बनडाइआक्साइड गैसों को स्वच्छ ऊर्जा (बायो-गैस व बायो-डीजल) में परिवर्तित करने के लिए "विस्कॉन्सिन यूनिवर्सिटी" तथा कैलीफोर्निया में स्थित "आगरा इनर्जी" नामक कंपनी के बीच आपसी समझौता कुछ साल पहले हुआ था और आरंभिक परियोजना 250 गायों की डेरी के गोबर व कचरे के इस्तेमाल से शुरू हुई जिसके परिणाम बहुत सफल रहे। इस समझौते में विश्वविद्यालय के छात्र अनुसंधान कर रहे हैं और अनुसंधान से निकली तकनीकी से "आगरा इनर्जी" कंपनी बड़े स्तर पर स्वच्छ ऊर्जा का व्यावसायिक उत्पादन 2023 से शुरू करने के लिए काम कर रही है। इस तरह के सहयोग व समझौतों से कृषि व डेरी उद्योग को भी आर्थिक लाभ होगा, रोजगार के अवसर बढ़ेंगे और ग्लोबल वार्मिंग को रोकने में सहायता मिलेगी।

विस्तृत जानकारीहेतु संदर्भ

https://www.india.gov.in/schemes-small-hydro-projects

https://mnre.gov.in/bio-energy/current-status

https://www.currentscience.ac.in/Volumes/120/12/1833.pdf

https://us.usawebstoriesrg.com/now-milk-district-anand-taps-the-sun-india-news/

https://www.britannica.com/technology/biogas

https://www.investindia.gov.in/sector/renewable-energy

https://www.un.org/en/climatechange/raising-ambition/renewable-energy

https://www.india.gov.in/website-wind-energy-programme?

https://timesofindia.indiatimes.com/india/now-milk-district-anand-taps

https://www.thehindu.com/opinion/op-ed/a-renewable-energy-revolution-rooted-in-agriculture/article

https://www.india.gov.in/website-wind-energy-programme?page=1

https://pib.gov.in/FeaturesDeatils.aspx?NoteId=151141&M

oduleId%20=%202

https://india.mongabay.com/2023/01/waste-to-bio-cng-the-role-of-indian-sugar-mills-in-the-transition-to-cleaner-fuel/

www.knocksense.com/kanpur/kanpur-news-nsi-scientists-develop-tech-to

https://www.statista.com/statistics/1051902/india-biodiesel-production-volume

https://medium.com/@higgle/the-success-story-of-renew-power-indias-leading-renewable-power-producers

https://agraenergy.com/news/

अध्याय-6
विश्व बाजार में संभावनाएं तलाशती हमारी कृषि

6.1 हाट से विश्व बाजार तक पहुंची हमारी कृषि

बाजारों के रूप अलग-अलग हो सकते हैं लेकिन सबका अभिप्राय एक ही है- खरीदने बेचने की सुविधा देना। वहां "कोई बेच रहा है कोई खरीद रहा है अपनी आवश्यकताओं की पूर्ति के लिए"। गाँवों की छोटी-छोटी हाटों से कस्बों के छोटे बाजारों तक, फिर वहां से शहरों के बड़े बाजारों तक और फिर उससे भी आगे बड़े बाजारों की खोज हमेशा से ही मनुष्य करता आया है। बाजारों की निरंतर खोज के पीछे अपने उत्पादों का सही व अधिक मूल्य प्राप्त करना भी है। छोटे बाजारों में सीमित किस्म के सामानों के खरीदार होते हैं और खरीदारों की संख्या भी सीमित होती है। जबकि बड़े बाजारों में ज्यादा किस्मों के सामानों की मांग होती है और खरीदारों की संख्या भी ज्यादा होती है। अतः बड़े बाजारों में अपनी प्रतिभा व साधनों में विस्तार करके ज्यादा सामान बनाकर बेचने व अधिक लाभ

किसानों के आर्थिक सशक्तिकरण के लिए कृषि का बाजारोन्मुखी होना आवश्यक है। ग्रामीण क्षेत्रों की लगभग 47000 परम्परागत हाटों के विकास तथा देशभर की मंडियों को ई-राष्ट्रीय कृषि मार्केट (e-NAM) बनाकर किसानों की पहुंच को बड़े बाजार तक ले जाने की कोशिश है तो वहीं दूसरी ओर विश्व बाजार तक कृषि उत्पादों की अधिक से अधिक पहुंच बढ़ाने के लिए भी सभी सदस्य देशों द्वारा संगठित प्रयास हो रहे हैं।

कमाने के अवसर ज्यादा होते हैं। इन बाजारों से हमने बहुत कुछ सीखा भी है। जैसे-जैसे बड़े बाजार मिलते गए हमें बाजारों की मांग का ज्ञान हुआ। सर्वप्रथम हमें वर्गीकरण (Grading) व उसका साफ सुथरा रख-रखाव का महत्व समझ आया क्योंकि इससे बाजार में अधिक मूल्य मिलने से आय अधिक होती है। दूसरा ज्ञान हमें यह भी हुआ कि बाजार में अपने उत्पादों के प्रति ग्राहकों का विश्वास जीतना भी जरूरी है। इसके लिए शुद्धता व कीमतों को कम बनाए रखने के लिए प्रतिस्पर्धा का सामना करने की क्षमता बढ़ाने की सतत आवश्यकता है। लेकिन हम भारतीयों की कमजोरी यह रही कि हमने अपने ज्ञान व उत्पादों को व्यावसायिक जामा नहीं पहनाया इसलिए हमारा कृषि क्षेत्र विश्व बाजार में पिछड़ता रहा।

इस सच्चाई से सरकार व कृषि से जुड़े हितधारक अवगत हैं कि किसानों के आर्थिक सशक्तिकरण के लिए कृषि का बाजारोन्मुखी होना आवश्यक है। अतः एक ओर ग्रामीण क्षेत्रों की लगभग 47000 परम्परागत हाटों के विकास पर केन्द्र व राज्य सरकारों की पहल से नजदीकी बाजार उपलब्ध कराने तथा देशभर की मंडियों को इलैक्ट्रोनिक तकनीक द्वारा जोड़कर ई-राष्ट्रीय कृषि मार्केट (e-NAM) बनाकर किसानों की पहुंच को बड़े बाजार तक ले जाने की कोशिश है तो वहीं दूसरी ओर विश्व व्यापार संगठन (World Trade Organization- WTO) के तत्वावधान में विश्व बाजार तक कृषि उत्पादों की अधिक से अधिक पहुंच बढ़ाने के लिए भी सभी सदस्य देशों द्वारा संगठित प्रयास हो रहे हैं। कृषि उत्पादों के विपणन व विनिमय के लिए ये प्रयास कृषि

क्षेत्र के लिए बहुत बड़े अवसर व वरदान साबित हो रहे हैं। अगर विश्लेषणात्मक दृष्टि से देखा जाए तो यह बदलाव कृषि को बाजार केन्द्रित उत्पादन करने के लिए प्रेरित कर रहा है।

6.2 डब्ल्यू टीओ क्या है ?

विश्व बाजार कोई ऐसी जगह नहीं है जहां सामान रखकर बेचा जाता है। सभी देशों के बाजारों को एकीकृत रूप में विश्वबाजार कहा जाता है। इस बाजार में भी उत्पादों की स्वच्छता, शुद्धता, कीमतें कम रखने तथा विश्वसनीयता बनाए रखने के लिए जबरदस्त प्रतिस्पर्धा है, फिर भी हर देश इस बाजार में उपलब्ध विशाल अवसरों से लाभान्वित होने के लिए कटिबद्ध है। प्रतिस्पर्धा में रहने से उन्नति के रास्ते खुलते हैं और यह प्रतिस्पर्धा कभी खत्म नहीं होती। हर कार्य क्षेत्र में अलग तरह की प्रतिस्पर्धाएं बनी रहती हैं। हमें अपने से संबंधित क्षेत्र में उभर रही स्पर्धा में बने रहने के लिए जागरूक रहना तथा उसी के अनुसार ज्ञान अर्जित करने के साथ-साथ कौशल विकास करना आवश्यक है।

विश्व व्यापार संगठन 1995 में अपने अस्तित्व में आया। इसका उद्देश्य सभी सदस्य देशों को संगठन के नियमों की अनुपालना करते हुए विश्व बाजार में अपने उत्पादों को बेचने का समान अवसर दिलाना है अर्थात इस संगठन का कोई भी देश किसी भी सदस्य देश में संगठन के नियमों की अनुपालना करते हुए अपने उत्पाद बेच सकता है। इस समय इस संगठन में भारत, रूस, चीन, यूएसए, यूके, इजराइल, कनाडा, जर्मनी सहित 164 सदस्य देश हैं तथा 25 देश

पर्यवेक्षकों (Observers) के रूप में हैं। स्पष्ट है कि हमारे सामने बहुत बड़ा बाजार उपलब्ध है यदि हमें विश्व बाजार में अपने उत्पादों को बेच कर लाभान्वित होना है तो हमें इन सभी सदस्य देशों से प्रतिस्पर्धा करने के लिए प्रत्येक देश की आवश्यकताओं को समझना होगा और वैसे ही उत्पाद तैयार करने होंगे।

विश्व बाजार में भी उत्पादों की स्वच्छता, शुद्धता, कीमतें कम रखने तथा विश्वसनीयता बनाए रखने के लिए जबरदस्त प्रतिस्पर्धा है, लेकिन फिर भी हर देश इस बाजार में उपलब्ध विशाल अवसरों से लाभान्वित होने के लिए कटिबद्ध है।

भारत भी विश्व व्यापार संगठन द्वारा बनाए गए व्यापार संबंधित नियमों/ प्रावधानों पर सामान्य सहमति देकर 1995 में इस संगठन का सदस्य बन गया था। प्रावधानों के जिस प्रारूप पर भारत सहित सभी सदस्य देशों की सहमति बनी और लिखित समझौता हुआ उसी के अनुसार यह संगठन उत्पादों के व्यापार को देशों के बीच विनियमित (Regulate) करता है। इस संगठन की नियमावली के मूल में यह भावना है कि सभी देशों को एक दूसरे देशों के बाजारों तक पहुंच मिले और कम कीमत पर स्वच्छ व अच्छी गुणवत्ता के उत्पाद उपभोक्ताओं को उपलब्ध कराने के लिए देशों के बीच प्रतिस्पर्धा हो। विश्व बाजार में अच्छी साख बनाने में गुणवत्ता व कीमतों के लिए प्रतिस्पर्धा के साथ-साथ सतत आपूर्ति करने के लिए भी कटिबद्धता जरूरी है। व्यापार को सुगम बनाने के लिए उसमें आने वाली बाधाओं को दूर करने के लिए संबंधित देशों के बीच बातचीत कराके समझौता को अंतिम रूप देने में यह संगठन सहायक

होता है। इसके अलावा व्यापारिक देशों के बीच के विवादों को निपटाने में अपनी भूमिका भी निभाता है। ध्यान देने योग्य बात यह है कि भले ही इस बाजार में प्रतिस्पर्धा हो लेकिन इस संगठन के कारण प्रत्येक सदस्य देश को अपने उद्योगों, कृषि, इंजीनियरिंग, कला, कौशलयुक्त सेवाएं आदि विभिन्न क्षेत्रों के उत्पादों के व्यावसायीकरण के लिए एक बहुत ही बड़ा अंतर्राष्ट्रीय बाजार उपलब्ध हो गया है। चूंकि बाजार नियमों के अंतर्गत कार्य करेगा इसलिए अनेक समझौते किए गए हैं जिनमें व्यवसाय से संबंधित बौद्धिक संपदा संरक्षण, कृषि पर समझौता, व्यवसाय संबंधित निवेश के तरीके, सेवाओं के व्यवसायीकरण पर समझौता, खाद्य सुरक्षा के लिए पादप अनुवांशिकीय संसाधनों पर अंतर्राष्ट्रीय समझौता, जैवविविधता संरक्षण व उसका आदान-प्रदान से संबंधित समझौते प्रमुख हैं। विशेषज्ञों का मानना है कि इन समझौतों का अनुपालन करने की तैयारी जितनी जल्दी व अच्छी तरह हम कर लेंगे उतनी ही अधिक विश्व बाजार में अपनी हिस्सेदारी बढ़ा लेंगे जिससे हमारी अर्थव्यवस्था का आशातीत सशक्तिकरण होगा।

> *डा० एमएस स्वामीनाथन कमेटी रिपोर्ट 2006 के अनुसार विश्व बाजार के अवसरों का फायदा उठाने के लिए हमारे प्रयास बहुत धीमे हैं।*

6.3 विश्व व्यापार में कृषि पर समझौता

विश्व व्यापार संगठन के अंतर्गत बने प्रावधानों में एक विषय कृषि उत्पादों के विपणन से संबंधित भी है जिसे कृषि पर समझौता ("AoA- Agreement on Agriculture") के अंतर्गत परिभाषित किया गया है। यह समझौता भी

जनवरी 1995 से ही लागू हो गया। निष्पक्ष व बाजारोन्मुखी कृषि व्यापार प्रणाली लागू करना इस समझौते के मूल में है। इसके अलावा इस समझौते में पर्यावरण संरक्षण, खाद्य सुरक्षा व विकासशील देशों को इस बाजार के अवसरों का लाभ लेने के लिए उनकी भागीदारी बढ़ाना व बाधाओं का निवारण करना भी है। इसलिए इस विषय पर देशों के अन्दर विशेष जागरूकता आवश्यक है।

इस सहमति के बाद कृषि उत्पादों (Products) का भी क्रय-विक्रय (Marketing) भी विश्व व्यापार संगठन के नियमानुसार होने लगा है। इन कृषि उत्पादों में खाद्यान्न, फल, सब्जियां, परिष्कृत खाद्य (Processed Food), मछलियां व मछलियों के उत्पाद, समुद्री उत्पाद (Sea food), दूध व दूध के बने पदार्थ, मांस व मांस के बने उत्पाद, पोल्ट्री उत्पाद, वन संपदा, विभिन्न पशुओं से प्राप्त उत्पाद तथा कच्चा माल आदि शामिल हैं। चूंकि खाद्य पदार्थों के साथ बीमारियों, कीटों आदि तथा कीटनाशकों के अवशेष व अवांछित पदार्थों का एक देश से दूसरे देश में जाने की संभावना बनी रहती है इसलिए खाद्य पदार्थों के व्यापार में विश्व व्यापार संगठन की नियमावली को बहुत ध्यानपूर्वक व कड़ाई से लागू किया जाता है। खाद्य उत्पादों के साथ-साथ कृषि के अन्य उत्पादों के व्यापार में भी यही सावधानियां रखी जाती हैं। इसीलिए हमारे किसान भाइयों व कृषि से जुड़े हितधारकों को इस बारे में सामान्य ज्ञान होना चाहिए तभी प्रतिस्पर्धा का सामना करने के लिए नवीनतम ज्ञान अर्जित करने और विश्व मानकों को ध्यान में रखकर कृषि में उत्पादन करने की जिज्ञासा पैदा होगी।

6.4 डा० स्वामीनाथन कमेटी का संज्ञान

विश्व व्यापार संगठन के कारण प्रत्येक सदस्य देश को अपने उद्योगों, कृषि, इंजीनियरिंग, कला, कौशलयुक्त सेवाएं आदि विभिन्न क्षेत्रों के उत्पादों के व्यवसायीकरण का मौका मिला है ।

इतना बड़ा अवसर सामने होते हुए भी हमने उसका लाभ उठाने के लिए अपनी तैयारियां शुरू नहीं कीं। डा० एमएस स्वामीनाथन कमेटी रिपोर्ट 2006 के अनुसार विश्व बाजार के अवसरों का फायदा उठाने के लिए हमारे प्रयास बहुत धीमे हैं। हम विश्व व्यापार संगठन के सदस्य तो 1995 में ही बन गए और नियमों को अपनाने के लिए समझौते पर हस्ताक्षर भी किए लेकिन इस कमेटी की रिपोर्ट 2006 में आने तक यानी कि 12 साल तक विश्व बाजार के अवसरों के दोहन के लिए हमने टैक्स प्रणाली को नहीं सुधारा तथा तकनीकी विकास व आधारभूत ढांचा खड़ा करके सशक्तिकरण करने के लिए कदम भी नहीं उठाए । इन कदमों में किसानों तथा कृषि से जुड़े वैज्ञानिकों व हितधारकों के बीच गुणवत्ता व स्वच्छता से संबंधित मानकों, व्यापारिक आवश्यकताओं, बौद्धिक संपदा संरक्षण कानूनों सहित अन्य नियमों आदि के बारे में जागरूकता व साक्षरता अभियान आदि चलाने चाहिए थे। इस संबंध में जितनी अच्छी जागरूकता होगी उतनी अच्छी तरह हम विश्वबाजार के अवसरों का फायदा उठा सकेंगे।

डा० स्वामीनाथन कमेटी के इस अवलोकन को भारतीय कृषि अनुसंधान परिषद ने बहुत गंभीरता से लिया और "आईसीएआर गाइड लाइन्स फार आईपी मैनेजमेंट ऐन्ड टेक्नोलॉजी ट्रांसफर / कामर्शियलाइजेशन 2006" को सभी कृषि

संस्थानों को उपलब्ध कराया गया। चौधरी चरण सिंह हरियाणा कृषि विश्वविद्यालय ने पोस्ट ग्रेजुएट छात्रों के लिए 2007 में बौद्धिक संपदा अधिकार तथा व्यावसायीकरण पर एक अनिवार्य पाठ्यक्रम शुरू किया और भारतीय कृषि अनुसंधान परिषद की गाइड लाइनों के आधार पर अपनी पुस्तिका "इंटलेक्चुअल प्रोपर्टी राइट्स : पोलिसी ऐन्ड रेगूलेशन्स 2007" तैयार करके जागरूकता व साक्षरता अभियान शुरू किया। भारतीय कृषि अनुसंधान परिषद-हरियाणा कृषि विश्वविद्यालय-मिशीगन स्टेट यूनिवर्सिटी यूएसए ने मिलकर देश भर के प्रत्येक कृषि संस्थान से एक वैज्ञानिक को बौद्धिक संपदा अधिकार, व्यावसायीकरण, डब्ल्यू टीओ, प्रोटेक्शन ऑफ प्लांट वैराइटीज एंड फॉर्मर राइट्स एक्ट 2001, नवाचारों व रिसर्च प्रोडक्ट्स के बड़े पैमाने पर उत्पादन के लिए लाइसेंस देने आदि विषयों पर साक्षर बनाने के लिए हरियाणा कृषि विश्वविद्यालय, हिसार, राष्ट्रीय कृषि विस्तार प्रबंधन संस्थान (MANAGE), हैदराबाद तथा केरल कृषि विद्यालय, थ्रिसूर में तीन-तीन दिन की जागरूकता गोष्ठियां की गयीं। इसके बाद जागरूकता का यह सिलसिला अलग-अलग विश्वविद्यालयों व आई सीएआर इंस्टीट्यूशन्स में चलने लगा और प्रगतिशील किसानों तक बात पहुंचाने की कोशिशें तेज हुईं। आईसीएआर-एनएआईपी योजना के अंतर्गत 2009-10 में दस बिजनेस प्लानिंग व डेवलपमेंट यूनिट्स की स्थापना हुई तथा देश में अनेक इन्क्यूबेटर्स को बनाया गया। इस काम में काफी कुछ विस्तार हो चुका है लेकिन अभी इस क्षेत्र में बहुत कुछ करना बाकी है।

6.5 विश्व बाजार की मुख्य व्यापारिक बाधाएं (Trade Barriers/Impediments)

यह विषय बहुत बड़ा है, इससे जुड़े अधिकांश पहलुओं के बारे में देशों की सरकारों, सरकारों के प्रतिनिधियों व विशेषज्ञों को ध्यान देना होता है ताकि जनता व उत्पादनकर्ता के हितों के विपरीत कोई काम न हो। इसीलिए साल में एक या दो बार सदस्य देशों की सरकारों के मंत्रियों व विशेषज्ञों के बीच वार्ता होती है और सहमति के आधार पर आवश्यकतानुसार विश्व व्यापार संगठन के नियमों में सुधार भी किया जाता है। इस वार्ता का उद्देश्य यही होता है कि डब्ल्यू टीओ के तत्वावधान में होने वाले व्यापार में आने वाली बाधाओं को दूर करने के उपाय ढूंढना ताकि व्यापार सरलता पूर्वक व पूर्वानुमानों के अनुसार हो। डब्ल्यू टीओ के अंतर्गत होने वाले व्यापार में सबसे प्रमुख तीन बाधाएं आती हैं

खाद्य एवं कृषि संगठन तथा विश्व स्वास्थ्य संगठन द्वारा संयुक्त रूप से तैयार किये गए कोडेक्स अलिमेंटारिअस (Codex Alimentarius) में उद्धृत मानकों के आधार पर अपने देश में एसपीएस मानक लागू करने के लिए दिशानिर्देश तैयार किए हैं। इन मानकों को विकसित देशों विशेषकर यूरोपीय यूनियन के देशों में बहुत कड़ाई से लागू किया जाने लगा है। अतः हमारे किसानों व कृषि से संबंधित हितधारकों को इन मानकों के बारे में जानकारी रखनी होगी।

(1) प्रशुल्क संबंधित बाधाएं: ये कर (Tax) संबंधित बाधाएं (Tariff Barriers) हैं। इसमें आयात व निर्यात होने वाली वस्तु पर कोई भी देश कर लगाकर उसका आयात या निर्यात प्रभावित कर सकता है। इन तरीकों में

आयात व निर्यात शुल्क या परगमन (Transit) शुल्क या विशेष शुल्क आदि 10-11 तरह के कर होते हैं जिनको लगाकर देश बाहरी सामानों को अपने यहां आने से रोकने की कोशिशें करते हैं ताकि उनके देश के उत्पादों का बाजार बना रहे और देश के उत्पादकों को नुकसान न हो। शुल्क लगाने से बाहर का उत्पाद मंहगा हो जाता है और फिर उसकी मांग कम हो जाती है। इसी तरह आवश्यकता पड़ने पर निर्यात शुल्क लगाकर अपने देश का माल बाहर जाने से रोकने में सहायता मिलती है। उदाहरण के लिए भारत सरकार द्वारा देश में प्याज की कमी होने पर उसका निर्यात रोकने के लिए अक्सर निर्यात शुल्क का इस्तेमाल किया जाता है। इन बाधाओं को दूर करने के लिए विभिन्न देशों की सरकारों के स्तर पर विचार विमर्श करके ऐसे फैसले होते हैं कि किसी भी देश को अधिक या कम शुल्क लगाने के कारण नुकसान न होने पाए।

(2) गैर-शुल्कीय बाधाएं: गैर-शुल्कीय बाधाएं (Non-tariff Barriers) मुख्य रूप से उत्पादों को बनाने की परिस्थितियों, तकनीकों के प्रयोग, गुणवत्ता व औपचारिकताओं से संबंधित हैं। इस संबंध में तकनीकों व गुणवत्ता से जुड़े अंतर्राष्ट्रीय मानकों को जानने की आवश्यकता है। इन बाधाओं को दूर करने में सरकार व उत्पादनकर्ता दोनों को अपनी-अपनी भूमिका निभानी होती है। खाद्य सुरक्षा से जुड़े दो महत्वपूर्ण गैर-शुल्कीय (Non-teriff) पहलुओं के बारे में बताना और इसी संबंध में विश्व व्यापार संगठन में हुई दो सहमतियां बहुत महत्वपूर्ण हैं तथा ये दोनों सहमतियां खाद्य सुरक्षा व कृषि उत्पादों के अंतर्राष्ट्रीय

व्यापार में बड़े मुद्दे हैं:

(i) "स्वच्छता व पादप स्वच्छता": इसके अंतर्गत वो कानून, नियम, मानक, प्रणालियां (Sanitary & Phyto-sanitary/SPS) आदि आती हैं जिनको विभिन्न देशों की सरकारों द्वारा मानव, पशुओं व पौधों के खाद्यों में बीमारियों, कीटों, हानिकारक रसायनों को सीमित करने व दूसरी मिलावटों को रोकने के लिए लागू की जाती हैं। कृषि के बायोटैक उत्पाद (Agricultural Bio-tech products) से संबंधित स्वच्छता नियम भी एसपीएस मानकों का हिस्सा हैं।

विश्व व्यापार संगठन की बैठकों में एसपीएस मुद्दे पर हुई सहमति के अनुसार इस संबंध में किए जाने वाले उपाय व्यापक होने चाहिए जो मोटे तौर पर सभी देशों को मान्य हों। सभी सदस्य देशों ने खाद्य एवं कृषि संगठन तथा विश्व स्वास्थ्य संगठन द्वारा संयुक्त रूप से तैयार किये गए कोडेक्स अलिमेंटारिअस (Codex Alimentarius) में उद्‌धृत मानकों के आधार पर अपने देश में एसपीएस मानक लागू करने के लिए दिशानिर्देश तैयार किए हैं। वास्तव में कोडेक्स अलिमेंटारिअस अंतर्राष्ट्रीय स्तर पर मान्यता प्राप्त मानकों, प्रथाओं, दिशानिर्देशों, तथा खाद्य पदार्थ एवं उनके उत्पादन और सुरक्षा से संबंधित सिफारिशों का एक संग्रह है। इसमें उपभोक्ताओं को उपलब्ध कराए जाने वाले सभी प्रमुख खाद्य पदार्थों के लिए मानक शामिल हैं, चाहे वह प्रसंस्कृत हो, अर्ध-प्रसंस्कृत हो या गैर-प्रसंस्कृत। सदस्य देशों को यह भी छूट दी गयी है कि कोडेक्स अलिमेंटारिअस को आधार मानकर हर देश अपने मानक भी बना

सकता है। इसी का फायदा उठाकर बहुत से देश एसपीएस के मानकों को बहुत कड़ा व उच्च स्तर का बनाने लगे हैं जिससे विकासशील देशों को यूरोपियन यूनियन तथा यूएसए में अपने माल को बेच पाना मुश्किल हो जाता है।

ये मानक "कोडेक्स अलिमेंटारिअस कमीशन" की वेबसाईट पर उपलब्ध हैं। भारत में कोडेक्स अलिमेंटारिअस के मानकों को क्रियान्वित करने के लिए भारतीय खाद्य सुरक्षा एवं मानक प्राधिकरण (FSSAI) को अधिकृत किया गया है। इन मानकों को फूड कोड के नाम से भी जाना जाता है। खाद्यान्न, खाद्य पदार्थों व पौधों के साथ कोई फफूंदी, वैक्टीरिया, वायरस, कीट एक देश से दूसरे देश न जा सकें साथ ही स्वास्थ्य के लिए हानिकारक कीटनाशकों व अन्य रसायनों के अवशेष (Residues) भी स्वीकृत सीमा (Permissible limit) से अधिक न हों, उनमें किसी भी तरह की अनाधिकृत मिलावट न हो और बताई गई गुणवत्ता ही हो जो परखने पर सही मिले। इसीलिए इन मानकों को विकसित देशों विशेषकर यूरोपीय यूनियन के देशों में बहुत कड़ाई से लागू किया जाने लगा है। अतः हमारे किसानों व कृषि से संबंधित हितधारकों को इन मानकों के बारे में जानकारी रखनी होगी।

(ii) व्यापार के लिए तकनीकी बाधाएं (Technical Barriers to Trade- TBT): इसका उद्देश्य खाद्य उत्पादन की तकनीकों को नियमित करना, उत्पादों का स्तर, पर्यावरण नियम, न्यूनतम मानक को लागू करना, उनकी अनुरूपता प्रमाणन प्रणाली (Conformity Verification System)

लागू करना ताकि व्यापार में तकनीकी रुकावटें न बनें इसके लिए भी सहमति बनी है । इसके तहत तकनीकी नियंत्रण व अनुरूपता आंकलन (Technical Regulations & Conformity Assessment) खाद्य पदार्थों के उत्पादन सहित सभी पर लागू होगी। टीबीटी पर बनी सहमति का उद्देश्य भी यही है कि विभिन्न सदस्य देशों के तकनीकी मानक, अच्छी उत्पादन प्रणाली का निर्धारण, प्रमाणिकता व निरीक्षण प्रणाली (Certification & Inspection Systems) ऐसे हों जो व्यापार में रुकावट न बनें, स्वास्थ्य सुरक्षा, वातावरण संरक्षण हो तथा उत्पाद (Product) के बारे में जानकारी ज्यादा से ज्यादा उपलब्ध हो। लेकिन यहाँ भी सदस्य देशों को यह छूट दे दी गयी कि प्रत्येक देश सहमति के तहत आधारभूत मानकों को अपने देश की आवश्यकतानुसार निर्धारित कर सकता है। साथ ही यह भी कहा गया कि सभी देशों को एक दूसरे की उत्पादन प्रक्रिया (Production Procedures) को मान्यता देनी चाहिए यदि ऐसा नहीं होता तो बेचने वाले व खरीदने वाले दोनों देशों को ही परीक्षण करने पड़ेंगे।

एसपीएस व टीबीटी में जो यह छूट दी गयी है कि सदस्य देश आधारभूत मानकों से उच्चस्तरीय मानक बना सकते है यही छूट वास्तव में हमारे कृषि क्षेत्र के उत्पादों के लिए विश्व बाजार में सबसे बड़ी अड़चनें पैदा करती हैं। जो प्रशुल्क (Tariff) संबंधित मुद्दे हैं उनका तो विश्व व्यापार संगठन बार-बार सदस्य देशों से विचार करके हल (Solution) निकालने में कामयाब हो जाता है लेकिन एसपीएस व टीबीटी संबंधित समस्या आपस में व्यापार करने वाले देशों को सुलझाना होता है। विकसित देशों मे स्वास्थ्य के प्रति, खाद्य गुणवत्ता के प्रति व

उपभोक्ता के अधिकारों के प्रति जागरूकता अधिक होने के कारण उन देशों में एसपीएस व टीबीटी संबंधित मानकों को बहुत कड़ाई (Stringent) से लागू करते हैं।

(3) व्यापार संबंधी बौद्धिक संपदा अधिकारों का संरक्षण: यह वास्तव में बाधा नहीं है बल्कि स्वयं की बौद्धिक संपदा की कानूनी रूप से रक्षा करना है और दूसरे की बौद्धिक संपदा को भी क्षति न पहुंचे। अगर हम ऐसा नहीं करते तो हमारी संपदा की नकल करके कोई भी अपना माल बता कर बाजार में उतार सकता है।

विश्व व्यापार संगठन के नियमों के अनुसार प्रत्येक सदस्य देश को अपनी बौद्धिक संपदा, जिसमें पौधों की किस्में भी शामिल हैं, को कानूनी संरक्षण देना आवश्यक है और दूसरे देश की बौद्धिक संपदा को भी संरक्षणों के नियमों के उल्लंघन (Infringement) से बचाना है।

हर देश अपनी अर्थव्यवस्था को सुदृढ़ करने के लिए ज्ञान, विज्ञान, दक्ष तकनीकों व नवाचार के लिए प्रतिस्पर्धा कर रहा है इसीलिए विचारकों का कहना है कि 21वीं सदी को वैज्ञानिक "ज्ञान आधारित प्रतिस्पर्धा काल" के रूप में जाना जाएगा। इस प्रतिस्पर्धा में जो नई-नई उपलब्धियां हासिल होंगी उनमें बहुत सी हमारी बौद्धिक संपदाएं होंगी। इसको हम साधारण शब्दों में इस तरह परिभाषित कर सकते हैं कि:

" किसी व्यक्ति या व्यक्तियों के समूह की मेधा (Intellect) से उत्पन्न कृति/नवाचार जो समाज के लिए उपयोगी हो तथा सृजनकर्ताओं (Creators)

के लिए आर्थिक रूप से महत्वपूर्ण हो उसे बौद्धिक संपदा कहते हैं। ऐसी सम्पदाओं पर स्वामित्व का कानूनी अधिकार सृजनकर्ताओं को देने का प्रावधान है। इन्हीं अधिकारों को बौद्धिक संपदा अधिकार कहते हैं।"

बौद्धिक संपदा अधिकार मिलने से नवाचारियों व रचनात्मक प्रतिभा को बढ़ावा मिलता है जिससे समाज व देश को आर्थिक व तकनीकी विकास में सहायता मिलती है। इस अधिकार के अंतर्गत नवाचारी को एक निश्चित अवधि तक अपने नवाचार पर एकाधिकार रहता है। वह अपने नवाचार को बेच सकता है, उसका बड़े स्तर पर उत्पादन के लिए किसी को भी लाइसेंस दे सकता है और बदले में रायल्टी ले सकता है।

6.6 विश्व बौद्धिक संपदा दिवस

इस महत्वपूर्ण विषय पर भारत जैसे विकासशील देशों में जागरूकता की अत्यधिक कमी है। अनेकानेक बौद्धिक सम्पदाएँ गांव व शहरों के व्यक्तियों, किसानों, युवाओं, महिलाओं, बच्चों व वैज्ञानिकों द्वारा विकसित की जाती हैं लेकिन जागरूकता की कमी से वो उन पर कानूनन बौद्धिक संपदा अधिकार लेने से वंचित रह जाते हैं और उनको अपनी रचनात्मकता व नवाचार से जो आर्थिक लाभ होना चाहिए, वह नहीं मिल पाता। इस विषय पर जागरूकता पैदा करने के उद्देश्य से विश्व बौद्धिक संपदा संगठन (World Intellectual Property Organization-WIPO) के तत्वावधान में हर वर्ष 26 अप्रैल को "विश्व बौद्धिक संपदा दिवस" मनाया जाता है। विश्व व्यापार संगठन के नियमों

के अनुसार प्रत्येक सदस्य देश को अपनी बौद्धिक संपदा, जिसमें पौधों की किस्में भी शामिल हैं, को कानूनी संरक्षण देना आवश्यक है और दूसरे देश की बौद्धिक संपदा को भी संरक्षणों के नियमों के उल्लंघन (Infringement) से बचाना है। बौद्धिक संपदाओं के संरक्षण व उन पर सृजनकर्ता का अधिकार देने के पीछे उद्देश्य यही है कि नवाचार (Innovation) करने वालों को अपनी प्रतिभा से की गई रचना और सृजन पर स्वामित्व व पहचान मिले, नवाचार करने के लिए प्रोत्साहन मिले, ऐसी संपदाओं के व्यावसायीकरण से सृजनकर्ता को आर्थिक लाभ हो तथा जन साधारण को नवाचारों का लाभ मिले।

6.7 भारत सरकार की पहल

यद्यपि बौद्धिक संपदा संरक्षण के लिए सरकार ने 1950 के दशक से ही प्रयास शुरू कर दिए थे लेकिन भारत सरकार ने 2016 में पहली "राष्ट्रीय बौद्धिक संपदा अधिकार नीति" बनाई। इसी के तहत लोगों को बौद्धिक संपदा संरक्षण, उसका व्यावसायीकरण व सृजनकर्ता के अधिकारों के बारे में जागरूक करने के लिए अभियान चलाया जा रहा है। विश्वविद्यालयों में इस संबंध में पढ़ाया भी जाता है और बौद्धिक संपदा संरक्षण के लिए कारगर व्यवस्था भी की गई है।

बौद्धिक संपदा संरक्षण के लिए हमारे देश में दिल्ली, मुम्बई, कोलकाता, चिन्नई में कार्यालय स्थापित किए जा चुके हैं। जैसे-जैसै जागरूकता बढ़ रही है वैसे-वैसे अपनी बौद्धिक संपदा के कानूनी संरक्षण के लिए बड़ी संख्या में लोग

आगे आ रहे हैं। विस्तार से जानने के लिए httpd://ipindia.gov.in पर जाकर अध्ययन किया जा सकता है। भारत में अलग-अलग तरह की बौद्धिक संपदाओं की सुरक्षा के लिए अलग-अलग अधिनियम हैं। उनमें से प्रमुख हैं:

- **कापी राइट एक्ट 1957** के अंतर्गत उस बौद्धिक संपदा को सुरक्षा दी जाती है जो साहित्यिक, नाटकीय, म्यूजिकल और कलात्मक नवाचार से जुड़ी हैं।

- **पैटेंन्ट एक्ट 1970** द्वारा आविष्कारों, बिल्कुल नई तरह के उत्पादों, एकदम नई परिष्करण विधियों जैसी बौद्धिक संपदा पर 20 साल के लिए स्वामित्व का अधिकार दिया जाता है। बौद्धिक संपदा अधिकारों के प्रति बढ़ती जागरूकता इसी से आंकी जा सकती है कि भारतीय नवाचारियों व वैज्ञानिकों को 2020 की अपेक्षा 2022 में 11.8% अधिक पेटेंट (26361) प्रदान किए गए। लेकिन अगर हम इस संख्या की तुलना चीन (530127), यूएसए (351993), जापान (179383), कोरिया रिपब्लिक (134766) से करें तो हमारे पेटेन्ट की संख्या बहुत ही कम दिखाई देती है। इसका अर्थ है कि हमें अपने सांइस व टेक्नोलॉजी, नवाचार व सृजनात्मकता के क्षेत्र में बहुत कुछ करना अभी बाकी है तभी हम विश्व प्रतिस्पर्धा करने के लिए योग्य होंगे।

> हम बौद्धिक संपदा के महत्व के प्रति जागरूक नहीं रहे हैं। विश्व बाजार में जीआई टैग वाले उत्पादों की कीमत बहुत अच्छी मिलती है। जिस क्षेत्र या समुदाय का उस वस्तु पर अधिकार होता है उसे आर्थिक फायदा होता है।

- **ट्रेडमार्क एक्ट 1999** द्वारा व्यवसायों में इस्तेमाल हो रहे उस व्यापार चिह्न (Logo) को कानूनी सुरक्षा दी जाती है जिस व्यापार चिह्न के प्रयोग से उत्पाद या सेवाओं की अलग पहचान बनती है। अपने उत्पादों को बाजार में सही पहचान दिलाने व अच्छी कीमत पाने के लिए ब्रांडिंग और ट्रेडमार्क का इस्तेमाल करना बहुत लाभदायक होता है। लेकिन हमारे देश में ब्रांडिंग व ट्रेडमार्क के महत्व को समझा नहीं गया। जिससे अनेकानेक हमारे उत्पाद बड़ी ब्रान्ड नहीं बन सके। इसलिए इस ओर जागरूक होना जरूरी है। एक ज्वलंत उदाहरण आगरा के "पंछी का पेठा" है। पंछी पेठा एक ब्रांड के रूप में उभर चुका था। लेकिन जिनका यह उत्पाद था उन्होंने इस नाम पर कानूनी अधिकार लेने में देरी की। सन् 1970 तक आगरा में इस नाम से सिर्फ एक ही जगह पेठा मिलता था लेकिन 2010 आते-आते सैकड़ो जगह इसी नाम से पेठा बेचा जाने लगा। इससे उस पेठा बनाने वाली फर्म को नुकसान हुआ जिसने वह ब्रान्ड स्थापित की थी। मामला कोर्ट में चला गया। कहने का अर्थ है कि अपनी मेहनत से बनाई गई साख पर कानूनी अधिकार रखना आवश्यक है अन्यथा दूसरे उसका फायदा उठाने लगते हैं।

➢ **भौगौलिक संकेत (Geographical Indications- GI) एक्ट 1999** के अंतर्गत किसी विशेष जलवायु के क्षेत्र में वहां के समुदायों द्वारा की गई पीढ़ी-दर-पीढ़ी कोशिशों से कोई ऐसा उत्पाद बना हो जो अपनी विशेष गुणवत्ता के कारण सबसे अलग पहचान बना चुका हो उसको जीआई टैग देकर कानूनी सुरक्षा दी जाती है। अप्रैल 2004 से मार्च 2023 तक 432 उत्पादों को जीआई टैग दिया जा चुका है। जिनमें अधिकांश उत्पाद कृषि, वास्तुकला, खाद्य पदार्थों व मैन्युफैक्चरिंग से संबंधित हैं। लेकिन यह संख्या बहुत कम है इसका कारण है कि हम बौद्धिक संपदा के महत्व के प्रति जागरूक नहीं रहे हैं। विश्व बाजार में जीआई टैग वाले उत्पादों की कीमत बहुत अच्छी मिलती है। जिस क्षेत्र या समुदाय का उस वस्तु पर अधिकार होता है उसे आर्थिक फायदा होता है। अधिक विस्तार में जानने के लिए ipindia.gov.in पर जा कर देखा जा सकता है।

कृषि उत्पादों के निर्यात को बढ़ाने में जीआई टैग वाले उत्पाद बड़ी भूमिका निभा सकते हैं। इसीलिए विदेश व्यापार नियामक महानिदेशालय ने 2015-20 में जीआई टैग वाले उत्पादों का विश्व स्तर पर व्यवसायीकरण करने के लिए विशेष अभियान चलाया। हेन्डीक्राफ्ट के अलावा अलफांसो आम, दार्जिलिंग चाय, कूर्ग संतरा, नागा मिर्च, महाबलेश्वर स्ट्राबेरी, बंगलौर ब्ल्यू ग्रेप, बासमती चावल, कालानमक चावल, तेजपुर लीची, नंजानागुड केला, अरुणाचल ओरेंज जैसे अनेकों

जीआई टैग वाले उत्पादों की ब्रांडिंग करके विभिन्न देशों में प्रचारित किया गया। जिससे बाजार ढूंढने में सफलता मिली। लेकिन ये प्रयास अन्य देशों की तरह लगातार चलते रहने से ही बड़ी सफलता मिल सकती है।

जीआई संरक्षण का एक दूसरा महत्व "पोक्काली धान" के उदाहरण से भी समझना चाहिए। यह धान केरल के समुद्री तट वाले इलाकों में सदियों से हमारे पूर्वजों ने संरक्षित किया और उगाया। इन इलाकों की मृदा बहुत अधिक लवणीय या क्षारीय (Saline soils) होती हैं तथा बाढ़ की स्थिति भी अक्सर देखी जाती है लेकिन फिर भी यह पोक्काली धान उन इलाकों में अच्छी पैदावार देकर खाद्य सुरक्षा में बड़ा योगदान देता है। अनुवांशिक अध्ययन बताते हैं कि इस धान की किस्म में एक बड़ा अनुवांशिक समूह (Gene Pool) है जो लवणीयता व क्षारीयता की स्थिति का सामना करने के लिए पौधे को सशक्त बनाता है। पोक्काली धान को 2008 में जीआई टैग मिला और कानूनी संरक्षण मिला। अब सांइस इतनी आगे बढ़ चुकी है कि अगर ऐसे महत्वपूर्ण पौधों व किस्मों को कानूनी रूप से संरक्षित न किया जाए तो महत्वपूर्ण जीन्स की चोरी हो सकती है और चोरी करने वाले संस्थान व कम्पनियां अकल्पनीय आर्थिक लाभ उठा सकते हैं। अतः हमें विरासत में मिली संपदा को कानूनीरूप से संरक्षित कर लेना चाहिए। इसी पीढ़ी-दर-पीढ़ी विकसित की गई वास्तुकला को भी जीआई टैग

मिलता है जिससे उसकी विश्व बाजार में पहचान बनती है और समुदायों को उसका लाभ मिलता है।

- **पौधा किस्म और किसान अधिकार संरक्षण अधिनियम 2001** के द्वारा वैज्ञानिकों, किसानों या किसी भी व्यक्ति व समुदाय द्वारा विकसित की गई नई किस्मों को संरक्षण दिया जाता है और उनको संपदा अधिकार दिया जाता है। पौधा किस्म और किसान अधिकार संरक्षण अधिनियम प्राधिकरण द्वारा 25.4.2023 तक 5134 किस्मों के लिए रजिस्ट्रेशन सर्टिफिकेट्स प्रदान किए जा चुके हैं। इनमें सीरियल, सब्जियां, फल, फूल, वृक्ष, वानकीय व रेशे वाली फसलें शामिल हैं। https://plant authority.gov.in पर और अधिक जानकारी प्राप्त की जा सकती है। जिन पौधों की किस्मों को कानूनी संरक्षण मिला होता है उनका व्यावसायीकरण व अन्य किसी भी तरह का उपयोग बिना संबंधित स्वामित्वधारी की अनुमति के नहीं हो सकता।

6.8 व्यापार विकृतियां (Trade Distortions)

बौद्धिक संपदाओं का विश्व व्यापार कैसे हो इसके लिए भी विभिन्न नियम पालन करने व सावधानियां रखने की आवश्यकता होती है। इस विषय पर भी सरकारों के स्तर पर मंत्रणा होती रहती हैं और बौद्धिक संपदा का व्यापार सुगम बनाने के लिए व संरक्षण से जुड़े नियमों का उल्लंघन (Infringement) रोकने के लिए कदम उठाए जाते हैं। यहां यह समझने की आवश्यकता है कि नियमों

से बंधे हुए इस विश्व व्यापार में अपने उत्पादों को बेचने के असीम अवसर हैं, उसका फायदा उठाने के लिए हमें निमयों की जानकारी रखने के प्रति सजग रहना होगा। विभिन्न देशों की सरकारें अपने यहां विदेशों से आने वाले सामानों पर उपरोक्त प्रशुल्क व गैर-शुल्क अवरोध लगा सकती हैं। प्रशुल्क लगा कर या शुल्करहित अवरोध पैदा करके या अपने उत्पादनों के मूल्यों में भारी गिरावट करके दूसरे देश के बाजारों में उतारने (Dumpping), बौद्धिक संपदा संरक्षण के नियमों का उल्लंघन आदि जैसे कृत्यों को व्यापार विकृति (Trade distortion) कहा जाता है जो डब्ल्यू टीओ के नियमों के अंतर्गत स्वीकार्य नहीं होते हैं किंतु व्यावहारिकता में इन सभी नियमों का उल्लंघन करने की कोशिशें होती रहती हैं जिससे मुख्यतः विकासशील देशों को नुकसान होता है। इन सबको रोकने व बाजार में आसान पहुंच बनाने के लिए मंत्रियों के स्तर या देशों के प्रतिनिधियों के बीच होने वाली बैठकों में समाधान तलाशने की कोशिशें निरंतर की जाती हैं।

6.9 खाद्य पदार्थों के व्यापार में धोखाधड़ी (Fraud) एक अपराध

कृषि क्षेत्र में पैदा हुए उत्पादों में अधिकांश खाद्य पदार्थ मानवों व पशुओं के जीवन का आधार हैं और शेष उत्पाद भी किसी न किसी रूप में रोजमर्रा के जीवन का हिस्सा हैं। कोई देश अपनी जनता को कैसे आश्वस्त करे कि जो खाद्य उन तक पहुंच रहे हैं वो खाने के लिए स्वास्थ्य की दृष्टि से अनुकूल हैं या नहीं? इसी प्रश्न को ध्यान में रखकर खाद्य उत्पादों का व्यापार बहुत ही सावधानी पूर्वक किया जाता है। निर्धारित खाद्य-मानकों के आधार पर उनको जांचा परखा जाता

है। ताकि बाजार में पहुंचे उत्पादों से कोई बीमारी व कीट एक देश से दूसरे देश में न पहुंचने पाए। कोई भी उत्पाद मानव व पशुओं के स्वास्थ्य के लिए हानिकारक न हो। खाद्यों की पोषण गुणवत्ता अंतर्राष्ट्रीय मानकों के अनुसार हो।

खाद्य पदार्थों के विपणन में धोखाधड़ी एक विश्वव्यापी समस्या है जिसका सीधा संबंध अधिक धन उपार्जन करना है लेकिन यह धोखाधड़ी मानव व पशुओं के स्वास्थ्य को हानि पहुंचा सकती है व पर्यावरण खराब कर सकती है। खाद्य उत्पादों में धोखाधड़ी अक्सर गलत अंकीकरण (labelling) करके, प्रतिस्थापन (substitution) करके, नकली उत्पाद बना कर, गलत ब्रांडिंग करके, मिलावट करके तथा मानकों को कम (dilution) करके की जाती है। उपभोक्ता को कम गुणवत्ता की चीज अच्छे गुणवत्ता की चीज के दामों में बेचकर उसके साथ वित्तीय धोखाधड़ी तो होती ही है साथ में जनस्वास्थ्य के लिए बड़ा जोखिम (risk) व खतरा उत्पन्न हो जाता है।

यह मिलावट का खेल बहुत पुराना है लेकिन जैसे-जैसे उपभोक्ताओं में स्वास्थ्य के प्रति जागरूकता बढ़ रही है वैसे-वैसे खाद्य पदार्थों की गुणवत्ता परखने की ओर ध्यान भी बढ़ने लगा। अब ऐसी सटीक तकनीकों को विकसित कर लिया गया है जिनसे खाद्य पदार्थों में की गयी मिलावट आसानी से पकड़ में आ जाती है। हालांकि हमारे देश में उपभोक्ताओं में इस ओर जागरूकता नहीं है अत: मिलावटखोरी धड़ल्ले से पनप रही है।

यूरोप में 2013 में खाने की चीजों में गाय के मांस के नाम पर घोड़े का मांस प्रयोग किए जाने का खुलासा होने के बाद से सरकार व उपभोक्ताओं के बीच तीखा विवाद चला। इसी तरह मछली के उत्पादों में यूरोप में ही 2015 व 2021 में हुए सर्वेक्षणों में बहुत बड़ी धोखाधड़ी पकड़ में आई। करीब 40% उत्पादों के लेबल पर जिस मछली की किस्म के प्रयोग का होना लिखा था वह वास्तव में उसमें थी ही नहीं। इससे विकसित देशों के उपभोक्ताओं में हड़कंप मच गया। दूसरी ओर जब बर्गरों में पोर्क व बीफ होने के प्रमाण मिले तो नैतिक मुद्दे (Ethical Issues) भी उभर कर सामने आए। वहां के उपभोक्ताओं में इस बात की धारणा बनी कि इस तरह तो हमारे खाद्यों में कुछ भी मिला कर हमें कोई भी कुछ भी खिला सकता है और स्वास्थ्य के लिए जोखिम (Risk) पैदा कर सकता है। इसे खाद्य पदार्थों में धोखाधड़ी (Food Fraud) कहा गया और इसको बड़ी आपराधिक गतिविधि (Criminal Activity) के रूप में देखा गया। इसका असर बड़े पैमाने पर देखने को मिला। उदाहरण के लिए यूरोपीय यूनियन ने संयुक्त राष्ट्र अमेरिका के मांस उत्पादों पर रोक लगा दी क्योंकि उनमें पशुओं की वृद्धि को बढ़ाने वाले हारमोन (Growth promoter hormones) तथा रोगजनक जीवाणुओं व वायरसों को कम करने वाले रसायन (pathogen reducing chemical) पाए गए। जैवप्रौद्योगिकी उत्पादों (Bio-tech products) पर रोक भी लगा दी।

अभी हाल ही में खाद्य पदार्थों में एक नयी धोखाधड़ी पकड़ी गई जिसे ग्रीन वाशिंग (Green Washing) नाम दिया गया। पर्यावरण सुरक्षा के लिए आजकल

दुनिया भर में यह अभियान चल रहा है कि वस्तुओं के उत्पादन में ज्यादा से ज्यादा उन तकनीकों का इस्तेमाल किया जाए जो पर्यावरण अनुकूल हों। ऐसी तकनीकों का इस्तेमाल करके तैयार हुए खाद्य पदार्थों का ज्यादा मूल्य चुकाने के लिए उपभोक्ता भी आना-कानी नहीं करते। कुछ व्यवसायी ऐसी तकनीकों का इस्तेमाल किए बिना अपने उत्पादों की लेबलिंग में दावा कर देते हैं कि ये पर्यावरण अनुकूल तकनीकों के इस्तेमाल से बने हैं। लेकिन अब यह धोखाधड़ी पकड़ने के लिए तकनीकों को खोज लिया गया है।

भारत में भी मिलावट की घटनाएं होती रहती हैं जिन पर रोक लगाने के लिए बहुत सख्ती की जा रही है। अगर रोका न गया तो हमारे देश से खाद्य उत्पादों का निर्यात होना मुश्किल में पड़ सकता है। उदाहरण के लिए दिल्ली में नकली जीरा बनाने की फैक्ट्री मिली और बड़ी मात्रा में नकली जीरा बरामद हुआ। ये नकली जीरा असली जीरे में मिला कर बेचा जाना था। ऐसी मिलावट वाला जीरा यदि विश्व बाजार में पहुंच गया और पकड़ा गया तो हमारे मसालों के निर्यात पर प्रश्नचिह्न लग जाएगा। हमें यदि विश्व बाजार में अपनी हिस्सेदारी बढ़ाना है तो अच्छी गुणवत्ता को बनाए रखने के लिए पुरजोर कोशिशें करनी होंगी।

विश्व व्यापार को सुगम बनाने के लिए लगातार प्रयास चलते रहते हैं। निम्नलिखित उपाय बहुत महत्वपूर्ण हैं:

6.10 लेबलिंग एवं ट्रेसेबिलिटी व्यवस्था: लेबलिंग उत्पाद के बारे में विशिष्ट

जानकारी को संदर्भित करता है जो उत्पाद को अन्य उत्पादों से विशिष्ट बनाता है। उत्पादों में मिलावटों तथा धोखाधड़ियों को रोकने व धोखाधड़ी करने वालों को खोजने के लिए उत्पादों के पैकिंग पर लेबल लगाकर पूरी जानकारी लिखने (Labeling व Traceability System) का मुद्दा उठा ताकि यह पता लगाया जा सके कि पूरी आपूर्ति श्रृंखला में उत्पादन से लेकर उपभोक्ता की थाली तक खाद्य पहुंचने में कहाँ पर धोखाधड़ी की गई है। इसे जांचने के लिए प्रणाली व नियम (System & Regulations) बन गए हैं और विकसित देशों को अपनाने के लिए बाध्य किया जाता है। इसके बिना अब यूरोप में खाद्य उत्पाद बेचना संभव नहीं होगा।

यद्यपि विश्व व्यापार संगठन ने कृषि उत्पादों के व्यापार को नियमित करते समय मानव, पशु तथा पौधों के स्वास्थ्य ठीक रहे इस ओर भी कदम उठा लिए थे लेकिन यूरोप में हुए खाद्य पदार्थों में धोखाधड़ी (Food Fraud) ने इस ओर और अधिक ध्यान देने के लिए मजबूर कर दिया। अब सम्पूर्ण उत्पादन व आपूर्ति श्रृंखला (Food Production & Supply Chain) को खाद्य गुणवत्ता मानकों (Food Quality Standards) को अपनाने के लिए कठोर नियम (Regulations) लागू करने के लिए कहा जा रहा है। फिलहाल इसका सीधा असर भारत के कृषि निर्यात पर पड़ रहा है। सन् 2018-19 से ऐसा अनुभव किया जा रहा है कि अब भारत अंतर्राष्ट्रीय स्तर की गुणवत्ता के बहुत से उत्पाद

बना रहा है परन्तु कीमतों को कम रखने के लिए बहुत कुछ करना अभी शेष है।

> *यूरोप में अब सम्पूर्ण उत्पादन व आपूर्ति श्रृंखला को खाद्य गुणवत्ता मानकों को अपनाने के लिए कठोर नियम लागू करने के लिए कहा जा रहा है। फिलहाल इसका सीधा असर भारत के कृषि निर्यात पर पड़ रहा है।*

6.11 मुक्त व्यापार समझौता (FTA-Free Trade Agreement): यह दो या दो से अधिक देशों के बीच ऐसी संधि है जिसमें आयात व निर्यात बाधाओं को दूर करने के लिए किसी भी तरह के शुल्क, कोटा, सब्सिडी और विभिन्न निषेधों को कम से कम स्तर पर रखा जाता है। इससे व्यापार आसान हो जाता है। अधिकांश देश इस समझौते को करने से पहले यह आंकलन अच्छी तरह करते हैं कि इससे उनके देश को आर्थिक, सामाजिक और रोजगार संबंधित कोई नुकसान तो नहीं होगा।

6.12 आपूर्ति श्रृंखला का हिस्सा बनना: विश्व बाजार में अपनी आसान पहुंच बनाने के लिए सहभागिता आवश्यक है क्योंकि सभी तरह की पेचीदगियों से निकलने के लिए विभिन्न स्तरों पर विशेष तरह की योग्यता आवश्यक होती है। इसीलिए किसान भाइयों को या छोटे व्यवसायियों को किसी आपूर्ति श्रृंखला (सप्लाई चेन) का हिस्सा बनना चाहिए। हिस्सा बनने के लिए लिखित व कानूनी रूप से ऐसा समझौता होना चाहिए जो किसान के हित में हो।

विस्तृत जानकारीहेतु संदर्भ

https://icar.gov.in/content/icar-guidelines-intellectual-property-management-and-technology-transfercommercialization

https://wwwipindia.gov.in

https://www.wto.org/

https://www.wipo.int/portal/en/index.html

https://www.mondaq.com/india/patent/1147318/ipr-filling-statistics-in-india-2020-summary

https://ipindia.gov.in/the-registration-process-gi.htm

https://ipindia.gov.in/writereaddata/Portal/Images/pdf/GI_Application_Register_List_14-07-2022.pdf

https://plantauthority.gov.in/

https://www.telegraphindia.com/edugraph/career/world-intellectual-property-day-2023-understanding-ip-significance-how-to-apply/cid/1932541

www.wipo.int/technology-transfer/en/organizations.html

https://cipam.gov.in/index.php/ip-offices/

https://www.pib.gov.in/PressReleseDetailm.aspx?PRID

https://www.vikaspedia.in/agriculture/policies-and-schemes/crops-related/protection-of-plant-varieties-and-rights-of-farmers/protection-of-plant-varieties-and-farmers-rights-act-2001

अध्याय-7
विश्व बाजार व्यवस्था में छोटे किसान किधर जाएं

7.1 छोटे-मझोले किसान संगठित होकर अवसरों का लाभ उठाएं

छोटे-मझोले किसानों की इस धारणा को खत्म करना है कि खेती एक जीवन निर्वाह का सहारा भर है। उनको एक बड़ी सोच विकसित करनी होगी जिसमें विज्ञान, तकनीकों व व्यवसाय आदि को प्रमुखता मिले।

सामान्यत: छोटे-मझोले किसानों की अपेक्षा बड़े किसान बाजार से अधिक सम्पर्क में रहते हैं जिससे उनमें बाजार की आवश्यकताओं व उसका लाभ उठाने के प्रति अधिक जागरूकता होती है। लेकिन हमारे देश में छोटे व मझोले किसानों की संख्या कुल किसानों की संख्या का 86% है। इनके पास मंडी ले जाने के लिए या तो उत्पाद होते ही नहीं हैं और यदि होते हैं तो बहुत कम होते हैं। अतः उनकी देश व विदेश की मंडियों तक पहुंच कम होती है। इन किसानों को बहुत सी जोखिमों (Risks) का सामना भी करना होता है जिनमें प्रमुख हैं: ढुलाई की अधिक कीमत, भंडारण पर अधिक खर्च, सौदेबाजी के बहुत कम अवसर। इसीलिए ये किसान कम कीमत पर स्थानीय व्यवसायियों को अपना माल बेचने को मजबूर हो जाते हैं। अतः आय कम व अस्थिर होती है जो उनकी अर्थव्यवस्था को कमजोर करती है। ऐसे किसानों को संगठित होकर काम करने या कान्ट्रेक्ट फार्मिंग करने के सुझाव अनेकों विशेषज्ञ

कमेटियों ने दिए हैं जिनका वर्णन पहले किया जा चुका है।

विश्व व्यापार संगठन (डब्ल्यू टीओ) की व्यवस्था से उत्पन्न अवसरों का लाभ उठाने के लिए भारतीय किसान आगे आ रहे हैं। छोटे किसानों को आगे लाने के लिए सरकार के प्रयास लगातार चल रहे हैं। छोटे व मझोले किसानों को किसान उत्पादक संगठनों (FPOs), स्वयं सहायता समूहों (SHG), सहकारिता समितियों (Cooperative Societies) तथा कान्ट्रेक्ट फार्मिंग का हिस्सा बनने के लिए प्रोत्साहित किया जा रहा है। इससे किसानों को स्वयं का कौशल विकास करने व आपूर्ति श्रृंखलाओं से जुड़ने तथा आधुनिक तकनीकों को अपनाने में आसानी होगी। इसप्रकार वो भी अधिक पैदावार करने और बाजारोन्मुखी होने में सक्षम हो सकते हैं। छोटे-मझोले किसानों के संगठनों के माल को अंतर्राष्ट्रीय बाजार तक पहुंचाने के रास्ते भी निकाले जा सकते हैं, जिनके द्वारा वो भी विश्व बाजार में भागीदारी करके लाभान्वित हो सकते हैं। अत: किसानों को अब जागरूक होना है उनको बाजार के अवसरों को जानने के लिए किसी आपूर्ति श्रृंखला (Supply Chain) का हिस्सा बनना उचित और अपेक्षाकृत सरल रास्ता है। इसके लिए संबंधित क्षमता विकसित करने के लिए छोटे-मझोले किसानों की इस धारणा को खत्म करना होगा कि खेती एक जीवन निर्वाह (Way of Subsistence) का सहारा भर है। उनको एक बड़ी सोच विकसित करनी होगी जिसमें विज्ञान, तकनीकों व व्यवसाय आदि को प्रमुखता मिले। अमृतकाल की भारतीय कृषि में आधुनिक तकनीकों का समावेश अवश्यंभावी है अतः इस ओर जागरूकता रखने की पहल हर किसान को

विशेषकर युवा किसानों को करनी होगी। ये आधुनिक तकनीकें सम्मानजनक रोजगार भी देंगी और बाजार की प्रतिस्पर्धा में हमारी जीत का मार्ग भी प्रशस्त करेंगी।

7.2 आपूर्ति श्रृंखला क्या है?

हमारे कृषि उत्पादनों के सबसे बड़े आयातक यूरोपियन देश, संयुक्त राष्ट्र अमेरिका, जापान, आस्ट्रेलिया आदि हैं। कभी-कभी इन देशों में भारत के बहुत से उत्पादों को अस्वीकृति का सामना करना पड़ जाता है इससे निजात पाने के लिए हमारे उत्पादनों को गुणवत्ता, परिष्करण, स्वच्छता, पैकेजिंग, भंडारण, विपणन के तरीकों को विश्वस्तरीय मानकों पर खरा उतरना होगा। अतः विश्वसनीय आपूर्ति श्रृंखला बना कर ही हम इस समस्या को खत्म कर सकते हैं।

कृषि के संबंध में आपूर्ति श्रृंखला को संक्षिप्त व सामान्य रूप से इस प्रकार समझा जा सकता है कि:

i) किसान या किसानों का समूह कोई विशेष उत्पादन करता है वह श्रृंखला की पहली कड़ी है

ii) प्रसंस्करण करने वाले समूह तक अपना माल पहुंचाना दूसरी कड़ी है

iii) उस उत्पादन की गुणवत्ता बढ़ाने या प्रसंस्करण करने के लिए जो समूह या व्यक्ति अनुबंध के आधार पर काम शुरू कर लेता है वह श्रृंखला की तीसरी

कड़ी है

iv) सुरक्षित भंडारण करने की सुविधा प्रदान करना चौथी कड़ी है

v) प्रसंस्कृत उत्पादों को घरेलू व विश्व बाजार तक पहुंचाने में थोक वितरक (Bulk Distributors) पांचवीं कड़ी है

vi) उपभोक्ताओं तक उत्पादों को पहुंचाने के लिए खुदरा वितरक छठी कड़ी है

आवश्कतानुसार इन कड़ियों की संख्या कम या ज्यादा हो सकती हैं। आपूर्ति श्रृंखला की उपरोक्त कड़ियों में जितनी अधिक अंतर्राष्ट्रीय मानकों को पालन करने की क्षमता होगी वो बाजार के लिए उतने ही अच्छे उत्पाद पैदा कर सकेंगी और उन उत्पादों की पकड़ मार्केट में बढ़ती जाएगी। फलस्वरूप इस श्रृंखला के हर सदस्य व समूह को ज्यादा फायदा होगा। श्रृंखला से बिना जुड़े एक व्यक्ति या समूह के द्वारा ये सारे काम कर पाना मुश्किल है। इसलिए किसानों व युवाओं को ऐसी श्रृंखलाओं का हिस्सा बनना चाहिए तभी हम बाजार के अवसरों का फायदा उठा पाएंगे।

7.3 विश्व बाजार में भारत की स्थिति

हमारा कृषि क्षेत्र एक ऐसे चौराहे पर खड़ा है जहां से उसे उस रास्ते को चुनना है जिससे कृषि क्षेत्र व ग्रामीण अर्थव्यवस्था का सशक्तिकरण हो। अधिकांश अर्थशास्त्रियों, विशेषज्ञों व प्रगतिशील किसानों का मानना है कि कृषि

अर्थव्यवस्था को गति देने के लिए परंपरागत खेती को बहुमुखी व बाजारोन्मुखी बनाने की आवश्यकता है। अतः घरेलू खपत के साथ-साथ निर्यात को बढ़ाने के लिए विशेष रणनीतिक प्रयत्नों को बढ़ावा देना होगा। भारत बहुत से कृषि उत्पादों में दुनिया का सबसे बड़ा उत्पादक है यह देखते हुए हमारे निर्यात बहुत ही कम हैं। काफी सालों से भारत की विश्व बाजार में हिस्सेदारी 2% के आसपास ही रहती है हमें इसे बढ़ाने के लिए सघन प्रयास करने होंगे।

7.4 विश्व बाजार में कृषि उत्पादों की हिस्सेदारी बढ़ाने के प्रयत्न

अगर हम विश्लेषण करें तो पाते हैं कि भारत के कृषि क्षेत्र के उत्पादों का निर्यात इस क्षेत्र की क्षमता से बहुत कम होता रहा है। अंतर्राष्ट्रीय बाजार में हमारी भागीदारी जितनी ज्यादा सुनिश्चित होगी उतना ही कृषि विकास तथा कृषि से जुड़े छोटे व बड़े रोजगारों के अवसर बढ़ेंगे। अत: कृषि निर्यात आधारित उत्पादन बढ़ाने पर बहुत अधिक ध्यान केन्द्रित करने की भी आवश्यकता है। सूचना माध्यमों व विशेषज्ञों की रिपोर्ट्स के अनुसार भारत से कृषि उत्पादों का 2020-21 में कुल निर्यात 17.19 बिलियन डालर का हुआ। भारत सरकार ने वर्ष 2021-22 के लिए निर्यात लक्ष्य 60 बिलियन डालर रखा था। सरकार के सघन प्रयासों से 50.21 बिलियन डालर का कृषि निर्यात प्राप्त किया जा सका। इसका सीधा अर्थ यह है कि अगर किसान, व्यवसायी व सरकार की नीतियों का अच्छा समन्वय हो तो भारत की विश्व बाजार में बड़ी हिस्सेदारी हो सकती है। हमारे देश की जलवायु विभिन्न तरह के कृषि उत्पादों को पैदा करने के अनुकूल है और हमारी भौगोलिक स्थिति भी ऐसी है कि पड़ोसी देशों के अलावा

यूरोपीय देशों, मध्य पूर्व के देशों, जापान, सिंगापुर, कोरिया, थाईलैंड, मलेशिया, आस्ट्रेलिया आदि देशों तक आसान पहुंच है। धीरे-धीरे हमारे उत्पादों की पहुंच यूरोप, अमेरिका, व अफ्रीका के बहुत से देशों तक बढ़ चुकी है।

अगर हम बात करें अकेले परिष्कृत खाद्य (Processed Food) की तो हमें बिजनेसवायर (Businesswire) की रिपोर्ट से पता चलता है कि 2020 में परिष्कृत खाद्यों का बाजार US $ 47.93 बिलियन का था जो 5.8% की गति से बढ़ रहा है और 2028 तक US $ 75.56 बिलियन हो जाएगा। इसी तरह कृषि के अनेक उत्पाद जैसे कि कपास, चावल, चाय, चीनी, समुद्री उत्पादन, गेहूँ, मसाले, मशरूम, शहद, पोल्ट्री, मांस, फल, सब्जियां आदि अनेकों कृषि उत्पादनों के लिए विशाल बाजार उपलब्ध हो गया है।

> *मोटे अनाजों की पौष्टिकता के प्रति जागरूकता बढ़ने से अंतर्राष्ट्रीय स्तर पर इनकी मांग तेजी से बढ़ रही है। भारत में इन अनाजों को "श्रीअन्न" नाम दिया गया है। वर्ष 2021-22 में भारत ने 64 मिलियन डालर से अधिक के "श्रीअन्न" निर्यात किए थे, उत्पादकों व उपभोक्ताओं में "श्रीअन्न" के प्रति जागरूकता बढ़ाने के लिए ही "मिलेट वर्ष 2023" मनाया गया।*

मोटे अनाजों को साधारण रूप से मिलेट्स के नाम से जाना जाता है। इनमें उपलब्ध भरपूर पोषक पदार्थों जैसे कि विटामिन्स, फाइबर, प्रोटीन, आयरन, मैग्नीशियम, फास्फोरस, पोटैशियम, जिंक आदि अनेकों खनिजों के कारण इनको अंग्रेजी में "न्यूट्री ग्रेन्स (Nutri-grains)" कहा जाने लगा है। इन

अनाजों की पौष्टिकता के प्रति जागरूकता बढ़ने से अंतर्राष्ट्रीय स्तर पर इनकी मांग तेजी से बढ़ रही है। भारत भी मोटे अनाजों का प्रमुख उत्पादक देश है और इन अनाजों को **"श्रीअन्न"** नाम दिया गया है। "श्रीअन्न" की श्रेणी में ज्वार, कंगनी, बाजरा, रागी, मक्का, कोदों, चेना, सांवा, कुटकी को रखा गया है।

कृषि अर्थव्यवस्था को गति देने के लिए परंपरागत खेती को बहुमुखी व बाजारोन्मुखी बनाने की आवश्यकता है। अतः घरेलू खपत के साथ-साथ निर्यात को बढ़ाने के लिए विशेष रणनीतिक प्रयत्नों को बढ़ावा देना होगा।

वर्ष 2021-22 में भारत ने 64 मिलियन डालर से अधिक के "श्रीअन्न" निर्यात किए थे लेकिन यह निर्यात हमारी क्षमताओं से बहुत कम है। उत्पादकों व उपभोक्ताओं में "श्रीअन्न" के प्रति जागरूकता बढ़ाने के लिए ही "मिलेट वर्ष 2023" मनाया गया।

इस विशाल बाजार में भारत को अपनी हिस्सेदारी बढ़ानी है। इस हिस्सेदारी को बढ़ाने के लिए हमें उन मानकों के आधार पर खाद्य उत्पादन करना होगा जिस तरह के खाद्यों की विश्व व घरेलू बाजार में मांग बढ़ रही है। यह तभी संभव होगा जब हम खाद्य उत्पादन, परिष्करण व विपणन की आधुनिक तकनीकों, विश्वस्तरीय मानकों को अपनाएंगे। मानकों को जानना व अपनाना कोई बड़ी बात नहीं है लेकिन जब तक इस बारे में जागरूकता नहीं है तब तक जानकारी जुटाने की इच्छा नहीं होगी।

सकारात्मक बात यह है कि ग्राम पंचायतों को डिजिटल कनैक्टीविटी दी जा रही है और वैसे भी गांव तक अब इंटरनेट उपलब्ध है और ग्रामीण युवा भी

मोबाइल फोन का खूब इस्तेमाल करते हैं। जागरूक युवा इसकी सहायता से हर जानकारी आसानी से जुटा लेते हैं और उनमें से कुछ अपनी खेती को नया रूप देने में लग गए हैं। यह जागरूकता अधिक से अधिक फैलाने की आवश्यकता है। कृषि निर्यात नीति के एक हिस्से के रूप में निर्यात संवर्धन के लिए 46 अनूठे उत्पाद-जिला क्लस्टरों की पहचान की गई है। जिनसे निर्यात को बल मिला है। उत्तर प्रदेश में "एक जिला एक उत्पाद (ODOP)" तथा उत्तराखंड की एक जिला दो उत्पाद (ODTP) योजनाओं से स्थानीय प्रतिभा को पहचान दिलाने, ग्रामीण अर्थव्यवस्था का सुदृढ़ीकरण करने व निर्यात बढ़ाने में बड़ी सफलता मिलने की संभावनाएं दृष्टिगोचर होने लगी हैं।

7.5 निर्यात बढ़ाने के लिए सरकार की पहल

7.5.1 निर्यात नीति: भारत सरकार ने भी पिछले 4-5 सालों में निर्यात बढ़ाने के लिए अहम् नीतिगत फैसले किए। भारत की "निर्यात नीति 2018" के अनुसार व्यापार के लिए उत्पादों को तीन भागों में बांटा गया है: 1) नि:शुल्क (Free), 2) निषिद्ध (Prohibited) 3) प्रतिबंधित (Restricted)। बहुत ही थोड़े से उत्पादों को छोड़कर सभी उत्पादों को नि:शुल्क निर्यात की श्रेणी में रखा गया है अर्थात उन पर कोई निर्यात शुल्क नहीं लगेगा। इसके अलावा इन्फ्रास्ट्रक्चर का विकास करने के लिए बड़े कदम उठाए गए हैं जिसके बहुत अच्छे परिणाम आना शुरू हो गए हैं। लेकिन एसपीएस व टीबीटी मुद्दे सबसे बड़े व्यवधान के रूप में सामने खड़े रहते हैं। इसके निवारण के लिए भी काफी उपाय किए जा रहे हैं।

7.5.2 राष्ट्रीय रसद नीति (Logistics Policy)2022: व्यापार में सुगमता लाने के लिए रसद नीति को लाया गया है ताकि संपूर्ण देश में वस्तुओं का निर्बाध रूप से आवागमन समय सीमा में सुनिश्चित हो। हमारे देश में माल एक जगह से दूसरी जगह ले जाने के नियम बहुत विभाजित और जटिल हैं तथा यातायात के साधन भी अपर्याप्त हैं जिससे रसद लागत बहुत बढ़ जाती है। परिणामस्वरूप हमारे माल की कीमत अधिक हो जाती है और घरेलू व अंतर्राष्ट्रीय बाजार में अपना सामान बेचना कठिन हो जाता है। कई बार इन जटिलताओं के कारण बहुत से लोग साहस खो देते हैं और घरेलू व विश्व बाजार के लाभ नहीं उठा पाते। इसलिए सरकार द्वारा "राष्ट्रीय रसद नीति 2022" को लागू किया गया है जिससे रसद पर खर्च जो इस समय हमारी जीडीपी (सकल घरेलू उत्पाद) का 13-14% है वह घट कर 10% से कम हो जाएगा। इस कारण से हमारे उत्पादों के निर्यात में 5 से 8% की बढ़ोत्तरी होने का अनुमान है। इसका सीधा फायदा रोजगार बढ़ाने पर होगा। इस नीति के अंतर्गत सड़क परिवहन, रेलवे, सीमा शुल्क, विमानन, विदेश व्यापार व वाणिज्य मंत्रालयों को डिजिटल रूप से एकीकृत किया गया है। परिवहन के अलावा रसद से जुड़ी अन्य सेवाओं जैसे प्रधानमंत्री गतिशक्ति व भारतमाला योजनाओं को भी इसी डिजिटल पोर्टल से जोड़ा जाएगा। हर तरह की जानकारी आप घर बैठे ही हासिल कर सकते हैं। अतः यह नीति भारत में व्यापारिक व जीवन निर्वाह में सुगमता लाने और आर्थिक विकास को गति देने में सहायक होगी।

7.5.3 आपूर्ति श्रृंखलाओं का विकास: प्रतिस्पर्धी कीमतें व गुणवत्ता बनाए रखना और भरोसेमंद उत्पादन व आपूर्ति श्रृंखलाएं (Dependable supply chains) बना कर ही हम विश्व बाजार में उभरती हुई संभावनाओं का लाभ उठा सकते हैं। ऐसी उत्पादन व आपूर्ति श्रृंखलाओं में खतरे का विश्लेषण और महत्वपूर्ण नियंत्रण मान (Hazard Analysis Critical Control Point) तकनीकों की महत्वपूर्ण भूमिका होती है। ये तकनीकें अंतर्राष्ट्रीय स्तर पर मान्य होती हैं क्योंकि ये खाद्य श्रृंखला में जोखिम (Risk) की पहचान करती हैं, सूक्ष्म जीवाणु संक्रमण, रासायनिक प्रदूषण तथा भौतिक संप्रदूषण को रोकने में सहायक होती हैं तथा निर्धारित क्रांतिक सीमा (Critical limit) का ध्यान रखकर उत्पादन करती हैं। इन सभी नियंत्रण के तरीकों की मान्यता, सत्यापन व निरीक्षण कराती हैं। इस कारण सुरक्षित खाद्य(Safe Food) के लिए प्रमाणिकता आसान हो जाती है। अतः आपूर्ति श्रृंखलाओं से जुड़ना लाभदायक रहता है। प्रतिस्पर्धा में बने रहने के लिए हमें उन सभी बाधाओं को दूर करना होगा जो हमारे प्रतिस्पर्धी होने में बाधक हैं। इसके लिए हमें अपनी समूची कार्य प्रणाली की दक्षता को सुधारने की आवश्यकता है।

खाद्य और कृषि संगठन (FAO-Food and Agriculture Organization) की एक रिपोर्ट के अनुसार विश्व के कृषि उत्पादन का 1/3 हिस्से का व्यापार वैश्विक मूल्य श्रृंखला (Global Value Chain) के माध्यम से होने लगा है। वैश्विक मूल्य श्रृंखला में खाद्य उत्पादन की "गतिविधियों की पूरी श्रृंखला में उत्पादन के प्रथम बिंदु से लेकर विपणन, वितरण और अंतिम

उपभोक्ता तक पहुंचाने के तरीकों आदि की जानकारी शामिल है।" इस श्रृंखला का उपयोग बढ़ता जा रहा है। यह सब किसानों को उद्योगों व व्यवसायियों को एक साथ जोड़ने तथा आधुनिक तकनीकों के विकास के कारण संभव हुआ है जिसका परिणाम किसानों, व्यवसायियों की आय में वृद्धि के रूप में आया है। छोटे किसान अक्सर इस मूल्य श्रृंखला का फायदा नहीं उठा पाते। अब यह आवश्यक है कि छोटे व मझोले किसानों को मूल्य श्रृंखला से जोड़ा जाए।

चीन से बड़ी संख्या में आपूर्ति श्रृंखलाएं पलायन करके भारत की ओर रुख कर रही हैं। चीन पर निर्भरता कम करने के लिए भारत-आस्ट्रेलिया-जापान मिलकर त्रिकोणीय आपूर्ति श्रृंखला बनाने पर विचार कर रहे हैं। ऐसे अवसरों का फायदा उठाने के लिए किसानों व युवाओं को तैयारी रखनी चाहिए।

7.5.4 निर्यात में सहायता के लिए सरकार की नोडल ऐजेंसी: हमारे देश में कृषि और प्रसंस्कृत खाद्य उत्पाद निर्यात विकास प्राधिकरण (APEDA-Agriculture and Processed Food Products Export Devlopment Authority) की स्थापना1985 में की गयी। इस प्राधिकरण के लिए अब लक्ष्य निर्धारित करके आशातीत परिणाम प्राप्त करने के प्रयास किए जा रहे हैं। हमारे कृषि निर्यात के लिए यही मुख्य संस्था (Nodal Agency) है जो उत्पादों के निर्यात को बढ़ाने में सहायता करती है।अपीडा वेबसाइट पर निर्यात किए जाने वाले उत्पादों व उनके कोड्स व निर्यात संबंधित अन्य सभी तरह की जानकारियों को देखा जा सकता है। अपीडा ने एसपीएस मुद्दों से जुड़े विभिन्न

विषयों के तकनीकी विशेषज्ञों का एक सचिवालय स्थापित किया है जो उत्पादन, फूड चेन व निर्यात में आने वाले सभी घटकों का मार्गदर्शन करता है।

7.5.5 उत्पादन से जुड़े प्रोत्साहन: भारतीय खाद्य संरक्षा एवं मानक प्राधिकरण (Food Safety Standards Authority of India-fssai), अपीडा व संबंधित संस्थाओं ने भारतीय कृषि उत्पादों के निर्यात को बढ़ावा देने के लिए सभी आवश्यक कदम उठाए हैं। भारत सरकार ने अपनी नीतियों को निर्यात के अनुकूल बनाने के साथ-साथ उत्पादन से जुड़े प्रोत्साहनों को भी लागू किया है। इसके अलावा नाबार्ड ने एग्रीकल्चर मार्केटिंग इन्फ्रास्ट्रक्चर फंड व कोष भी बनाया है। देश में त्वरित परिवहन व आधुनिक भंडारण की सुविधाओं का विकास तेजी से हो रहा है जो हमारे कृषि उत्पादों के निर्यात के लिए मील का पत्थर साबित होंगे। लेकिन इस संबंध में कृषि शिक्षा में पाठ्यक्रम जोड़ना तथा किसानों व फूड चेन के सभी घटकों को जागरूक करना व प्रशिक्षित करना भी बहुत आवश्यक है। जिसके लिए कृषि विज्ञान केन्द्रों तथा कृषि प्रोद्योगिकी प्रबंध अभिकरण (Agricultural Technology Management Agency / ATMA) केंद्रों को ज्ञान-कौशल-नवाचार केन्द्र (Knowledge-Skill-Innovatiom Centers) के रूप में बदलने के लिए डा० आर एस पारोदा कमेटी 2019 ने अनुशंसा भी की है।

7.6 किसानों व हितधारकों की साक्षरता आवश्यक

विश्व बाजार के अवसरों का लाभ उठाने के लिए डा० एमएस स्वामीनाथन

कमेटी 2006 ने किसानों व कृषि से जुड़े हितधारकों को उत्पादों की गुणवत्ता (सेनीटरी व फाइटोसेनीटरी मानक) संबंधी साक्षरता, अंतर्राष्ट्रीय व्यापार नियमों संबंधित साक्षरता, बौद्धिक संपदा अधिकारों संबंधित साक्षरता, आनुवांशिक रूप से संशोधित फसल किस्मों संबंधित साक्षरता, पानी के प्रबंधन संबंधित साक्षरता, जैव विविधता संरक्षण संबंधित साक्षरता, प्राकृतिक संपदा प्रबंधन साक्षरता, पोषण संबंधित साक्षरता, वित्तीय प्रबंधन साक्षरता के लिए विशेष अभियान चलाने तथा आपूर्ति श्रृंखलाओं के विकास करने पर जोर दिया है। साथ ही सर्वोत्तम कृषि पद्धतियों को अपनाना भी आवश्यक हो गया है चाहे वो उत्पादन से या फिर प्रौद्योगिकियों से संबंधित हों। देश में 67 ऐसे कीटनाशक उपलब्ध हैं जो दुनिया के अधिकांश देशों में प्रतिबंधित हैं लेकिन भारत में उनका इस्तेमाल हो रहा है। ऐसे कीटनाशकों का प्रयोग करने वाले किसानों के उत्पाद विश्व बाजार में नहीं बिक सकते। अतः इनका प्रयोग तुरंत बंद होना चाहिए। अगर हमारी प्रतिबद्धता (Commitment) हो कि हमें विश्वस्तरीय तकनीकों व प्रणालियों को खाद्य उत्पादों के उत्पादन में लागू करना है तो हम यह सब कुछ कर सकते हैं। इस संबंध में इन्डियन कोंसिल फार रिसर्च आन इंटर्नेशनल इकोनॉमी रिलेशंस (ICRIER) की ओर से 2019 में की गई आम, अंगूर, बासमती चावल, डेयरी उत्पाद, हरी मटर, हरी बीन्स, भिन्डी, बैंगन, मूंगफली के निर्यात में आने वाले एसपीएस के मुद्दे और उनके निवारण संबंधित

की गई विषयों का गहन अध्ययन हमारे कृषि उत्पादकों, उद्यमियों, निर्यातकों के लिए पथप्रदर्शक हो सकती हैं। इन अध्ययनों का निचोड़ यही है कि यदि विश्व बाजार में हमें अपनी हिस्सेदारी और देश की अर्थव्यवस्था में कृषि की भागीदारी बढ़ानी है तो खाद्य उत्पादन से लेकर उपभोक्ता तक ("Farm to Plate") विश्वस्तरीय मानकों को अपनाने और उत्पाद बनाने की संपूर्ण श्रृंखला की कार्यविधि की जानकारी (Product Traceability System) प्राप्त करना आवश्यक है और यह तभी संभव है जब भारत के छोटे व मझोले किसान अपने समूह बना कर खेती करें और परिष्करण व निर्यात संबंधी जानकारियां रखने वाली कम्पनियों के साथ समझौता करके काम करें या फिर अनुबंधित खेती (Contract Farming) का रास्ता अपनाएं। नई लाजिस्टिक नीति, गतिशक्ति योजना व आपूर्ति श्रृंखलाओं के कार्यान्वित होने से हमारे उत्पादों की कीमत कम होगी तथा गुणवत्ता अच्छी होगी। अतः अंतर्राष्ट्रीय बाजार में भारत को प्रतिस्पर्धा करने में आसानी होगी।

> *विश्व बाजार में हमें अपनी हिस्सेदारी और देश की अर्थव्यवस्था में कृषि की भागीदारी बढ़ानी है तो खाद्य उत्पादन से लेकर उपभोक्ता तक विश्वस्तरीय मानकों को अपनाने और उत्पाद बनाने की संपूर्ण श्रृंखला की कार्यविधि की जानकारी प्राप्त करना आवश्यक है*

7.7 क्षमता निर्माण (Capacity Building) की आवश्यकता

भारत में उपभोक्ताओं व उत्पादनकर्ताओं दोनों में खाद्य गुणवत्ता मानकों के प्रति जागरूकता विकसित देशों की अपेक्षाकृत बहुत कम है। जिसके

कारण हमारे यहाँ हर तरह का खाद्य उपभोक्ताओं में खप जाता है। इसका परिणाम यह हुआ कि हमारे देश के खाद्य उत्पादक बदलते गुणवत्ता के मानकों से अनभिज्ञ रहे और विश्व प्रतिस्पर्धा के लिए अपने को तैयार करने में पीछे रह गए। परिणामस्वरूप विश्व बाजार में हमारी हिस्सेदारी हमारी क्षमताओं से बहुत कम रह गई । दूसरी ओर जिन देशों ने अपने खाद्य उत्पादों को विश्वस्तरीय मानकों के अनुसार तैयार कर लिया वो विश्व बाजार में हमसे ज्यादा हिस्सेदारी हासिल कर चुके हैं और भारत के बड़े बाजार को देखकर हमारे साथ मुक्त व्यापार समझौता (FTA-Free Trade Agreement) भी करना चाहते हैं। लेकिन सरकार उन्हीं उत्पादों के लिए मुक्त व्यापार समझौता करती है जो जनहित में होता है तथा जिनमें हमारे देश के उत्पादक प्रतिस्पर्धा कर सकें अन्यथा हमारे खाद्य उत्पादन करने वाले उद्योग पनप नहीं पाएंगे। बाजार की मांग में बदलाव व्यक्तियों की आय में वृद्धि और स्वास्थ्य के प्रति जागरूकता के साथ भी होता जाता है क्योंकि व्यक्ति उच्च गुणवत्ता के खाद्य उपभोग की ओर जाने लगता है। इस सतत बदलाव के प्रति जागरूकता रखना भी आवश्यक है।

विदेशी बाजारों में कृषि उत्पादों को बेचने के लिए हमारे पास बहुत से कृषि उत्पाद हैं लेकिन हमारे उत्पादों की वैश्विक बाजार में प्रतिस्पर्धात्मक क्षमता कम है क्योंकि हमारे उत्पादों की कीमतें अधिक हैं तथा गुणवत्ता पर भी प्रश्नचिह्न लगते हैं। इसके साथ ही विश्व बाजार में समय करने व नियमित सप्लाई करने में भी हम पिछड़ जाते हैं। नवम्बर,4, 2019 को क्षेत्रीय व्यापक आर्थिक

साझेदारी (RCEP- Regional Comprehensive Economic Partnership) के लिए 16 दक्षिण एशियाई देशों की मीटिंग का भारत को बहिष्कार करना पड़ा क्योंकि हम उन देशों के साथ मुक्त व्यापार करने के लिए तैयार नहीं थे। हमें पता था कि हमारे पास कृषि उत्पाद बड़ी मात्रा में होते हुए भी उन्हें हम मुक्त बाजार में आसानी से बेच नहीं पाएंगे और दूसरे देश हमारी कृषि व संबंधित उद्योगधंधों को खत्म कर देंगे।

उत्साहजनक बात यह है कि अब हमारे उत्पादक व व्यवसायी जागरूक हो रहे हैं। मूल्य वर्धित उत्पाद (Value Added Products) तैयार करने के लिए क्षमता निर्माण पर विशेष ध्यान दिया जा रहा है। इसी कारण साल 2022 में भारत द्वारा संयुक्त अरब अमीरात व आस्ट्रेलिया के साथ मुक्त व्यापार समझौता किया जा सका। यही नहीं अब हमारा देश यूरोप, अफ्रीका, कनाडा, इज़राइल आदि अनेक देशों के साथ मुक्त व्यापार समझौता करने की दिशा में अग्रसर है। अब भारत के किसानों , उद्योगों व निर्यातकों को इस विषय में अधिक से अधिक जागरूक व कौशलयुक्त होना है और विश्व स्तरीय प्रतिस्पर्धा के लिए क्षमता निर्माण (capacity building) करना है।

विस्तृत जानकारीहेतु संदर्भ

https://prsindia.org/policy/report-summaries/swaminathan-report

https://prsindia.org/files/policy/policy_committee_reports/

1242360972--final%20summary_pdf_0.pdf

https://apeda.gov.in/apedawebsite/SubHead_Products/Indian_Millets.

https://www.expertmarketresearch.com/reports/indian-agriculture-market

https://www.impriindia.com/insights/india-agricultural-trade

http://naas.org.in/Policy%20Papers/policy%20102.pdf#:~:text=The%20globalization%20of%20agriculture%20

https://www.bing.com/search?q=wto+and+opportunities+for+india+in+agri-trade&aqs=

अध्याय-8
कौशलयुक्त युवाओं द्वारा संचालित होगी भविष्य की कृषि

महत्वपूर्ण अंतर्राष्ट्रीय संस्थाओं के सहयोग से खाद्य एवं कृषि संगठन (FAO) के तत्वावधान में 2014 में तैयार की गयी एक रिपोर्ट के अनुसार विश्व में विशेषकर विकासशील देशों में सर्वाधिक खाद्यान्न उम्रदराज किसानों (Ageing Farmers) द्वारा पैदा किया जाता है। उम्रदराज किसान आधुनिक तकनीकों को अपनाने के लिए उत्साह बहुत कम दिखाते हैं। रिपोर्ट का मानना है कि ग्रामीण युवा विश्व खाद्य सुरक्षा के भविष्य के प्रहरी होंगे क्योंकि वही आधुनिक तकनीकों व विज्ञान आधारित दृष्टिकोण को समझ सकते हैं और कृषि में समावेश कर सकते हैं। ज्ञान-सशक्त व कौशलयुक्त ग्रामीण युवाओं की भागीदारी के बिना कृषि की दक्षता व क्षमताओं को नहीं बढ़ाया जा सकता। भारतीय कृषि की दक्षता बढ़ाने का अर्थ है ऊर्जा, श्रम व फर्टिलाइजरों पर होने वाले खर्च को कम करना तथा पानी का संरक्षण करना व ग्लोबल वार्मिंग रोकने

> *ज्ञान-सशक्त व कौशलयुक्त ग्रामीण युवाओं की भागीदारी के बिना कृषि की दक्षता व क्षमताओं को नहीं बढ़ाया जा सकता। जनसंख्या रिपोर्ट के अनुसार भारत की 25.4 करोड़ जनसंख्या 15-24 साल उम्र वाली है जो दुनिया का सबसे बड़ा युवाओं का जनसमूह है। यह उम्र ऐसी होती है जो यदि कौशलयुक्त हो तो देश व समाज में बड़ा सकारात्मक परिवर्तन लाया जा सकता है।*

के सतत उपाय करना। यही उपाय ग्रीन रोजगार (Green Jobs) तथा कौशल अनुकूल रोजगार भी पैदा करने में सक्षम होंगे।

8.1 जनसंख्या लाभांश (Demographic dividend)

भारत एक युवा शक्ति संम्पन्न राष्ट्र के रूप में उभर कर सामने आया है। हाल ही में संयुक्त राष्ट्र की "विश्व जनसंख्या रिपोर्ट, 2023" सामने आयी जिसमें यह अनुमान प्रकाशित किया गया है कि इस वर्ष के मध्य तक भारत की कुल आबादी 142.9 करोड़ हो जाएगी और चीन को पीछे छोड़ते हुए दुनिया का सबसे बड़ा आबादी वाला देश हो जाएगा। भारत के प्राकृतिक संसाधन इस बढ़ती आबादी का बोझ उठाने में असमर्थ होते जा रहे हैं लेकिन यह सोचकर ही बैठा नहीं जा सकता। हम इस विशाल जनसंख्या की क्षमताओं का देशहित में कैसे सही दोहन करें इस आशय पर गहन विचार विमर्श सरकारी व गैरसरकारी स्तरों पर लगातार चल रहा है। इस रिपोर्ट के डाटा के अनुसार 25.4 करोड़ जनसंख्या 15-24 साल उम्र वाली है जो दुनिया का सबसे बड़ा युवाओं का जनसमूह है। यह उम्र ऐसी होती है जो यदि कौशलयुक्त हो तो देश व समाज में बड़ा सकारात्मक परिवर्तन लाया जा सकता है। वृहत परिपेक्ष्य में देखें तो भारत में लगभग 97

> *अंतर्राष्ट्रीय बाजार में हिस्सेदारी बढ़ाने के लिए आपूर्ति श्रृंखलाओं का विकास किया जा रहा है पानी के इस्तेमाल की सटीक तकनीक, इंटरनेट आफ थिंग्स, संवेदक (Sensors), इन्पुट अप्लीकेशन मोडलिंग मशीन्स, कृत्रिम बुद्धिमत्ता, रोबोटिक्स, ड्रोन का प्रयोग आदि अनेकानेक तकनीकों को कृषि क्षेत्र में इस्तेमाल करके कृषि को सक्षम व क्षमतायुक्त बनाने की कोशिशें बहुत तेज हो चुकी हैं।*

करोड़ जनसंख्या 15-65 साल की उम्र की है। इस कार्यशील जनसंख्या में देश की प्रगति में योगदान देने की क्षमता अधिक होती है। संयुक्त राष्ट्र जनसंख्या कोष (United Nations Fund for Population Activities-UNFPA) रिपोर्ट 2022 के अनुसार जनसांख्यिकीय लाभांश का अर्थ है, "आर्थिक विकास क्षमता" जो जनसंख्या की आयु संरचना में बदलाव के परिणामस्वरूप प्राप्त हो सकती है। मुख्य रूप से तब जब कार्यशील आबादी (15 से 64 वर्ष) की हिस्सेदारी गैर-कार्यशील (14 और उससे कम, तथा 65 एवं उससे अधिक) की आबादी से अधिक हो"। इस रिपोर्ट के अनुसार भारत ने यदि इस कार्यशील आबादी की क्षमताओं का सही उपयोग कर लिया तो भारत की अर्थव्यवस्था अगले 25 साल में दुनिया की तीसरी सबसे शक्तिशाली अर्थव्यवस्थाओं में से एक होगी।

चीन ने इन रिपोर्ट्स पर जो अपनी प्रतिक्रिया दी वह बहुत ही महत्वपूर्ण है और भारत सरकार व युवाओं को उसका संज्ञान लेना चाहिए: चीन ने कहा है कि "संख्या से अधिक जनसंख्या की गुणवत्ता महत्वपूर्ण होती है, उसने दावा किया है कि उसके पास 90 करोड़ से अधिक जनसंख्या ऐसी है जो कौशल निपुण व प्रशिक्षित है जो दुनिया का सबसे बड़ा प्रतिभा पूल (Talent Pool) है, जिसने देश के विकास में बड़ा योगदान दिया है और दूसरे देशों को प्रशिक्षित मानव संसाधन निर्यात करके वहां के उद्योगों व अर्थव्यवस्था के सशक्तिकरण में भी महत्वपूर्ण भूमिका निभाई है।"

चीन भले ही हमारा दुश्मन देश है लेकिन हमें उसके इस दावे से एक शिक्षा तो मिलती ही है कि भविष्य में गुणवत्तायुक्त जनसंख्या का महत्व बढ़ेगा। जापान सहित दुनिया के अनेक सम्पन्न देश अपनी जनसंख्या की बढ़ती उम्र को देखते हुए अर्थव्यवस्था को चलाने के लिए विभिन्न कार्यों, उद्योगों, अनुसंधानों आदि के लिए प्रशिक्षित व कुशल मानव संसाधन की खोज करते हैं और आयात करते हैं। आधुनिक तकनीकों के प्रसार के साथ-साथ कृषि के क्षेत्र में प्रशिक्षित व कौशलयुक्त युवाओं की आवश्यकता कई देशों में देखी जा रही है अतः ऐसे मानव संसाधन का आयात भी अनेक देश करने लगे हैं। जापान ने अभी हाल ही में 500 से अधिक प्रशिक्षित व कुशल युवा किसानों को भारत से आयात किया है।

> *संख्या से अधिक जनसंख्या की गुणवत्ता महत्वपूर्ण होती है, आधुनिक तकनीकों की स्वीकार्यता व बदलते आर्थिक परिदृश्य में प्रतिस्पर्धी बने रहने के लिए भारत जैसे विकासशील देशों को जन-कौशल विकास व तकनीकी शिक्षा पर लम्बे समय तक निवेश बढ़ाने की आवश्यकता होगी।*

एक गहन अध्ययन के बाद आयी विश्व आर्थिक मंच की भविष्य के रोजगार रिपोर्ट 2023 (World Economic Forum's Future of Jobs Report 2023) का यह कथन बहुत सारगर्भित है कि दुनिया में उभरती हुई आधुनिक तकनीकों की स्वीकार्यता व बदलते आर्थिक परिदृश्य में प्रतिस्पर्धी बने रहने के लिए भारत जैसे विकासशील देशों को जन-कौशल विकास व तकनीकी शिक्षा पर लम्बे समय तक निवेश बढ़ाने की आवश्यकता होगी।

8.2 भविष्य की कृषि में सम्मानजनक रोजगारों के अवसर

जहां एक ओर कृषि व उद्योगों में नई तकनीकों के अपनाने में तेजी से हो रही वृद्धि के कारण परंपरागत रोजगारों में कमी होगी वहीं दूसरी ओर आधुनिक आवश्यकताओं के अनुसार कौशलयुक्त व कुशल मानव संसाधन की मांग भी तेजी से बढ़ेगी। ऐसे मानव संसाधन को पैदा करने के लिए शिक्षण संस्थानों में 10% अधिक शिक्षकों की आवश्यकता होगी।

हमारे युवाओं को यह अच्छी तरह समझ लेना चाहिए कि आधुनिक तकनीकों का कृषि क्षेत्र में प्रवेश हो रहा है और इन तकनीकों का अधिकाधिक प्रवेश बढ़ेगा क्योंकि लाभदायक व दक्षता बढ़ाने वाली तकनीकें तेजी से अपना स्थान बना लेती हैं। उदाहरण के लिए मशीनीकरण के शुरुआती दौर में ट्रैक्टर, रोटावेटर,फसल कटाई-गहाई करने वाली "कम्बाइन्ड हार्वेस्टर एन्ड थ्रेशर मशीन" आदि अधिकांश मशीनें बहुत मंहगी थीं लेकिन जैसे ही किसानों को इसकी उपयोगिता समझ में आयी उनका अधिक मूल्य होते हुए भी बहुत जल्दी हमारी कृषि क्रियाओं का हिस्सा बन गईं। इसी तरह अब जो आधुनिक तकनीकों का प्रवाह कृषि क्षेत्र की ओर हो रहा है वह भी रुकने वाला नहीं है। अत: हमें निम्नलिखित जानकारियों के आधार पर व तकनीकों के अनुकूल स्वयं के कौशल का विकास करना होगा।

- विश्व आर्थिक मंच की भविष्य के रोजगार रिपोर्ट 2023 में रोजगारों से संबंधित बहुत महत्वपूर्ण जानकारी दी गयी है जो हमारे युवाओं, योजनाकारों, शिक्षण संस्थानों के लिए मार्गदर्शक हो सकती है। रिपोर्ट

में कहा गया है कि अगले पांच साल में जहां एक ओर कृषि व उद्योगों में नई तकनीकों के अपनाने में तेजी से हो रही वृद्धि के कारण परंपरागत रोजगारों में कमी होगी वहीं दूसरी ओर आधुनिक आवश्यकताओं के अनुसार कौशलयुक्त व कुशल मानव संसाधन की मांग भी तेजी से बढ़ेगी। ऐसे मानव संसाधन को पैदा करने के लिए शिक्षण संस्थानों में 10% अधिक शिक्षकों की आवश्यकता होगी। कृषि क्षेत्र में आधुनिक तकनीकों के समावेश के साथ-साथ कौशलयुक्त व कुशल मानव संसाधन की मांग में 30% वृद्धि होने का अनुमान है।

- वैश्वीकरण के इस दौर में कृषि उत्पादों को घरेलू व विश्व बाजार में बेचने के लिए अनंत अवसर उत्पन्न हो गए हैं। इसलिए सरकारी व निजी क्षेत्र उन अवसरों का फायदा उठाने के लिए आगे बढ़ रहे हैं। देश के कृषि उत्पादों के लिए नए-नए बाजारों की तलाश की जा रही है और परंपरागत बाजारों में हिस्सेदारी बढ़ाने की कोशिशें हो रही हैं। बाजारों की मांग के अनुसार उत्पादों को बनाने के प्रयास भी तेज हो गए हैं। इसके लिए कृषि क्षेत्र में आधुनिक तकनीकों का समावेश तेजी से करने के लिए भारतीय प्रौद्योगिकी संस्थानों (IITs) व अन्य तकनीकी संस्थानों ने कृषि संस्थानों से जुड़कर आवश्यकतानुकूल ग्रीन तकनीकों के विकास की पहल शुरू कर दी है।
- कृषि के अलावा दूसरे क्षेत्रों में प्रयुक्त होने वाली ग्रीन तकनीकों जैसे कि विश्व स्थिति-निर्धारण व्यवस्था (GPS-Global Positioning

System), मोबाइल उपकरण व एप्स, पानी के इस्तेमाल की सटीक तकनीक, इंटरनेट आफ थिंग्स, संवेदक (Sensors), इन्पुट अप्लीकेशन मोडलिंग मशीन्स, कृत्रिम बुद्धिमत्ता (Artificial Intelligence), रोबोटिक्स, ड्रोन का प्रयोग आदि अनेकानेक तकनीकों को कृषि क्षेत्र में इस्तेमाल करके कृषि को सक्षम व क्षमतायुक्त बनाने की कोशिशें बहुत तेज हो चुकी हैं। बायोटेक्नोलॉजी, नैनोटेक्नोलॉजी, सीडटेक्नोलॉजी, संरक्षित कृषि, वर्टिकल कृषि, नर्सरी प्रबंधन जैसी अनेकों आधुनिक तकनीकों का भी कृषि में प्रवेश हो चुका है। इसी तरह अंतर्राष्ट्रीय बाजार में हिस्सेदारी बढ़ाने के लिए आपूर्ति श्रृंखलाओं का विकास किया जा रहा है।अतः. प्रशिक्षण व जानकारियां देने तथा उत्पादों की ग्रेडिंग, पैकेजिंग, रिकॉर्ड कीपिंग आदि तकनीकों के क्षेत्र में बहुत रोजगार पैदा होंगे। इस क्षेत्र में ग्रीन ऊर्जा उत्पादन व प्रयोग, पानी का संरक्षण व ग्लोबल वार्मिंग रोकने के लिए आधुनिक तकनीकों को अपनाने के साथ-साथ ई-कामर्स विशेषज्ञ, डिजिटल तकनीकी विशेषज्ञ, डिजिटल मार्केटिंग रणनीतिकारों की मांग बढ़ेगी।

- युवाओं को आधुनिक तकनीकों के ज्ञान से संवर्धित करने के लिए अनेकों प्रयास शुरू कर दिए हैं। उदाहरण के लिए भारत सरकार ने ड्रोन के कृषि में बढ़ते इस्तेमाल को देखते हुए इस क्षेत्र में युवाओं को प्रशिक्षण देने के लिए फार्म मशीनरी ट्रेनिंग एन्ड टैस्टिंग इंस्टीट्यूटस, कृषि विज्ञान केन्द्रों व कृषि विश्वविद्यालयों को कहा है तथा इस प्रशिक्षण

पर होने वाले 100% खर्च को केन्द्र सरकार वहन करेगी। ड्रोन कस्टम हाइरिंग सैन्टर्स भी स्थापित किए जाएंगे। निश्चित ही जागरूक युवा इसका फायदा उठाने के लिए अग्रसर होंगे।

- आधुनिक भंडारण सुविधाओं को देश की हर ब्लाक में कोआपरेटिव सोसाइटीज के माध्यम से स्थापित करने के लिए सरकार की बड़ी योजना लागू हो रही है। इसके अलावा त्वरित ट्रांसपोर्ट, सटीक कृषि संबंधित तकनीकें, ग्रीन तकनीकी, आर्टीफिशियल इंटैलीजैन्स व डाटा एनालिसिस आदि संबंधित तकनीकों का भी कृषि में तेजी से समावेश होता जा रहा है अतः इन क्षेत्रों में रोजगार बढ़ते रहने की प्रबल संभावना दिखाई दे रही है क्योंकि हम इन तकनीकों से दूर नहीं भाग सकते। ये सभी तकनीकें व योजनाएं कृषि आय बढ़ाने व युवाओं के लिए सम्मानजनक रोजगार पैदा करने की संभावनाएं जगाते हैं।
- ग्रामीण क्षेत्र में दूसरे तरह के नए रोजगारों के अवसर भी पैदा हो रहे हैं। कृषि उत्पादों सहित देश में निर्मित हो रहे हजारों उत्पादों को विभिन्न बाजारों व विदेशों तक पहुंचाने के लिए भारत सरकार "गति शक्ति" को बढ़ावा दे रही है अर्थात गतिशील ट्रांसपोर्ट नेटवर्क बना रही है। इस नेटवर्क में एक्सप्रेसवेज, सिर्फ माल ढुलाई के लिए रेलवे के डैडीकेटिड फ्रैट कोरीडोर्स, जलमार्ग व हवाई सुविधाएं तेजी से विकसित हो रही हैं ताकि घरेलू व विश्वबाजार में भेजे जाने वाले कृषि उत्पादों व अन्य निर्यात की जाने वाली वस्तुओं को समय सीमा के अंदर

बंदरगाहों व विभिन्न गंतव्यों तक पहुंचाया जा सके। इसके लिए ग्रामीण क्षेत्रों में लाजिस्टिक व ट्रान्सपोर्ट-हब्स विकसित हो रहे हैं। इन हब्स में बडी संख्या में कौशलयुक्त युवाओं की आवश्यकता होगी।

- कृषि उत्पादों के विपणन (Marketing) के लिए ग्रेडिंग, पैकेजिंग व ब्रान्डिंग की नई-नई तकनीकों का समावेश हो रहा है जिनसे बड़ी संख्या में रोजगार पैदा होंगे। देश की सभी मंडियों को इलैक्ट्रोनिक राष्ट्रीय कृषि बाजार (eNAM) से जोड़ा जा रहा है। वर्ष 2022 तक देश की 1260 मंडियाँ इस तकनीक से जोड़ी जा चुकी हैं और शेष मंडियों को भी जोड़ने की व्यवस्था की जा रही है। इस विपणन की तकनीक का इस्तेमाल तेजी से बढ़ रहा है। वर्ष 2023 में eNAM के माध्यम से 74,656 करोड़ रुपए के कृषि उत्पादों का व्यापार हुआ जो पिछले वर्ष की तुलना में 41% अधिक था। जैसे- जैसे इस तकनीक के प्रति जागरूकता बढ़ेगी उतनी ही तेजी से बिचौलियों के द्वारा किया जा रहा शोषण खत्म हो जाएगा और सम्मानजनक रोजगारों में वृद्धि होगी।

देश की सभी मंडियों को इलैक्ट्रोनिक राष्ट्रीय कृषि बाजार (eNAM) से जोड़ा जा रहा है। वर्ष 2022 तक देश की 1260 मंडियाँ इस तकनीक से जोड़ी जा चुकी हैं और शेष मंडियों को भी जोड़ने की व्यवस्था की जा रही है। इस विपणन की तकनीक का इस्तेमाल तेजी से बढ़ रहा है। वर्ष 2023 में eNAM के माध्यम से 74,656 करोड़ रुपए के कृषि उत्पादों का व्यापार हुआ

- विश्व-बाजारीकरण के युग में समझने व समझाने के कौशल (Interpersonal Skills) व सप्लाई चेन प्रबंधन के क्षेत्र में बहुत रोजगार पैदा होंगे। ग्रीन ऊर्जा पैदा करने, जैव-अवशिष्ट प्रबंधन, जलवायु संरक्षण के लिए जागरूकता पैदा करने, विपणन में निपुण, साइवर सिक्योरिटी, स्वास्थ्य सेवाओं के क्षेत्र में मानव संसाधन की मांग में तेजी आएगी। देश व विदेश में ऐसे रोजगारों में भागीदारी करने के लिए हमारे लगभग 46% युवाओं को आधुनिक आवश्यकता के दृष्टिगत कौशल विकास करने तथा अपने परंपरागत कौशल को और अधिक निखारने के लिए कदम उठाने होंगे। कृषि क्षेत्र भी अब ज्ञान व आधुनिक तकनीकों के आधार पर विकसित होने की ओर अग्रसर हो रहा है। अत: इस क्षेत्र में भी ज्ञान व कौशल सशक्त युवाओं की मांग बढ़ेगी।

8.3 युवाओं का कौशल स्तर बढ़ाने के प्रयास

इंडिया ब्रांड इक्विटी फाउंडेशन रिपोर्ट 2022 ने भारतीय प्रतिभाशाली युवाओं के बारे में एक बहुत ही उत्साहित करने वाला पहलू उजागर किया है। रिपोर्ट में कहा गया है कि भारत के युवाओं का प्रतिभा समूह धीरे-धीरे अपनी क्षमताओं से दुनिया को अवगत कराना शुरू कर चुका है। गूगल, मास्टर कार्ड, पैप्सी, माइक्रोसॉफ्ट, सिलिकॉन वैली की 15 सर्वश्रेष्ठ कम्पनियों सहित बड़ी-बड़ी कम्पनियों में महत्वपूर्ण स्थानों पर भारतीय प्रतिभाशाली युवा कार्यरत है। दुनिया की 10% सबसे बड़ी कम्पनियों के मुख्य कार्यपालक अधिकारी (Chief

Executive Officer) हमारे युवा भारतीय ही हैं। इन युवाओं ने कम्पनियों की परंपरागत व तकनीकी व्यवस्थाओं में समय आधारित परिवर्तन लाकर कम्पनियों की कार्यक्षमता व कार्यदक्षता को बढ़ा दिया है और वहां की अर्थव्यवस्था में महत्वपूर्ण योगदान दे रहे हैं। लेकिन हमें ऐसी सफलताओं से संतुष्ट होकर नहीं बैठना है। हमें अपनी कमजोरियों का भी साथ-साथ आंकलन करना है। एक रिपोर्ट यह भी बताती है कि भारत में शिक्षण संस्थानों से पढ़कर निकले अधिकतर युवाओं में उतना कौशल नहीं होता जितना आज के तकनीकी प्रधान युग में आवश्यकता है। अतः उनकी रोजगार पाने की क्षमता बहुत कम है। इसलिए कौशलयुक्त व कुशल युवाओं की मांग व पूर्ति में बड़ा अंतर है। नए दौर की ऐसी अनेकों तकनीकें हैं जिनसे संबंधित रोजगारों के पाने के योग्य मानव संसाधन की कमी चिंताजनक है।

भारत सरकार द्वारा गठित डा० आरएस परौदा कमेटी (2019) ने अपनी रिपोर्ट "पौलिसीज एन्ड एक्सन प्लान फोर सिक्योर एन्ड सस्टेनेबल एग्रीकल्चर" में ग्रामीण युवाओं का कौशल विकास करने के लिए कृषि विज्ञान केन्द्रों को "ज्ञान-प्रतिभा-नवाचार विकास केन्द्रों" के रूप में विकसित करने की सिफारिश की है। इसी कमेटी ने युवाओं के कौशल विकास करने के लिए एक मिशन शुरु करने की भी अनुशंसा की है ताकि महिलाएं व युवक कृषि में बदलाव के वाहक (Game Changers) बन सकें।

देश में तथा यूरोप व अमेरिका में कौशल प्रशिक्षित युवाओं की मांग बढ़ रही है। भारतीय युवाओं को अन्य देशों में रोजगार मिलने में तब आसानी होगी

जब उन पर अपने कौशल प्रशिक्षण का प्रमाणपत्र होगा। प्रमाणपत्र से उनके कौशल की विश्वसनीयता बढ़ेगी। इसके लिए "कौशल विकास एवं उद्यमशीलता मंत्रालय, भारत सरकार" द्वारा देश में 24 नेशनल स्किल ट्रेनिंग इंस्टीट्यूट तथा छः स्किल डवलपमेंट इंस्टीट्यूट खोले जा रहे हैं। इसके अलावा वाराणसी में आई टी आई करौदी में स्किल इंडिया इंटर्नेशनल सैंटर की स्थापना हो चुकी है। अब अमृतकाल का भारत बदलाव की ओर चल पड़ा है। राष्ट्रीय शिक्षा नीति 2020 (National Education Policy 2020) वर्तमान व भविष्य की मानव संसाधनों की आवश्यकताओं को ध्यान में रखकर बनाई गई है। इस नीति के देश में विधिवत लागू हो जाने पर हमें आशा करनी चाहिए कि भविष्य में हमारे शिक्षण संस्थानों से कौशलयुक्त मानव संसाधन निकलेगा।

8.4 महिलाओं के कौशल को पहिचानें

> *देश व विदेश में भविष्य के रोजगारों में भागीदारी करने के लिए हमारे लगभग 46% युवाओं को आधुनिक आवश्यकता के दृष्टिगत कौशल विकास करने तथा अपने परंपरागत कौशल को और अधिक निखारने के लिए कदम उठाने होंगे।*

अर्थशास्त्रियों का मत है कि महिला युवाशक्ति की क्षमताओं के दोहन के बिना भारत अपने संभावित विकास लक्ष्यों को प्राप्त नहीं कर सकता। हमारे देश में 80% ग्रामीण महिलाएं कृषि व पशुपालन से संबंधित अनेक क्रियाओं में लगी रहती हैं। देश को प्रगतिशील व दुनिया में प्रतिस्पर्धी बनाने के लिए महिलाशक्ति का अच्छा उपयोग करने की आवश्यकता है। इसके लिए महिलाओं का ज्ञानवर्धन, कौशल विकास व स्वास्थ्य

संरक्षण करके उनका सशक्तिकरण करना तो आवश्यक है ही, साथ ही उनमें स्वामित्व का भाव भी जाग्रत होना चाहिए। ब्रैन एन्ड कम्पनी की 2019 में आई एक महत्वपूर्ण रिपोर्ट "Powering The Economy With Her" के अनुसार भारत में 2030 तक कामकाजी युवाओं की जनसंख्या एक बिलियन (100 करोड़) हो जाएगी जिसमें लगभग 50% महिलाएं होंगी। ये महिला-शक्ति भारत की अर्थव्यवस्था में बहुत बड़ा सकारात्मक परिवर्तन ला सकती है। रिपोर्ट के अध्ययन से पता चलता है कि 59% महिलाएं स्वतंत्र रूप से उद्यम चलाना ज्यादा पसंद करती हैं। भारत में लम्बे समय तक रोजगार पैदा करने में सूक्ष्म, लघु, मध्यम उद्यमों (MSME) की भूमिका बहुत ही महत्वपूर्ण रही है और ऐसा देखा गया है कि अगर महिलाओं को बराबर का अवसर मिले तो उनके द्वारा संचालित उद्यम अधिक टिकाऊ व अधिक लाभदायक साबित होते हैं इसलिए उनके द्वारा संचालित उद्योगों में तेजी से वृद्धि भी हो रही है। indiaglobalbusiness.com के अनुसार भारत में स्टार्टप्स की पारिस्थितिकीय तंत्र (Startup ecosystem) में 50% महिलाओं की भागीदारी है। जिन कंपनियों में प्रबंधन के सीनियर स्तर पर महिलाएं होती हैं वहां ज्यादा अच्छे परिणाम आते हैं। लेकिन विश्व उद्यमिता एवं विकास संस्थान (Global Entrepreneurship & Development Institute) की 2015 रिपोर्ट के अनुसार भारतीय महिलाओं को अवसर न मिलने के कारण उद्यम के क्षेत्र में यूएसए, यूके, ब्राजील, रूस से काफी पीछे हैं। इसलिए हमें महिलाओं के कौशल विकास व प्रशिक्षण पर विशेष ध्यान देना है ताकि वो आर्थिक विकास

में साझेदारी निभाने के लिए तैयार हों जो आज की आवश्यकता है। महिलाओं के कौशल विकास से खेती में आए परिवर्तन का एक महत्वपूर्ण उदाहरण हरियाणा के जींद जिले के निदाणा व उसके आसपास के गांवों का है जहां कपास की खेती में हानिकारक कीटों की रोकथाम के लिए रासायनिक कीटनाशकों के प्रयोग को रोकने व एकीकृत हानिकारक कीट प्रबंधन (Integrated Pest Management) को बढ़ावा देने की सफल मुहिम गांव की महिलाओं ने चलाई हुई है। जिससे कपास की उत्पादन लागत में कमी आई है। ऐसे अनेक उदाहरण हैं । अत: महिला शक्ति का उपयोग करने के लिए कौशल विकास करने की मुहिम चलाई जानी चाहिए।

> *नवाचारी किसी भी उम्र वर्ग के हो सकते हैं। वास्तव में ये हमारे समाज की संपत्ति हैं क्योंकि ये समाज को नई, सरल व सुगम राह दिखाने की कोशिशें करते रहते हैं। मशीनों में व तकनीकों के प्रयोग में रचनात्मक बदलाव करके मशीन की कीमत कम कर देते हैं, उनको अधिक कुशल बना देते हैं।*

8.5 मितव्ययी (Frugal) व जुगाड़ तकनीकों का परिशोधन करें

सदियों से जनसाधारण द्वारा अपनी बौद्धिक क्षमताओं का उपयोग करके अनेकानेक सस्ती तकनीकें विकसित की जाती रही हैं जो जनसाधारण के लिए उपयोगी सिद्ध होती रहीं। इन तकनीकों का हमारे देश के विकास में महत्वपूर्ण योगदान रहा है। इन्हीं तकनीकों को हम मितव्ययी तकनीक कहते हैं। मशीनीकरण के युग में मितव्ययी तकनीकों का स्थान अधिक क्षमतावान व कम समय में अधिक परिणाम देने वाली आधुनिक तकनीकें लेती जा रही हैं। इन

तकनीकों की कीमत व परिचालन लागत अधिक होने से हमारे उत्पादों की उत्पादन लागत भी बढ़ जाती है जिससे हमारे उत्पाद बाजार में प्रतिस्पर्धी नहीं रह पाते। अतः हमें उत्पादन लागत कम रखने के लिए उन तकनीकों का प्रयोग करने पर बल देना है जो कम खर्चीली व कुशल हों। ऐसा अनुमान है कि खेती में प्रयुक्त होने वाली इन तकनीकों को और अधिक दक्ष बनाने में युवाओं की बहुत बड़ी भूमिका होगी।

गांवों में रचनात्मक व सृजनात्मक मानसिकता के कुछ लोग मिल जाते हैं जो मशीनों में व तकनीकों के प्रयोग में रचनात्मक बदलाव करके मशीन की कीमत कम कर देते हैं, उनको अधिक कुशल बना देते हैं या नई सस्ती तकनीकों को खोजते रहते हैं। ये नवाचारी किसी भी उम्र वर्ग के हो सकते हैं। वास्तव में ये हमारे समाज की संपत्ति हैं क्योंकि ये समाज को नई, सरल व सुगम राह दिखाने की कोशिशें करते रहते हैं। ऐसे लोगों के विचारों को वास्तविकता में बदलने के लिए भारत सरकार ने एक राष्ट्रीय योजना के तहत नेशनल इंस्टीट्यूट आफ ट्रांसफार्मिंग इंडिया (NITI आयोग) की देखरेख में "अटल टिंकरिंग लैब्स" की 2016 में स्थापना की। इन लैब्स की सहायता से देश भर में ऐसे रचनात्मक मानसिकता के व्यक्ति अपनी रचनात्मक सोच को साकार रूप दे सकते हैं।

विगत सालों में स्वरोजगारियों को सहयोग करने वाली नीतियां बनी हैं और लागू भी हो रही हैं। सरकार की "मुद्रा योजना" जैसी योजनाएं स्वरोजगारियों के लिए मील का पत्थर साबित हुई हैं। कृषि क्षेत्र के युवा इस तरह की योजनाओं

की मांग कर रहे हैं। कृषि में भी नई कंपनियां व संगठित होकर शुरू किए गए व्यवसाय (स्टार्टप्स) उभर रहे हैं। ये स्टार्टप्स मुख्यरूप से कौशलयुक्त व जागरूक युवाओं द्वारा स्थापित किए जाते हैं और नवोन्मेषी (नवाचार/नई खोजों) आधारित होते हैं।

8.6 एफएमसीजी उद्योग में युवाओं के लिए अवसर

ऐसा देखा गया है कि अगर महिलाओं को बराबर का अवसर मिले तो उनके द्वारा संचालित उद्यम अधिक टिकाऊ व अधिक लाभदायक साबित होते हैं इसलिए उनके द्वारा संचालित उद्योगों में तेजी से वृद्धि भी हो रही है। भारत में स्टार्टप्स की पारिस्थितिकीय तंत्र में 50% महिलाओं की भागीदारी है

जिन प्रोडक्ट्स का दैनिक जीवन में लगभग रोज इस्तेमाल किया जाता है उन्हें फास्ट-मूविंग कंज्यूमर गुड्स (FMCG) कहते हैं या यूं कहें कि ऐसे डिब्बा बंद सामान, जो नियमित और छोटे अंतराल पर उपभोग या बेचे जाते हैं, उनको FMCG के रूप में परिभाषित किया जाता है । अर्थव्यवस्था में भागीदारी के हिसाब से फास्ट-मूविंग कंज्यूमर गुड्स सेक्टर को भारत का चौथा सबसे बड़ा क्षेत्र माना जाता है और बढ़ती डिस्पोजेबल आय, बढ़ती युवा आबादी तथा उपभोक्ताओं के बीच बढ़ती ब्रांड जागरूकता के परिणामस्वरूप पिछले कुछ वर्षों में एक स्वस्थ दर से इसका विस्तार हुआ है। एफएमसीजी क्षेत्र लगभग 30 लाख लोगों को रोजगार प्रदान करता है जो भारत में कुल फैक्ट्री रोजगार का लगभग 5% है। वर्ष 2020-21 में भारत का FMCG बाजार 16% की दर से बढ़ा, जो पिछले नौ वर्षों में सबसे

तेज देखा गया। पिछले कुछ वर्षों में एफएमसीजी बाजार शहरी भारत की तुलना में ग्रामीण भारत में तेजी से बढ़ा है। इस उद्योग में हिस्सेदारी के हिसाब से खाद्य और पेय पदार्थ (19%), स्वास्थ्य सेवा (31%) और घरेलू और व्यक्तिगत देखभाल (शेष 50%) आते हैं। खाद्य-संबंधित एफएमसीजी उद्योग स्थापित करने में रुचि रखने वाले उद्यमी अपनी प्रसंस्करण इकाइयों को सरकार द्वारा नामित कृषि-प्रसंस्करण समूहों में स्थापित कर सकते हैं, जो संयंत्र स्थापित करने की लागत को कम करने में मदद करते हैं। पूरी दुनिया में FMCG की मांग बहुत तेजी से बढ़ रही है। अतः युवाओं को इस क्षेत्र के अवसरों का दोहन करने के लिए क्षमतावान बनने की आवश्यकता है।

8.7 वर्तमान में हमारे ग्रामीण युवाओं की स्थिति

गांवों में अब बड़ी संख्या में युवा शिक्षित तो हैं लेकिन प्रशिक्षित व कौशलयुक्त युवाओं की अत्यधिक कमी महसूस की जा रही है। इसलिए युवा स्वरोजगार शुरू करने में अपने को समर्थ नहीं पाते और खेती छोड़कर अन्य क्षेत्रों में जाने पर भी उचित वेतनमान पाने में समर्थ नहीं होते हैं। इसमें युवाओं की कोई गलती नहीं है। विगत 75 सालों में हमारी शिक्षा का ढांचा ही कुछ ऐसा रहा जिसमें युवाओं के कौशल विकास पर ज्यादा ध्यान नहीं दिया गया। कृषि क्षेत्र में कार्यरत युवा तो अपने सामर्थ्य व कौशल के विकास से बिलकुल ही वंचित रह गए।अतः विकास की दौड़ में पिछड़ गए। लम्बे समय तक सरकार की स्वरोजगारियों को सहयोग करने वाली नीतियां उनकी आवश्यकतानुकूल नहीं रहीं जिसके कारण बेरोजगारी बढ़ी और गांवों से युवाओं का पलायन होता रहा।

यह सर्वविदित है कि कृषि में आधुनिक तकनीकों को समावेशित करते हुए हम बदलाव की ओर बढ़ रहे हैं लेकिन यह बदलाव बहुत धीमा है। इसके पीछे नीतियों में कमियों के साथ-साथ सामाजिक व आर्थिक कारण अधिक हैं। हमारे देश की प्राचीन सामाजिक व्यवस्था में जीवनयापन करने व धनोपार्जन करने के लिए खेती को सबसे अच्छा कार्य बताया गया जबकि व्यापार को मध्यम , नौकरी को निषिद्ध और भीख माँगना सबसे बुरा कार्य बताया है। लेकिन समय के साथ व्यवस्थाओं में परिवर्तन आया। विभिन्न क्षेत्रों में जैसे-जैसे वैज्ञानिक विचारों व प्रौद्योगिकी का समावेश बढ़ता जा रहा है वैसे-वैसे नौकरियों का स्वरूप बदल रहा है और नौकरियां वैज्ञानिक व तकनीकी ज्ञान आधारित (Knowledge based) होती जा रही हैं। जिस क्षेत्र ने आधुनिक ज्ञान व प्रौद्योगिकी को जितना अधिक अपनाया है उतना ही अधिक उस क्षेत्र में उत्पादन दक्षता व क्षमताओं में सकारात्मक बदलाव आया है। जिससे वहां भुगतान क्षमता बढ़ी और शिक्षित व कौशलपूर्ण मानव संसाधन की मांग बढ़ी। अतः युवा कृषि क्षेत्र से बाहर की नौकरियों (Off-farm jobs) की ओर जाने के लिए आकर्षित हुआ। कौशल आधारित वेतन के कारण नौकरी को समाज में सम्मान मिलने लगा। दूसरी ओर कृषि क्षेत्र कौशल आधारित रोजगार देने में पिछड़ता गया क्योंकि इस क्षेत्र में आधुनिक प्रौद्योगिकी का समावेश बहुत धीरे होने से ज्ञान व तकनीकी आधारित रोजगार कम पैदा हुए और शारीरिक श्रम आधारित अल्प वेतन वाले रोजगारों का आधिपत्य बना हुआ है।

यद्यपि भारतीय कृषि अभी भी लगभग 50% के लगभग लोगों को रोजगार

देने वाला क्षेत्र माना जाता है लेकिन इसमें सुरक्षित, निरंतर व संतोषजनक आय न होने से सामाजिक विचारधारा में खेती के रोजगार/व्यवसाय के प्रति नकारात्मकता का समावेश बढ़ रहा है। यहां तक कि खेती के कार्य से अच्छी आय करने वाले युवाओं के भी शादी संबंध में कठिनाइयां आती हैं। इसीलिए युवाओं व परंपरागत किसानों का कृषि के प्रति आकर्षण भी कम होता जा रहा है। इंटरनेशनल बिजनेस टाइम्स 2013 की एक रिपोर्ट के अनुसार भारत में रोजाना 2000 किसान खेती छोड़ रहे हैं। इकनॉमिक एन्ड पोलिटिकल वीकली (दिसंबर 1, 2018) के अनुसार 76% ग्रामीण युवा खेती की अपेक्षा अन्य व्यवसाय करना चाहते हैं और ये युवक खेती छोड़ कर रोजगार तलाशने के लिए शहरों की ओर रुख कर रहे हैं। सन् 2019 में गांव कनैक्शन (gaonconnection.com) द्वारा किए गए सर्वेक्षण के अनुसार 48% किसान अपनी अगली पीढ़ी को खेती करते हुए नहीं देखना चाहते। नेशनल सैंपल सर्वे (2003) के आंकलन के अनुसार अगर कोई विकल्प हो तो पांच में से दो किसान अर्थात 40% किसान खेती छोड़ना पसन्द करेंगे। एक अन्य रिपोर्ट के अनुसार खेती में हर साल 2.2% मानव संसाधनों (HR) की कमी होती जा रही है। ये आंकड़े भारतीय कृषि व्यवसाय के सतत विकास में आने वाली रुकावट के लिए बहुत बडी़ चेतावनी है।

8.8 आधुनिक तकनीकों को अपनाने में जटिलताएं

भारत में कृषि क्षेत्र में कार्यरत मानव संसाधन सूचना व संचार तकनीकों (Information & Communication Technology) को उन्नत खेती के लिए

अब गांव में पढ़े लिखे युवा हैं और उनको इंटरनेट का इस्तेमाल करना आता है। ऐसे युवा सटीक खेती, जलवायु परिवर्तन, प्रदूषण, कुपोषण, जलसंरक्षण, उत्पादों व सेवाओं का व्यवसायीकरण, वृक्षारोपण, कृषि व विशेषज्ञों द्वारा की गई सिफारिशें आदि जैसे महत्वपूर्ण विषयों पर जानकारी हासिल कर सकते हैं। ये युवा समूह बना कर इन विषयों पर महीने दो महीने में गांव में यदि चर्चा करें तो इससे युवाओं में जागरूकता बढ़ेगी, उनमें आत्मविश्वास व मनोबल बढ़ेगा।

इस्तेमाल करने के आदी नहीं हुए हैं जबकि मोबाइल अधिकांश किसानों के हाथों में होता है। इसलिए सूचना के अभाव में सही योजना बनाकर खेती नहीं कर पाते। कृषि फार्मों का छोटा होना सबसे जटिल समस्या है। विभिन्न आंकलनों के अनुसार भारत में 62-66% किसान छोटे हैं। जिन पर एक हैक्टेयर या उससे भी कम जमीन है तथा लगभग 20% मझोले किसान हैं जिनके पास एक से दो हैक्टेयर के बीच ही खेती योग्य जमीन है। यानी कि लगभग 85-86% छोटे व मझोले किसान हैं। शेष किसानों के पास ही दो हैक्टेयर से अधिक कृषि फार्म हैं। छोटे व मझोले कृषि फार्मों पर व्यय और आय का अंतर बहुत कम है। जिससे उनके लिए खेती घाटे का व्यवसाय हो गयी है। उनकी क्रयशक्ति बहुत कम है। धीरे-धीरे परिवार विभाजन के साथ ही कृषि फार्म भी विभाजित होकर और भी छोटे होते जा रहे हैं जिससे उन पर खेती में व्यय व आय का अंतर और कम होता जाएगा। इसीलिए कृषि की आधुनिक तकनीकों को अपनाने के लिए किसान आकर्षित नहीं होते और खेती में किसी भी तरह का विविधीकरण भी नहीं करना चाहते क्योंकि उनमें जोखिम उठाने की क्षमता नहीं है। अतः इन किसानों की आय को कैसे बढ़ाया जाए यह

एक यक्ष प्रश्न है। इसके लिए किसानों, वैज्ञानिकों, कृषि विभाग के अधिकारियों व कृषि से जुड़े व्यवसायियों के बीच हुई अनेक गोष्ठियों से निम्नलिखित सुझाव सामने आए हैं:

- ग्रामीण युवाओं की पहुंच आधुनिक कृषि ज्ञान तक (Access to Knowledge) बढ़ाई जाए तथा उनको प्रशिक्षण देकर कृषि में हो रहे परिवर्तन का नेतृत्व करने योग्य बनाया जाए
- महिलाओं की क्षमताओं का भरपूर लाभ उठाने के लिए उनको शिक्षण व प्रशिक्षण में बराबर का मौका हर स्तर पर दिया जाए
- घरेलू व अंतर्राष्ट्रीय बाजारों तक पहुंचने के लिए युवाओं के प्रशिक्षण के अवसर बढ़ाए जाएं
- युवाओं को संबंधित निजी क्षेत्र के साथ काम करने के मौके भी दिए जाएं
- नवाचार करने वाले व स्टार्टप्स को बढ़ावा देने के लिए चलाए जा रहे कार्यक्रमों के बारे में जानकारी हासिल कराई जाए व युवाओं को उनसे जोड़ा जाए
- छोटे किसानों के सहकारिता समूहों व FPOs का मार्गदर्शन (Hand holding) किया जाए और उनको घरेलू व अंतर्राष्ट्रीय मंडियों व आपूर्ति श्रृंखलाओं से जोड़ा जाए

- भूमि सुधार, जल संरक्षण व पर्यावरण संबंधी जागरूकता अभियानों में तेजी लाई जाए तथा हितधारकों की भागीदारी बढ़ाई जाए
- छोटे किसानों के लिए बुनियादी ढांचा (Infra-support) का उपयोग करना आसान बनाया जाए। उदाहरण के लिए भंडारण सुविधा व किराए की मशीनें सस्ते भाव या किराए पर उपलब्ध कराई जाएं
- आधुनिक तरीकों से खेती करने वाले युवाओं को प्रौद्योगिकी एजेंट के रूप में पहचान दी जाए और तकनीकी प्रसार में उनकी सहायता ली जाए
- युवाओं को खेती आधारित स्वरोजगार स्थापित करने के लिए सस्ती व आसान शर्तो पर धन उपलब्ध कराया जाए

इनमें से अधिकांश विषयों पर केन्द्र व राज्य सरकारें युवाओं व हितधारकों को ध्यान में रखकर काम कर रही हैं। युवाओं को जागरूक रहकर सरकारों द्वारा उठाए जा रहे कदमों व सूक्ष्म, लघु एवं मध्यम उद्यम मंत्रालय (Ministry of Micro, Small & Medium Enterprises) की योजनाओं से जुड़कर लाभ उठाना चाहिए। कृषि विज्ञान केन्द्रों व अन्य कृषि संस्थानों के प्रशिक्षण कार्यक्रमों में भाग लेते रहना चाहिए।

8.9 गांवों में परिचर्चा समूह (Discussion Forums) बनें

हमारे आसपास अवसर और समस्याएं आती रहती हैं। हम अवसरों का लाभ इसलिए नहीं उठा पाते क्योंकि हम जागरूक नहीं होते और इसी तरह जागरूकता के अभाव में समस्याओं का सामना करने में अक्सर असफल हो

जाते हैं। अब गांव में पढ़े लिखे युवा हैं और उनको इंटरनेट का इस्तेमाल करना आता है। ऐसे युवा सटीक खेती, जलवायु परिवर्तन, प्रदूषण, कुपोषण, जलसंरक्षण, उत्पादों व सेवाओं का व्यवसायीकरण, आधुनिक तकनीकों का जीवनचर्या में प्रवेश, वृक्षारोपण, कृषि व अन्य क्षेत्रों में उद्यमियों की सफलता की कहानियां, विशेषज्ञों द्वारा की गई सिफारिशें आदि जैसे महत्वपूर्ण विषयों पर जानकारी हासिल कर सकते हैं। ये युवा समूह बना कर इन विषयों पर महीने दो महीने में गांव में यदि चर्चा करें तो इससे युवाओं में जागरूकता बढ़ेगी, उनमें आत्मविश्वास व मनोबल बढ़ेगा और अपनी कल्पनाओं को साकार रूप देने के लिए पहल करने की क्षमता बढ़ेगी। यह काम पंचायतों के तत्वावधान में आसानी से हो सकता है।

अनुभव यह बताते हैं कि युवाओं में जागरूकता की कमी होने से राजनीतिक दल उनको आसानी से पथभ्रष्ट करके अपने उद्देश्य पूरे करते हैं। दूसरी ओर सामाजिक कारणों व स्वयं पर विश्वास की कमी से बड़ी संख्या में युवा काम करने की कोई नई पहल करने से बचते हैं और अपनी कल्पना को साकार रूप नहीं दे पाते। इसीलिए कहावत है कि- "सबसे बड़ा रोग, क्या कहेंगे लोग"। युवाओं को इस रोग से छुटकारा पा कर जीवन में कुछ उपलब्धि प्राप्त करने के लिए मनोबल को सशक्त करना होगा।

पारिस्थितिकीय (Eco-system) में बदलाव हो रहा है। हमारे गांव 50, 60, 70वें दशकों वाले गांव नहीं हैं। भले ही आशातीत परिवर्तन धीरे हो रहा हो लेकिन सकारात्मक बदलाव होता दिखाई दे रहा है। जहां पंचायतें ज्यादा जागरूक व प्रगतिशील हो गयी हैं वहाँ गांवों की व्यवस्थाओं में परिवर्तन व

युवाओं की प्रगतिवादी सोच स्पष्ट दिखाई देती है। मोबाइल व इंटरनेट का इस्तेमाल करना भी हमारे ग्रामीण युवा जान गए हैं। इंटरनेट की सहायता से कैसे अपने कौशल को विकसित करें यह सीखना है।

ऐसे हजारों युवाओं के उदाहरण हैं जिन्होंने इंटरनेट की सहायता से अपना कौशल विकास किया और अपने कौशल को आय का माध्यम बनाया। इसका एक ज्वलंत उदाहरण दक्षिण गोवा के बेथोरा गांव के एक श्रमिक " श्री बिपिन कदम" का है जिन्होंने इंटरनेट की ताकत को समझा, चार माह तक अपने उद्देश्य के अनुसार ज्ञान अर्जित किया और अपनी दिव्यांग बेटी को खाना खिलाने के लिए एक महत्वपूर्ण रोबोट बनाया जिसका नाम "माँ रोबोट" रखा। अब गोवा राज्य नवाचार परिषद उनको दिव्यांगों की सहायता के लिए रोबोट्स बनाने के लिए वित्तीय सहायता दे रही है। इस उदाहरण का मतलब यही है कि इंटरनेट का उपयोग अपने ज्ञान को बढ़ाने, कौशल को निखारने तथा अपनी प्रगतिशील कल्पनाओं को साकार रूप देने के लिए करें। इंटरनेट पर ग्रामीण युवाओं की सफलता की कहानियां उपलब्ध हैं जो बहुत ही प्रेरणा लेने वाली हैं। ऐसी सफलता की कहानियां युवाओं के लिए प्रेरक व पथप्रदर्शक हो सकती हैं।

8.10 युवाओं के सामने उभरती एक भयंकर चुनौती

एक ओर जहां इंटरनेट व इलैक्ट्रॉनिक मीडिया से पुरातन, समकालीन व नवीनतम सूचनाओं तक पहुंच आसान हुई है वहीं दूसरी ओर युवाओं को अंधकार में धकेलने संबंधित तरह तरह के वीडियो, गेम्स, आलेख आदि भी उपलब्ध हैं जो युवाओं को जुआ खिलाने, धर्मांतरण करने, नशाखोरी करने, अनैतिक व अवैध कारोबार में धकेलने आदि की ओर आकर्षित करते हैं। इससे

युवाओं का जीवन ही बरबाद हो जाता है। ऐसी खतरनाक व बरबादी की स्थिति से बचने के लिए युवा स्वयं जागरूक रहें व समाज को लगातार जागरूक करते रहें।

विस्तृत जानकारीहेतु संदर्भ

https://www.businesstoday.in/magazine/technology-special/story/intelligent-farming

https://india.gov.in/foodgrain-production-hits-record-high-of-303-34-million-tonnes-in-2020-21/

https://www.fao.org/india/programs-and-projects/en/

https://www.varifiedmarketresearch.com/product/food-processing-market

https://resources.realestate.co.jp/living/japan-to-allow-foreign-specified-skilled-workers-in-14-fields-to-stay

https://www.aim.gov.in/atl.php

https://aim.gov.in/pdf/Introduction_to_Atal_Tinkering_Lab.pdf

https://www.unfpa.org

अध्याय-9
"चरैवेति चरैवेति" मंत्र से गांव अंधेरे से प्रकाश में आया

उपनिषद कहते हैं- "चरैवेति, चरैवेति"-चलते रहो अर्थात् प्रयत्न जारी रखने का नाम ही जीवन है। हर स्थिति और परिस्थिति में आगे ही आगे बढ़ते रहने पर ध्यान केन्द्रित करना है। आदिकाल से ही भारत एक कृषि प्रधान देश के रूप में जाना जाता रहा है। विशेषज्ञों व अनुभवी व्यक्तियों का मानना है कि भारत में एक युग ऐसा भी रहा है जब गांव आत्मनिर्भर और स्वावलंबी थे। समय की करवट के साथ शासनकर्ता बदले और कृषि के हालात भी बदले। गांव गरीबी, बेरोजगारी, खाद्यान्नों की कमी के पर्याय बनते चले गए। इस दु:सह कष्टों से भरे चक्र से भारत के गांवों को निकालने के लिए देश व प्रदेशों की सरकारों ने समय-समय पर छोटी व लम्बी अवधि की ग्रामीण विकास योजनाओं को चलाया, पंचायतों की भूमिका को बढ़ाया और फसल उत्पादन, बागवानी, मत्स्य पालन, मधुमक्खी पालन व पशुपालन से संबंधित उन्नत तकनीकों को गांव-गांव तक पहुंचाया। ये कभी न रुकने वाले उपाय चलते रहने के बावजूद ऐसा क्या कारण है कि गांव अब तक आर्थिक कमजोरी से बाहर निकले नहीं हैं? यह स्थिति सरकारों व योजनाकारों के लिए अब भी एक यक्ष प्रश्न खड़ा कर रही है।

आजादी के बाद हर गांव किसी न किसी रूप में देश के सशक्तिकरण में योगदान देता आया है लेकिन अब गाँव बड़े योगदान को देने के लिए आकांक्षी

(Aspirational) हैं। गांवों के इस इरादे को नीतिकार व योजनाकार भी जानते हैं। वास्तव में गांव अनेकों संभावनाओं के बीच खड़े हुए हैं लेकिन संभावनाओं को साकार कैसे करें यह एक प्रश्न हर गांव के सामने खड़ा है। अब गांवों के सामने सबसे बड़ा संघर्ष है अपने प्राकृतिक संसाधनों को संरक्षित रखते हुए प्रगतिशील बने रहने का और दूसरा बड़ा संघर्ष है वैश्वीकरण के युग में उभरी प्रतिस्पर्धा में स्वयं को प्रतिस्पर्धी बनाए रखने का। अमृतकाल में इन दोनों संघर्षों में विजय पाना है और यह तभी संभव होगा जब गांव का मानव संसाधन "चरैवेति चरैवेति" की अनुपालना करके जागरूक व ज्ञानयुक्त होगा।

इसी के दृष्टिगत गांव की पारिस्थितिकीय क्या है यह देखना चाहिए। भविष्य की चुनौतियों का सामना करने तथा अमृतकाल में भारत को शक्तिशाली राष्ट्र बनाने में अपने योगदान को देने के लिए गांवों की क्षमता को सरसरी तौर पर समझे बिना और कमजोरियों के निवारण के बिना अमृतकाल के लिए निर्धारित लक्ष्य प्राप्त करना कठिन व चुनौतीपूर्ण काम है। गांवों की कमजोरियों के निवारण के लिए सरकार की प्राथमिकताएं व योजनाएं तो सदैव रही हैं लेकिन योजनाओं को सही तरीके से कार्यान्वित करने में खामियों के चलते गांवों का सशक्तिकरण उस तेजी को नहीं पकड़ रहा जो अपेक्षित है। लेकिन फिर भी ग्रामीण व्यवस्था में "चरैवेति चरैवेति" मंत्र अपना स्थान बनाए हुए है। इसी पृष्ठभूमि को ध्यान में रखकर गांव की गुजरे काल की परिस्थितियों का अवलोकन व संज्ञान करते हुए वर्तमान में गांव का क्या परिदृश्य है और भविष्य की चुनौतियों का सामना करने की तैयारी क्या है इसी पर अपने अनुभव

व जानकारियों का प्रकटीकरण यहां किया गया है।

9.1 गुजरे जमाने के गांव की एक झलक

स्वतंत्रता मिलने के समय गांव की खराब स्थिति अकेले एक गांव की ही नहीं थी बल्कि लगभग इस तरह की कहानी भारत के हर गांव की थी। अंग्रेजों के शासनकाल में ग्रामीण विकास को पूरी तरह अनदेखा किया गया जिसने भारत को एक गरीब, भूखा, कुपोषित व कौशलरहित देश में परिणित कर दिया गया। यहां पर एक ऐसे गांव की झलक प्रदर्शित करने का मेरा इरादा है जिसके निवासियों का अतीत बहुत ही कठिन परिस्थितियों से गुजरा लेकिन गांव "चरैवेति चरैवेति" मंत्र का जाने अनजाने में सहारा लिए रहा। इसी गांव के प्रतिबिम्ब से भारत के अधिकांश आकांक्षी गांवों की कहानी परिलक्षित होगी। इस संदर्भ में मैंने अपने ही गांव "कनेगी" को साक्ष्य के रूप में चुना है। इसी गांव के उत्तरी किनारे से बहती "अरिन्द नदी" मुख्य रूप से बरसाती नदी है लेकिन बरसात में यह नदी अपना पूरा दमखम दिखाने से नहीं चूकती। गांव "कनेगी"- तहसील जसराना (अब घिरोर), थाना घिरोर, जिला मैंनपुरी, उत्तर प्रदेश की वास्तविक भौगोलिक स्थिति को यह नदी बड़ी खूबसूरती से दर्शाती है। उत्तर प्रदेश के एटा जिले की आबा झील से निकल कर यह नदी हमारे गांव को छूती हुई मैंनपुरी जिले में ही किसी अन्य छोटी नदी में

> *युवाओं को इस सच्चाई से भी अवगत रहना आवश्यक है कि गांव हमारी अर्थव्यवस्था और खाद्य सुरक्षा की रीढ़ की हड्डी हैं। गांव के हर युवा में क्षमताएं छिपी हैं उन्हें पहचानने की आवश्यकता है और उसी अनुसार उसका कौशल विकास करना है।*

मिल जाती है। लगभग 60-65 कि०मी० लम्बी इस नदी के दोनों किनारों पर छोटे बड़े बहुत से गांव बसे हुए हैं और उन सभी गांवों के लिए अरिन्द नदी महत्वपूर्ण जलदायिनी है। भू-जलस्तर को सामान्य बनाए रखने व तालबों व पोखरों को जल से भर देने में अहम् भूमिका इस नदी की रहती है। "अरिन्द नदी " के दक्षिण किनारे पर एक बड़े खेड़े (किसी प्राचीन सभ्यता के पक्की ईटों के खंडहरों का ऊंचा व बड़ा टीला) के ऊपर गाँव कनेगी बसा हुआ है। कहा जाता है कि यह जो ईंटों का खंडहर है वह पौराणिक काल/ महाभारत काल के "राजा कर्ण" का किला था। इन्हीं खंडहरों से गांव कनेगी के उत्तर दिशा में "गोलू महादेव" विराजमान हैं। गोलू महादेव प्राचीन सभ्यता के समय बनाए गए मंदिर के खंडहर में से ही निकले हैं। विभिन्न अवसरों पर लोग यहाँ पूजा करने तथा अपनी आस्था को परिलक्षित करने आते रहे हैं।

गांव के भूतकाल पर दृष्टि डालना इसलिए आवश्यक है ताकि आज के वैज्ञानिक युग की पीढ़ी को यह पता चल सके कि हमारे गांव कितनी कठिन परिस्थितियों का सामना करते हुए गरीबी व भुखमरी के अंधेरे से निकलकर अब ऐसे बिंदु पर आ खड़े हुए हैं जहां साधन संपन्नता में बढ़ोत्तरी हो चुकी दिखाई देती है लेकिन अब पुनः नए संघर्षों का सामना करने के लिए गांव का सशक्तिकरण करना है। गांव यह अवश्य बता रहा है कि "चरैवेति चरैवेति" मंत्र से ही संघर्ष जीतने का रास्ता निकलेगा। जो कुछ मैंने अपने इस गांव के बारे में स्वयं अनुभव किया तथा जो कुछ मैंने अपने बुजुर्गों से सुना उसके अनुसार गांव का वर्णन कुछ इस प्रकार है:

9.1.1 गाँव में असुविधाओं का नजारा

घास-फूस के छप्परों व कच्चे मकानों वाले गांव कनेगी से किसी बाजार या कस्बे तक पैदल जाने के लिए खेतों की कच्ची पगदंडियाँ व ऊसर के रास्ते ही थे। इसके अलावा बैलगाड़ी के चलने से बने धूल भरे कच्चे रास्तों का भी सहारा था। गांव से पैदल या बैलगाड़ी से ही आना जाना होता था। गांव में बैलगाड़ियां भी गिनेचुने लोगों के पास थीं। गांव की कमजोर आर्थिक स्थिति के कारण साइकिल भी खरीदना बहुत बड़ी बात थी अत: गांव के चुनिंदा 2-3 लोगों पर ही साइकिल होती थी। गांव के असली प्रहरी गली के कुत्ते ही होते थे जो असामान्य गतिविधियों के बारे में लोगों को जागरूक करने में देरी नहीं करते थे। एक परिवार का पालतू मुर्गा रोज सूरज निकलने से लगभग तीन घंटे पहले ही बार-बार बाँग देकर सुबह होने की चेतावनी देता व सबको जगा देता था। जागने के बाद गांव की महिलाएं हाथ-चक्की चला कर आटा पीसती, किसान हल चलाने, पशुओं के लिए चारा काटने (कुटी करने) या अन्य खेती व पशुपालन संबंधी काम करने के लिए उठ जाते थे। शौचालय बनाने के लिए न तो आर्थिक स्थिति अनुमति देती थी और कोई जागरूकता भी नहीं थी अतः हर मौसम में रात के अंधेरे में ही शौच के लिए स्त्रियों, बच्चों व पुरुषों को खेतों में जाना होता था। बिजली का नामोनिशान नहीं था- सूरज अस्त होने से सुबह तक जरूरत पड़ने पर मिट्टी के तेल (केरोसिन आयल) के दीपक को जलाकर ही उजाला किया जा सकता था। ज्यादा बरसात होने पर अक्सर कुछ लोगों के कच्चे मकान गिर जाते थे जिससे "कंगाली में आटा गीला" जैसी स्थिति हो जाती थी।

9.1.2 गांव में अद्‌भुत सामाजिक सामंजस्य

कनेगी एक बहुजातीय गांव है। सन् 1950-60 के कालखंड में गांव की लगभग 60-65% आबादी कोरी, धोबी व धानक बिरादरी की थी। इसके बाद सबसे अधिक काछी बिरादरी थी। चार परिवार राजपूतों के; तीन परिवार बढ़ई; दो दो परिवार पंडितों , बनियों, कायस्थों, तेलियों के; एक एक परिवार नाई, झीमर तथा मुस्लिम थे। हर जाति-बिरादरी की अपनी कार्यदक्षता थी जिसके कारण एक दूसरे पर निर्भरता थी। आज की परिभाषा के अनुसार गांव में सिर्फ तीन परिवार ही मझोले किसानों की श्रेणी में आते थे। शेष में से लगभग 50% छोटे किसान थे तथा शेष मजदूरी करते थे। गरीबी चरम पर थी पर होंसला बुलंद था। सीमित संसाधनों में जीवन की सफल यात्रा करने के लिए एक दूसरे से जुड़कर चलने का महत्व गांव ने ही सिखाया था। इसका एक दिल छूने वाला उदाहरण है कि गांव के लगभग 60% परिवार कम से कम एक या दो दूध देने वाले जानवरों को रखते थे। दूध देने वाले जानवरों की उत्पादकता बहुत कम होती थी क्योंकि बड़ी मात्रा में लबण प्रभावित भूमि होने से चारे की समस्या रहती थी। जिसके पास पशु पालने की क्षमता नहीं होती थी उन परिवारों को पशुओं के मालिक मठा (छाछ) देते रहते थे । वह छाछ उनके भोजन का हिस्सा होती थी। ऐसा लगता है कि "सहकारिता" व "सहभागिता" का मूलमंत्र गांवों से ही निकल कर किताबों का हिस्सा बना है । गांव में जन्मे और पले बढ़े हुए हर व्यक्ति का गांव से जुड़ाव होने का सबसे बड़ा कारण रोजमर्रा की जिंदगी में सहकारिता व सहभागिता का चलन ही है।

गांव के बुजुर्गों द्वारा युवाओं को यह बताने की सतत कोशिश रहती थी कि "कर्ज, मर्ज और हर्ज" से जो बच गया उसकी जीवन यात्रा सुगम रहेगी। इसलिए कर्ज से बचने के लिये सादगी का पालन करना बताते थे। मर्ज से बचने के लिए शरीर को व्यायाम व जड़ी बूटी प्रयोग करके रोगरोधी (immune) बनाने के लिए प्रेरित करते थे। पुलिस व न्यायालयों में होने वाले आर्थिक हर्ज से बचने के लिये पंचायत के फैसले मानने को प्राथमिकता दी जाती थी। तुलनात्मक दृष्टिकोण से देखें तो पता चलता है कि गांव में आर्थिक रूप से सहज वही लोग होते थे जो खेती के साथ साथ कुछ दूसरा उद्यम भी करते रहते थे।

पांचवीं कक्षा तक शिक्षित श्रीयुत श्रीकिसुन लाल जी श्रीवास्तव उस इलाके के चुनिंदा पढ़े लिखे लोगों में से एक थे। दूर-दूर से लोग उनसे चिट्ठी/ दर्खास्त आदि लिखवाने व पढ़वाने आते ही रहते थे। इसलिए उनकी चौपाल में स्याही-दवात व कलम तथा उनका चश्मा हमेशा रखे रहते थे। गाँव आनगाँव में झगड़े सुलझाने के लिए गांव व नगलों के 5-6 अनुभवी लोगों का समूह न्यायसंगत फैसले कर देता था जो सबको मान्य होते थे। धीरे-धीरे छुआछूत में भी भारी कमी आई। शायद गांव का सामंजस्य ही था जो जनता के मनोबल को ऊँचा रखता था जिससे लोग डिप्रेशन के शिकार नहीं होते थे।

9.1.3 कौशल विकास की नगण्य संभावनाएं

ऐसा लगता है कि उन दिनों भूख व गरीबी से लड़ते-लड़ते गांव कनेगी व आसपास के अधिकांश लोग उन्नति के रास्ते तलाशना भी भूल गए थे और

परिस्थितियों से समझौता कर बैठे थे। जिन महिलाओं व पुरुषों के पास कोई कौशल होता था वो धनाभाव या जागरूकता के अभाव के कारण अपने कौशल का कोई फायदा नहीं उठा सकते थे। उदाहरण के लिए गांव कनेगी में कोरी जाति के परिवार रजाई बनाने के सूती कपड़े बहुत अच्छे बनाते थे तथा रंगाई व छपाई करना भी जानते थे लेकिन वो अपने इस कौशलपूर्ण काम को धनाभाव में बड़े पैमाने पर बढ़ाने में नाकाम रहे। इसी तरह पीत के नगला में कुम्हार परिवारों के पास मिट्टी के बर्तन बनाने का कौशल देखते ही बनता था लेकिन धनाभाव में उनका कौशल भी गांव तक ही सीमित रह गया। अनेकानेक महिलाओं के पास कसीदाकारी करने तथा आलू के चिप्स, आटा की सिवईं, मिथौरी, रंगीन व सुन्दर टोकरी/ढरा/पंखा, ऊन के स्वेटर, पुराने कपड़ों की दरी आदि बनाने का अद्‌भुत कौशल था लेकिन उस कौशल का वो धन उपार्जन के लिए उपयोग नहीं कर सकीं क्योंकि हर काम को आगे बढ़ाने के लिए जागरूकता, धन, बाजार और प्रोत्साहन चाहिए जो कहीं दिखाई नहीं देते थे।

9.1.4 ग्रामीण आंचल में शिक्षा की अनदेखी

मुगलों व अंग्रेजों के लम्बे शासनकाल में गांवों में किसी भी तरह के विकास को अहमियत नहीं मिली। जिससे भारत के गांवों की अर्थव्यवस्था साल दर साल कमजोर होती चली गई। जब मैं पहली कक्षा का विद्यार्थी बना तब भारत को आजादी मिले हुए लगभग आठ साल हो चुके थे। उन दिनों गांव कनेगी व आसपास के गांवों व नगलों में बच्चों को पढ़ाने के लिए कोई भी प्राथमिक पाठशाला भी नहीं थी इसीलिए सन् 1955 में गांव से लगभग तीन कि०मी० दूर

के गांव बादशाहपुर के सरकारी प्राथमिक पाठशाला में पढ़ने के लिए मुझे भेजा गया तथा कुछ लोगों को पढ़ाई के प्रति उत्साहित करके गांव के कुछ बच्चों का भी पहली कक्षा में दाखिला कराया गया था। प्राथमिक शिक्षा तक के लिए स्कूल बहुत दूर किसी-किसी गांव में होते थे। अत: गांव में पढ़ने जाने वाले बच्चों की संख्या गिनीचुनी ही होती थी। स्कूल तक जानेआने के लिए खेतों की मेंढ़ों (Partition) पर पैदल चलने के अलावा कोई विकल्प नहीं था। हमारे गांव से 1955 में पहली कक्षा में पढ़ने जाने वाले सिर्फ सात ही बच्चे थे। पाठशाला में बच्चों को जमीन पर बैठाकर पढ़ाया जाता था, अत: बैठने के लिए घर से जूट की फटी पुरानी बोरी लेकर जाना अनिवार्य था। इसके साथ साथ पट्टी, बुदिक्का, कलम, खड़िया, पुत्ता, हत्ता, घुट्टा, एक किताब तथा खाना एक झोले में लेकर जाना होता था। ये सब सामान लेकर गर्मी, सर्दी व बरसात के मौसम की कठिनाइयों को झेलते हुए बच्चे स्कूल पहुंचते। पहली कक्षा के बाद बादशाहपुर से लगभग तीन कि०मी० और आगे गांव दारापुर पढ़ने पहुंचे। अब हमारे गांव से पढ़ने जाने वाले सिर्फ चार बच्चे ही बचे थे। पांचवीं कक्षा पास करने के बाद दारापुर से और आगे दो ढाई कि०मी० दूर कक्षा छ: में जब दाखिला लिया तो हमारे गांव से पढ़ने के लिए जाने वाले सिर्फ दो ही बच्चे बचे थे जिनमें एक मैं था। 1955 से 1964 तक के कालखंड में, जिसमें मैं पहली कक्षा से आठवीं तक पढ़ा, उस कालखंड में स्कूलों की सुविधाओं में कोई बदलाव नहीं आया। शायद 20-25% बच्चे ही जूते पहन कर आते थे शेष बच्चे टायर की बनी सस्ती लेकिन टिकाऊ चप्पलें पहन कर आते थे। गांव के कमजोर आर्थिक हालातों के

मद्देनजर जूता जीवन की प्राथमिकता की श्रेणी में नहीं था। लेकिन इस संदर्भ में सबसे दुखद बात यह थी कि ऐसे हालातों के कारण अधिकांश बच्चे पढ़ने में अच्छे होते हुए भी पहली या दूसरी कक्षा के बाद पाठशाला जाना ही छोड़ देते थे। इस कारण हमारे गांव व आसपास सभी गांवों में साक्षरता लगभग नगण्य थी फलतः मानसिक व आर्थिक विकास आवश्यकतानुकूल नहीं हो रहा था।

9.1.5 लापता स्वास्थ्य सेवाएं

गांव में विकास के प्रति जागरूकता भी नहीं थी। अतः लोगों को यह पता नहीं था कि उनके अधिकार क्या हैं और सरकार के सामने अपने गांव की सुविधाओं के विकास के लिए कैसे व कहां अपनी बात रखें। स्वास्थ्य सुविधाओं की भी गांवों में भारी कमी थी, कोई सरकारी अस्पताल यदि था भी तो वह गांव से 20-25 कि०मी० दूर पर था लेकिन गांव में उनके बारे में भी ज्यादा पता नहीं था। कमजोर आर्थिक परिस्थितियों के कारण कुपोषण से उपजती बीमारियों का बोलबाला था। इसके अलावा गांव के लोग मलेरिया, टीबी, दमा, चेचक, प्लेग तथा मोतियाबिंद बीमारियों का भी सामना कर रहे थे। ऐसी भयावह स्थिति में गांव के परंपरागत वैद्य व स्वयंभू हकीमों के सहारे जनस्वास्थ्य की देखरेख होती थी। स्वास्थ्य सेवाओं का नामो-निशान नहीं था। अनुभव के आधार पर वैद्य बने बादशाहपुर के श्री गंगादीन सुनार व कनेगी के श्री बालक राम बढ़ई ही पूरे इलाके के मरीज देखते थे। ये वैद्य जड़ीबूटी का प्रयोग करके व व्रत करवा कर पेट ठीक रखने व शरीर की रोगरोधी क्षमता (Immune system) बढ़ाने पर ही जोर देते थे। पशुओं में खुरपका, मुहपका, गलघोंटू , थनपका आदि संबंधित

रोग फैलते रहते थे जिससे परिवारों की आर्थिक स्थिति और भी अधिक खराब हो जाती थी। पशुओं का इलाज भी देशी फार्मूला पर आधारित था। सबसे आश्चर्य की बात यह थी कि ये इलाज करने वाले हकीम/ वैद्य दवा के बदले कोई पैसा नहीं लेते थे। स्वेच्छा से कोई जो कुछ दे दे वही स्वीकार कर लेते थे। अच्छी स्वास्थ्य सेवाएं न होने की स्थिति में मानवों विशेषकर बच्चों व पशुओं की मौतें आए दिन होना ग्रामीण जीवन का हिस्सा थी। जिससे पीड़ित की आर्थिक स्थिति और भी अधिक खराब हो जाती थी।

9.1.6 पानी की सीमित उपलब्धता

सिंचाई के लिए सीमित मात्रा में ही बैलों की सहायता से पानी निकालना संभव हो पाता था। स्वयं के ट्यूबवेल लगाकर सिंचाई करने के लिए धन का अभाव आड़े आता था। अतः अधिक फसलें उगा पाना संभव नहीं था। गांव में सभी किसानों की खेती हल व बैलों की सहायता से तथा बरसात पर आधारित होती थी। अतः कृषि उत्पाद भी सीमित मात्रा में पैदा हो पाते थे। पशुओं के लिए पानी की कमी कभी नहीं होती थी क्योंकि गांव में दो बहुत बड़े-बड़े तालाब थे जिनमें पानी बारह महीने रहता था। मनुष्यों के लिए पीने के पानी के साधन खुले कुएं ही थे। उन कुओं में अक्सर मेढक पल रहे होते थे जो पानी को दूषित करते रहते थे। लेकिन जलप्रदूषण के प्रति जागरूकता न होने से वही पानी पीने के लिए इस्तेमाल होता था। संभवतः प्रदूषित पानी बीमारियों का कारण बनता होगा।

9.1.7 पौध विविधता का संरक्षण

जमीन में जलस्तर ठीक होने व अच्छी गुणवत्ता का पानी होने के कारण गांव में विशालकाय वृक्षों की संख्या काफी थी। नीम, पीपल, बरगद के पेड़ों की प्रमुखता थी। गांव में कहावत थी कि इन वृक्षों को काटने से वंश नाश हो जाता है। शायद शुद्ध हवा पाने व पर्यावरण संरक्षण को ध्यान में रखकर ऐसे पेड़ों को बचाने के लिए पूर्वजों ने यह कारगर तरीका निकाला था। इमली, आम, जामुन, गूलर, छैकुरा के पेड़ भी थे। आम के छोटे-छोटे चार बागों के अलावा गांव की सीमा से सटकर कर पश्चिम में महुआ, ढाक, ताड़, बबूल, शीशम व झाऊ के वृक्ष भी काफी संख्या में थे। इससे लगता है कि गांव के लोग व उनके पूर्वज वातावरण ठीक रखने के लिए विभिन्न प्रकार के वृक्षों के महत्व को जानते थे। जलवायु संरक्षण की दृष्टि से महत्वपूर्ण वृक्षों की पूजा करके उनको संरक्षित किया जाता था। औषधीय पौधों को संरक्षित करने के लिए भी मठ के साधुओं के अलावा भी कुछ लोग जागरूक थे। नीम पर चढ़ी गिलोय (अमृता) का प्रयोग हकीम/वैद्य अनेक बीमारियों को ठीक करने के लिए प्रयोग करते थे इसलिए उसको बनाए रखने के लिए हमारे परिवार ने भी अपने दरवाजे के नीम के पेड़ पर इस पौधे को चढ़ाया हुआ था।

9.1.8 गांव एक छोटा पक्षीविहार भी

वृक्षों, तालाबों तथा गांव में छप्पर पड़े हुए कच्चे मकान होने के कारण विभिन्न तरह के पक्षियों व जीवधारियों के आश्रय व फलने फूलने के लिए

अनुकूल वातावरण था और वो ग्राम्य जीवन में एक अलग सुन्दरता बिखेरने में लगे रहते थे । गौरैया, तोता, मैना, तीतर, मोर, कोयल, पपीहा, कौआ, नीलकंठ, बगुला, सारस, बतख, मुर्गा, गलगलियां, टिटुइया, कबूतर, बाज, उल्लू आदि अक्सर गांव के परिवारों के घरों या खेतों के आसपास ही रहते। चीलों और गिद्धों के झुंड भी आसमान में मंडराते रहते। जमीन पर जैसे ही उनको अपना भोजन दिखाई देता अचानक नीचे आकर उठा ले जाते। गांव में अनजाने में ही पक्षियों के बारे में बहुत कुछ जानने को मिल जाता है जबकि शहरवासी "पक्षी विहार" की तलाश करने के लिए मजबूर हो जाते हैं। ऐसे प्राकृतिक "पक्षी विहार", "जल विहार" और तरह-तरह के वृक्षों के बीच रहने वाला ग्रामीण व्यक्ति स्वभाव से ही उस धरती से जुड़ जाता है।

9.1.9 मंडी व्यवस्था व ऋण सुविधाओं का अभाव

खेती में किसी के पास यदि आवश्यकता से अधिक पैदावार हो भी जाती तो उसे बेचने के लिए कोई मंडी व भंडारण की व्यवस्था नहीं थी इसलिए गांव या आसपास के व्यवसायियों को कम दाम पर बेचना पड़ता था। किसानों व कौशलयुक्त मानव संसाधन की सहायता के लिए कोई सरकारी या सहकारी बैंक द्वारा आसान ऋण सुविधाएं गांव वालों की जानकारी में नहीं थी। परिणामतः आवश्यकता पड़ने पर स्थानीय साहूकारों से उच्च ब्याज दर पर पैसा लेना आम बात थी। एक बार ब्याज पर पैसा लेकर कर्ज के मकड़जाल से निकल पाना किसानों के लिए बहुत मुश्किल होता था। कर्ज चुकाने के लिए पशु बेचना, जमीन व आभूषण गिरवी रखना आम बात थी।

9.1.10 गरीबी में भी जीने का जज्बा बुलंद था

कठिन आर्थिक परिस्थितियों में भी मनोरंजन व आमोद-प्रमोद की कला गांवों के लोगों को आती थी। नगला रेमजा का राज बहादुर बनिया जब आल्हा-ऊदल के युद्ध पराक्रम को सुनाता तो श्रोता वीर रस से ओतप्रोत हो जाते:

"कट कट कट कट तैगा बोले, रण में छपकि छपकि तलवार " वाली लाइन पर आते ही श्रोता वीर रस में डूब जाते। ढोला, नरसी का भात, रसिया, बारहमासी, होरी, लक्ष्मी बाई के वीर रस के गाने, मीरा के भक्तिगीत, सूर सागर सुनाने वाले पढ़े नहीं थे लेकिन उनमें प्रस्तुति कौशल अतुलनीय था। उनकी प्रस्तुति को सारंगी, चिंकारा, ढोलक, तबला, हारमोनियम, नगाड़ा आदि बजाने वाले चार चांद लगा देते थे और श्रोताओं को मंत्रमुग्ध कर देते थे"

रासलीला, रामलीला, नौटंकी, दंगल, मेला भी गाँव या आसपास के गाँवों में साल में एक बार कहीं न कहीं आयोजित होते ही थे। यह सब पैसे से कम बल्कि जनभागीदारी से ज्यादा होते थे। औंछा का मेला और मैंनपुरी की नुमाइश देखने का बड़ा उत्साह होता था । विभिन्न संकल्प पूरे होने पर गंगा स्नान के लिए "सोरों" जिला एटा जाते थे। गांव में चरी निकालना आज की पिकनिक का ही दूसरा रूप था। बागों में जब आम पकते थे तब नमकीन व मीठी पूड़ियां बनाकर महिलाएं बच्चों सहित बाग में जाकर खातीं, झूला झूलतीं और गाना बजाना करती थीं।

9.1.11 आजादी मिलते ही जनता में नई उमंग व उत्साह जगा

पराधीनता ने गांवों को जो जख्म दिए उनको आजादी का जश्न मनाकर और भविष्य को उज्ज्वल बनाने के प्रयासों को तेज करके ही भुलाया जा सकता है यह सत्य जन-जन समझ रहा था। इतनी कठिनता का सामना करते हुए भी बच्चों व युवाओं में हौसला की कमी नहीं थी क्योंकि परिवार ने परोक्षरूप से ही सही लेकिन कठिनाइयों का सामना करना सिखा दिया था। कमी थी तो सिर्फ युवाओं के पथप्रदर्शकों की। हौसले से भरपूर बच्चे जब तिरंगा झंडा लेकर 15 अगस्त व 26 जनवरी को गांव की गलियों में "विजयी विश्व तिरंगा प्यारा झंडा ऊंचा रहे हमारा ..." गाते हुए जो प्रभातफेरी निकालते तो वह जन-जन में उत्साह की ज्वाला फूंकने का काम करती थी और कठिनाइयों से जूझने का जज्बा बनाए रखने के लिए प्रेरित करती थी। सरकारी पाठशालाओं में झंडारोहण के बाद अब भी ये कार्यक्रम होते हैं और ऐसे कार्यक्रम बच्चों तक ही सीमित न रहें इसके लिए बुद्धिजीवी आवाज उठाते रहते हैं।

9.1.12 गांव का आस्था से जुड़ाव

गांव की पूर्व दिशा में तालाब के पूर्वी तट पर प्राचीन शिव मंदिर व देवी मंदिर अभी भी जीर्णशीर्ण अवस्था में हैं। इस जगह को मठ का नाम दिया गया है। गांव के पश्चिमी छोर पर दूसरा बड़ा तालाब था इस तालाब के पूर्वी किनारे पर भी आम के पेड़ के नीचे देवी देवताओं की मूर्तियां स्थापित थीं जो अभी भी हैं। गांव की दक्षिण दिशा में गांव से दो तीन फर्लांग दूर एक देवस्थान है जिसे

मठिया/ द्वारिकापुरी कहते हैं। मठिया पर एक जटाधारी, शरीर से बहुत हृष्ट-पुष्ट व काले रंग के साधु महात्मा रहते थे। वह मठिया को बहुत ही साफ सुथरा रखते थे। उन्होंने मठिया के चारों ओर बहुत अच्छे क्रम में फल, फूल व अनेकों जड़ी-बूटी/औषधीय पौधे लगा कर उस स्थान का महत्व बढ़ा दिया था । आसपास के वैद्य -हकीम जरूरत पड़ने पर साधु महात्मा से मांग कर जड़ी-बूटियों का इस्तेमाल जनसेवा में करते थे। गांव में गोलू महादेव, मठ, मठिया व देवी का थान होना ये दर्शाता है कि गाँव के पूर्वजों में सदियों पहले से ही महादेव व देवी पूजन में आस्था रही होगी जो अब तक भी जीवंत है। नवदुर्गा पूजन व अन्य तीज त्यौहारों पर गांव की महिलाएं इकट्ठा हो कर इन्हीं धार्मिक स्थलों पर गाना बजाना व पूजा पाठ करतीं थीं। कभी कभी वहां मेलों का आयोजन भी किया जाता था।

9.1.13 गांव से पलायन

क्षेत्र में बढ़ती अराजकता व राजनीतिक हस्तक्षेप के चलते गांव का सामंजस्य कमजोर होने लगा था और सामाजिक सोच में बदलाव दिखाई देने लगा था, 1970 का दशक आते-आते अराजकता बढ़ चुकी थी। इससे वह सामाजिक व्यवस्था तेजी से कमजोर होने लगी थी जो गरीबी से लड़ने में व सामाज को व्यवस्थित रखने में अपनी क्षमताओं का सफल प्रदर्शन कर चुकी थी। इसी अराजकता व कमजोर अर्थव्यवस्था के माहौल से दुखी होकर बहुत से परिवार पलायन करने के लिए सुरक्षित जगहों की तलाश करने का मन बनाने लगे थे और 1980 आते-आते हमारे परिवार सहित काफी परिवार गाँव

से पलायन कर गए थे। जो लोग परिस्थितियों का सामना करते हुए गांव में रुके रहे उन्होंने वास्तव में गांव के अस्तित्व को बनाए रखा और उसके विकास में भागीदारी निभाई।

9.2 वर्तमान और भविष्य के निर्माण की राह पर चला गांव कनेगी

गांव में सकारात्मक बदलाव लाने के लिए कुछ लोग अपनी सामर्थ्य, सोच, जागरूकता व ज्ञान के आधार पर कोशिशें करने के लिए आगे आते थे लेकिन गुन्डागर्दी, लूट, पकड़ व फिरौती जैसे अराजक धंधे ऐसी परिस्थितियां पैदा कर देते कि लोग नयी पहल करने से बचते थे। फिर भी लोग "चरैवेति चरैवेति" मंत्र को अपनाने की कोशिशें करते रहे। भारत सरकार द्वारा 1964-65 से चलाई गई उन्नत खेती व पशुपालन करने की मुहिम में हिस्सेदारी करने की ओर लोग अग्रसर होने लगे थे। लेकिन धीरे धीरे बदलाव के अग्रदूत बने- "आधारभूत सुविधाओं का विकास, उद्यमिता, तकनीकों का प्रयोग, शिक्षा" आदि।

9.2.1 आधारभूत ढांचे में परिवर्तन

यद्यपि हमें गाँव छोड़े हुए लगभग 45 साल हो चुके थे लेकिन गाँव व उस इलाके के कुछ लोगों से संपर्क बना रहा। एक लम्बे अंतराल के बाद जब मैं व मेरे भाई हरि श्रीवास्तव ने 2019 व 2021 में गाँव कनेगी की यात्रा की तो लोगों ने बताया कि 2017 के बाद उस क्षेत्र में सरकार की सख्ती व लोगों के सहयोग से अब गुन्डागर्दी बिल्कुल खत्म हो गई है। यह सबसे सुखद बदलाव मैंने महसूस किया क्योंकि शिक्षा, खेती व अन्य ढांचागत विकास तभी हो सकते हैं जब

सामाजिक सुरक्षा का वातावरण हो और सकारात्मक बदलाव के लिए भी जनमानसिकता हो। इसी कारण ग्रामीण अर्थव्यवस्था में परिवर्तन लाने के लिए वहाँ अनेकों सरकारी योजनाएं कार्यान्वित हो सकीं। जिसके परिणाम स्वरूप गाँवो में अब पक्के घर हैं, साफ पानी पीने के लिए हैन्डपंप हैं, बिजली गाँव के घरों तक पहुंच गयी है, प्राथमिक पाठशाला है। गांव अब पक्की सड़क से जुड़ा है, नदी पार करने के लिए पुल बन चुका है। पंचायत घर बन रहा है तथा पशु चिकित्सालय बनाने के लिए प्रयास कर रहे हैं।

9.2.2 उद्यमिता को अपनाता गांव

गांव के कुछ युवाओं ने खेती के साथ-साथ स्वरोजगार शुरू किए हुए हैं जिससे रोजमर्रा की आवश्यकता की लगभग हर वस्तु गांव में ही उपलब्ध हो जाती है। खेती में विविधता लाकर आय बढ़ाने के लिए सब्जियों की खेती की जाती है और बाजार तक अपने उत्पादों को समय पर पहुंचाने के लिए भी तरीकों को खोज लिया है। गांव में सरसों का तेल निकालने का उद्यम भी लगाया है। इसके अलावा टैन्ट व कैटरिंग का काम भी कुछ युवाओं ने शुरू किया है। इसी तरह वीरसहाय दिवाकर के बेटे का जनरल स्टोर किसी शहर के जनरल स्टोर से कम नहीं है। खाद,बीज, कंस्ट्रक्शन का सामान बेचने का काम युवा ही करते हैं। कुछ युवा ट्रान्सपोर्ट तथा मशीनों द्वारा ठेके पर कटाई, मड़ाई, जुताई, बुआई का काम भी कर रहे हैं। युवा डेयरी को पेशे के रूप में अपनाने के लिए भी इच्छुक हैं। खेती के साथ-साथ इस तरह की उद्यमता ने गांव की आर्थिक स्थिति में एक बड़ा सकारात्मक बदलाव कर दिया है।

9.2.3 वैज्ञानिक तकनीकों को अपनाता गांव

आधुनिक तकनीकों का प्रवेश गाँव में हो रहा है और लोग तकनीकों के लाभ समझ रहे हैं। नई तकनीकों को अपनाने की ओर भी गाँव चल पड़ा है। एक बड़ा परिवर्तन यहां देखा गया कि लवणीय और क्षारीय भूमियों को तकनीकों की सहायता से सुधार लिया गया और उनको कृषि योग्य उत्पादक बना लिया गया है। सन् 1960 के दशक के दौरान हमारे जिले में उच्च लवणता और क्षारीयता के कारण लगभग 60% भूमि पर खेती नहीं की जा सकती थी। तकनीकों के प्रति जागरूकता का एक और महत्वपूर्ण उदाहरण श्री अगन लाल शाक्य की सौर ऊर्जा से चलने वाली आटा चक्की भी है, इस चक्की ने उनकी आर्थिक स्थिति में गुणात्मक परिवर्तन ला दिया है।

युवाओं के पास मोबाइल फोन हैं और इंटरनेट का उपयोग करते हैं। अब युवाओं को इंटरनेट का उपयोग इस तरह से करने की आदत डालनी होगी जिससे वह खेती, स्वरोजगार आदि से संबंधित अधिक से अधिक ज्ञान अर्जित हो और उस ज्ञान से कौशल विकास करके आर्थिक लाभ उठाया जा सके। इससे लगता है कि जब कनेगी जैसे अतिपिछड़े गांव में शिक्षा व आधुनिक तकनीकों को अपनाने के प्रति जागरूकता बढ़ी है तो निश्चित ही ऐसा बदलाव लगभग सभी गांवों में हो रहा होगा। लेकिन इस बदलाव की गति को सकारात्मक दिशा में तेजी से बढ़ाने की आवश्यकता है।

9.2.4 गांव ने शिक्षा की ताकत को पहचाना

शिक्षा के प्रति लोगों का आकर्षण 1980 तक कम ही देखा गया। जिन्होंने जागरूकता और शिक्षा को महत्व दिया वह आर्थिक रूप से दूसरों की अपेक्षा अधिक सफल होने लगे थे। स्पष्ट है कि अशिक्षा ही गाँव की सबसे बड़ी कमजोरी थी। आज जब मैं उन साथियों को याद करता हूँ जो कुशाग्रबुद्धि होते हुए भी पढ़ाई छोड़ गए थे तो लगता है कि परिस्थितियों की विभीषिका व जागरूकता की कमी ने जाने कितनी प्रतिभाओं को उच्च शिक्षा से वंचित कर दिया और देश के लिए महत्वपूर्ण मानव संसाधनों को विकसित नहीं होने दिया। हमारी माता श्रीमती शांती देवी बिल्कुल भी पढ़ी लिखी नहीं थीं और पिताजी श्री बृज किशोर श्रीवास्तव की शिक्षा भी कक्षा सात तक थी लेकिन वो दोनों ही शिक्षा के महत्व को समझते थे अत: उन्होंने हर आर्थिक व सामाजिक विषम परिस्थितियों का सामना करते हुए बच्चों को पढ़ाने का बीड़ा उठाया। काम कठिन था मंजिल दूर थी लेकिन उनका मनोबल दृढ़ व संकल्प पक्का था। परिणाम स्वरूप गाँव के ही प्राथमिक स्कूल से शिक्षा लेकर मेरे छोटे भाई (स्व०) राकेश श्रीवास्तव ने इलाहाबाद विश्वविद्यालय व आई आई एससी बंगलोर से उच्चतम शिक्षा प्राप्त की और संयुक्त राष्ट्र अमेरिका के सर्वश्रेष्ठ अनुसंधान संस्थानों में वैज्ञानिक के रूप में काम किया और उन्होंने दिसंबर 1990 में वहीं शरीर त्याग दिया। उनसे छोटे भाई हरि श्रीवास्तव आईआईटी रुड़की व आईआईटी कानपुर से इंजीनियरिंग की उच्चतम शिक्षा लेकर रक्षा अनुसंधान विकास संगठन (DRDO) भारत सरकार में महानिदेशक बने। सबसे छोटे भाई

गोविन्द श्रीवास्तव क्षेत्रीय इंजीनियरिंग संसाधन लखनऊ व आईआईटी मुम्बई से इंजीनियरिंग की उच्चतम शिक्षा लेकर बहुराष्ट्रीय कम्पनी में जनरल मैनेजर बने। मैं स्वयं कानपुर विश्वविद्यालय तथा हरियाणा कृषि विश्वविद्यालय से उच्चतम शिक्षा लेकर हरियाणा कृषि विश्वविद्यालय में प्रोफेसर बना। हमारी छोटी बहन श्रीमती रमा कान्ती श्रीवास्तव उच्च शिक्षा प्राप्त कर उत्तर प्रदेश के राजकीय पाठशाला की प्रिंसिपल बनी। इन उपलब्धियों को बताने का तात्पर्य यही है कि माता-पिता यदि युवाओं में उद्देश्य प्राप्ति के लिए मनोबल व लगन बढ़ाने का संकल्प लें तो गाँव कनेगी जैसे अत्यधिक पिछड़े गांव भी श्रेष्ठतम मानव संसाधन देश को दे सकते हैं। हम लोग देश के सर्वश्रेष्ठ संस्थानों से पढ़कर निकले और वही सफलताएं हासिल हो गईं जो सुविधा सम्पन्न परिवारों व शहरों के बच्चे हासिल कर लेते हैं। अतः अपना लक्ष्य निर्धारित करना और उसे प्राप्त करने के लिए सतत प्रयास करने की ओर युवाओं को प्रोत्साहित करने की आवश्यकता है।

कनेगी में युवाओं का शिक्षा का स्तर ऊंचा हुआ है, स्वास्थ्य सेवाओं की उपलब्धि गाँव की पहुंच में हैं। श्री सोमराज शर्मा के परिवार के ही डा० छोटे लाल शर्मा व डा० मयंक शर्मा मानव चिकित्सक है जबकि डा० वीर बहादुर शर्मा व डा० विमल कुमार शर्मा पशुचिकित्सक हैं और इसी परिवार का एक मेडिकल स्टोर भी है अतः गाँव व आसपास के गाँवों के लोगों व पशुओं को स्वास्थ्य सेवा आसानी से उपलब्ध हो जाती है। श्री राम सेवक व उनके बेटे श्री धनपाल के परिवार के युवाओं ने अच्छी शिक्षा ग्रहण करके अच्छा जीवनयापन शुरू किया हुआ है।

9.2.5 गांव से पलायन रुका नहीं

अगर गहराई से विवेचना की जाए तो हम पाते हैं कि गांव की सामाजिक सोच भी पलायन को प्रोत्साहित करती है। स्नातकोत्तर (एमएससी) करने के बाद जब मुझे तुरंत रोजगार नहीं मिला तो मई 1975 में गांव में ही रहकर उन्नत खेती कराने के लिए छः माह से अधिक समय तक प्रयत्नशील रहा लेकिन समाज मुझे इस बात का अहसास रोज ही कराता रहता कि यदि खेती ही करनी थी तो पढ़ने की क्या आवश्यकता थी? अतः रोजगार ढूंढने पर मेरा ध्यान केन्द्रित हो गया और गांव छूट गया। ऐसा प्रतीत होता है कि खेती को अनपढ़ों का व्यवसाय मानना भी गांवों से पलायन को बढ़ावा देता है। गाँव के युवाओं में विकास के प्रति आकांक्षाएं अवश्य पैदा हो चुकी हैं। हर गाँव में कोई न कोई युवा खेती में आय बढ़ाने के लिए बदलाव के अग्रदूत (Ambassador of Change) की तरह प्रयास कर रहा है। लेकिन यह बिल्कुल सत्य है कि गांव बौद्धिक पलायन (Brain drain) से पीड़ित तब भी थे और अब भी हैं। गांवों ने असंख्य वैज्ञानिक, लेखक, कवि, संगीतज्ञ, कलाकार, सीमारक्षक, खिलाड़ी और नेता राष्ट्र को दिए हैं और देते रहेंगे। लेकिन वो लौटकर गांव आएंगे या नहीं यह प्रश्नों के घेरे में है। बौद्धिक पलायन हमारे परिवार के द्वारा भी हुआ है। इस तरह का बौद्धिक पलायन गांवों से लगातार होता रहता है और यह रुक नहीं सकता। इसका कारण है कि गांव में उस वातावरण व ढांचे की कमी है जिसकी आवश्यकता बुद्धिजीवियों को अपनी प्रतिभा का लाभ जनसाधारण तक पहुंचाने के लिए होती है। उनके पलायन को रोकने के लिए एक मजबूत व अनुकूल व्यवस्था की आवश्यकता

लम्बे समय से महसूस की जाती रही है। पलायन भले ही होता रहे लेकिन जो अपने प्रयासों के कारण सफल हुए हैं वो गांव के युवाओं के मानसिक विकास में प्रत्यक्ष या अप्रत्यक्ष रूप से प्रेरक का काम करते हैं जिससे गांव व क्षेत्र का विकास होता है।

9.3 विकास की दौड़ में गांव से एक बड़ी त्रुटि भी हुई

गांव कनेगी को विकास के रास्ते पर चलते हुए तो देखा जा सकता है लेकिन इस राह पर चलते समय शायद गांव के लोग यह भूल गए कि जलसंरक्षण व पौधारोपण करना पृथ्वी पर जीवन को सुरक्षित रखने के लिए अतिआवश्यक है। गांव के पूर्व व पच्छिम में दो बड़े तालाब हमारे पूर्वजों ने संजोकर रखे थे। वो दोनों तालाब विकास की भेंट चढ़ गए। ये तालाब प्राकृतिक रूप से निचले स्थानों पर थे जहां बरसात का पानी अपने आप चारों ओर से आकर एकत्र हो जाता था। ये तालाब गांव के उत्तर में बहती जा रही अरिन्द नदी से भी जुड़े थे अतः नदी भी इन तालाबों को पानी से भरने का काम करती थी। पानी एकत्र करने के लिए अलग से कोई कोशिश या खर्च नहीं करना होता था। इन तालाबों के कारण भूजल स्तर सदैव समुचित रहता था। तालाबों की अनदेखी के कारण देश के अनेक भागों में भूजल स्तर बहुत ही नीचे चले जाने से जलसंकट उत्पन्न हो गया है। अब भारत सरकार गांवों में जल संरक्षण अभियान चला रही है जल जीवन मिशन (जेजेएम), पीएम कृषि सिंचाई योजना, सही फसल अभियान, मिशन अमृत सरोवर आदि जैसी योजनाएं जल संरक्षण में मदद करती हैं। गांव कनेगी को इन योजनाओं के सहयोग से तालाबों को

पुनर्जीवित कर लेना चाहिए।

संक्षेप में हम कह सकते हैं कि युवाओं को इस सच्चाई से भी अवगत रहना आवश्यक है कि गांव हमारी अर्थव्यवस्था और खाद्य सुरक्षा की रीढ़ की हड्डी हैं। असुविधाओं से भरे गांवों में प्रतिभा, क्षमता व पराक्रम को कम आंकना सबसे बड़ी भूल होगी। गांव के हर युवा में क्षमताएं छिपी हैं उन्हें पहचानने की आवश्यकता है और उसी अनुसार उसका कौशल विकास करना है। ज्ञान व कौशल विकास से ही हर युवा गांव व समाज में सकारात्मक बदलाव लाने में अग्रदूत की भूमिका निभा सकता है। ज्ञान व कौशल निपुण वही हो सकता है जो "चरैवेति चरैवेति"- चलते रहो-चलते रहो का मंत्र लेकर लक्ष्य प्राप्त करने के लिए प्रयत्नशील रहता है।

-----------------xx--------------------

www.ingramcontent.com/pod-product-compliance
Lightning Source LLC
Chambersburg PA
CBHW041747220926
51847CB00013B/137
* 9 7 8 9 3 5 8 1 9 1 5 0 9 *